未発選書25

祭りの年輪

大石泰夫　著

ひつじ書房

写真１　奈良県御所市《ごせし》の葛城一言主神社《かずらぎひとことぬしじんじゃ》の秋祭りのヨミヤに集まったススキ提灯。ヨミヤに集まるので「ヨミヤ提灯」と呼ばれている。(第二章)

写真２　奈良県御所市宮戸《みやど》の座講に伝わるムラサキの種を育てて染めた幣紙を用いた宮戸の御幣。頭屋はこれを捧持して一言主神社に参詣する。(第二章)

写真３　奈良県御所市の葛城一言主神社の秋祭りに、神社に向け渡御する宮戸の御幣と神輿。後ろに写っているのが葛城山。（第二章）

写真４　奈良県御所市葛城一言主神社の秋祭りに、神社参道を渡御する宮戸の神輿。（第二章）

写真５　秋田県湯沢市の向野寺《こやじ》の小野小町が自ら彫ったと伝えられる小町像。（第三章）

写真６　「小町まつり」における小町堂での祭典。「小町まつり」は秋田県湯沢市小野の小町堂で六月第二日曜に行われる。（第三章）

写真７　秋田県湯沢市小野の「小町まつり」では祭典が行われ、巫女舞が奉納された後、「七小町」が入場して小町堂に向かって和歌を奉納する。(第三章)

写真８　秋田県湯沢市小野の「小町まつり」における「七小町」の和歌の奉納。七小町は市内の七人の女性が選ばれる。(第三章)

写真9　岩手県大槌町《おおづちちょう》吉里吉里《きりきり》の吉里吉里虎舞の「庭づかい」という演目で、和藤内《わとうない》が虎を退治する場面。（第四章）

写真10　岩手県大船渡市末崎《まつざき》の門中組虎舞《かどなかぐみとらまい》。写真では見にくいが、虎頭は赤色で幕の模様の形も獅子舞と似ている。そもそも獅子舞に模して始められたという伝承がある。（第四章）

写真 11　釜石まつりにおける岩手県釜石市只越《ただごえ》の虎舞。ここの虎舞には黄色の虎以外に白虎もあり、写真はその白虎。(第四章)

写真 12　静岡県南伊豆町小稲《こいな》の虎舞の虎。ここの虎舞は着ぐるみに二人が入って演じられる。(第四章)

写真13　静岡県西伊豆町海名野《かいなの》の翁の舞。海名野の翁は一人遣いの人形で、伊豆半島では珍しい例である。(第五章)

写真14　静岡県西伊豆町宇久須《うぐす》の三番叟。宇久須の三番叟は三人遣いで、時折左手役が離れるという芸態がある。(第五章)

写真 15　静岡県松崎町江奈《えな》の千歳の舞。ここの三番叟は 11 月 2 日に民家で上演され、11 月 3 日には船寄神社に奉納される。(第五章)

写真 16　静岡県南伊豆町妻良《めら》の翁の舞。近年過疎化によって上演が中断している。(第五章)

写真 17　秋田県鹿角市花輪の「花輪祭典」の神輿渡御。二つの神輿が渡御する。先導するのが花輪神明社神輿で、後に続くのが幸稲荷神社《さきわいいなりじんじゃ》神輿。（第六章）

写真 18　秋田県鹿角市花輪の「花輪祭典」の屋台と女性の踊り。屋台行事では囃子だけでなく町踊りや様々な芸能が、様々な場面で披露される。（第六章）

写真 19　秋田県鹿角市花輪の「花輪祭典」における屋台巡行。深夜、朝詰めに向かって商店街を巡行しているところ。（第六章）

写真 20　秋田県鹿角市花輪の「花輪祭典」の朝詰めで、桝形《ますがた》に奉安された神輿に囃子を奉納するところ。（第六章）

写真 21　岩手県滝沢市鬼越駒形神社《おにこしこまがたじんじゃ》に参詣する「チャグチャグ馬コ」パレードに参加する馬。この後、隊列を組んで盛岡市の盛岡八幡宮までパレードする。(第七章)

写真 22　岩手県滝沢市鬼越駒形神社を出発し、盛岡市の盛岡八幡宮までパレードする「チャグチャグ馬コ」。(第七章)

てきたのではない。祭りは何よりも、人々が集まってする実践としてあった。あえて「この祭りはいつから始まったものか」、「この祭りを行う意味は何か」などと問うことはほとんどなかったはずである。「しきたり」として昔から行われてきたもの、という以上に祭りを行う意義など語られることは滅多にない。それでも祭りは続いてきたのである。(2)

俵木の指摘の通り、祭り研究は〈集合体の表象の研究〉という側面があったことは確かである。しかし、祭りの伝承現場では、「あえて「この祭りはいつから始まったものか」、「この祭りを行う意味は何か」などと問うことはほとんどな」く、「「しきたり」として昔から行われてきたもの、という以上に祭りを行う意義など語られることは滅多にない」のだろうか。

祭りの調査に行くと、伝承者たちの中で祭りの起源や意味について、饒舌に語る人に会うことを経験している人は少なくないはずである。もちろん、その饒舌な語りが、客観的にみて正当であると思うことは残念ながらあまりないこともある。しかし、祭りの伝承者たちの中には、必ず一人ぐらいそうした人物がいる。そして、他の伝承者たちは、その饒舌な語りを必ずしも信じてはいないということもしばしば目にするが、多くはそれに対してあえて反論はしない。そして、筆者は、かつて沈黙を守っていた人が、饒舌に語っていた人が引退すると、代わって饒舌な語り手になるということも記述したことがあった。(3) 一方、多くの伝承者が、起源や意義について知りたがっているということを、感じることもしばしばあるであろう。

こうした祭りの起源や意味について、饒舌で、知ることに熱心な伝承者に支えられて、民俗学者は聞き書きを蓄積し、〈集合体の表象としての祭り研究〉を行ってきたのである。俵木はそのことを充分に

注

（1）拙稿「民俗芸能における「実践」の研究とは何か」（『日本民俗学』第二六二号、二〇一〇年）において紹介した。

（2）俵木悟「華麗なる祭り」（俵木他『日本の民俗9祭りの快楽』、吉川弘文館、二〇〇九年、三五頁）。

（3）「伝承の現場とともに―二十年民俗誌の試み―」（拙著『芸能の〈伝承現場〉論』、ひつじ書房、二〇〇七年）。

（4）福島真人「儀礼とその釈義―形式的行動と解釈の生成」（民俗能研究の会／第一民俗芸能学会編『課題としての民俗芸能研究』、ひつじ書房、一九九三年、一四〇頁）。

（5）福島「儀礼から芸能へ―あるいは見られる身体の構築」（福島編『身体の構築学―社会的学習過程としての身体技法―』、ひつじ書房、一九九五年）。

（6）折口信夫「万葉集の解題」（一九二六年の講演録、『折口信夫全集』1、中央公論社、一九九五年、三二三頁）。

（7）拙稿「「天下御免」の三番叟―西伊豆の若い衆と芸能―」（民俗芸能研究の会／第一民俗芸能学会編『課題としての民俗芸能研究』ひつじ書房、一九九三年、四五一頁）。

（8）この記述を恥じており、民俗芸能研究の動向を記した「民俗芸能における「実践」の研究とは何か」（（1）の前掲論文、一七六頁）において、「「美しい芸能や豊かな伝承が残っていた時代」など本当にあったのだろうか。今こそ我々はフィールドに戻り、眼前の芸能をしっかり見据えるべきなのである。」というように記した。

（9）笹原亮二「記された語りが意味するもの」（須藤健一編『フィールドワークを歩く―文系研究者の知識と経験―』、嵯峨野書院、一九六九年、九七～九八頁）。

（10）折口「民俗研究の意義」（一九三五年の講演筆記。『折口信夫全集』19、一九九六年、一九六頁）。

（11）（6）の前掲論文、三二一～三二二頁。

（12）山川勇治「伊豆の三番叟小論」（『静岡県民俗学会誌』第三号、一九七九年、四九頁）。

（新稿）

神社である可能性を論じている。(9) このことについてはこれ以上論じる材料をもたないが、在地の伝承が現都祁山口神社を旧都祁水分神社と伝え、地理的条件からみても他の山口神社のあり方からみても、都祁山口神社がこの地にあることがふさわしいとは考えられない。そうした本章の立場からいえば、杣之内町鎮座社であるかどうかは別にして、他に山口神社を求めるべきであるかもしれない。

2、都祁水分神社と都祁山口神社の祭り

都祁水分神社と都祁山口神社の秋祭りは、先に述べた遷座の伝承に基づき、神が元の鎮座地に還り、一泊してふたたびもどって来るというものであり、神輿渡御を伴う祭りの一つの典型的な形式である。祭りに参加するのは、大和高原を分水嶺と仰ぐ二十六ヵ大字《だいじ》（旧都祁村と旧室生村全部と旧山添村の一部）に及ぶ。都祁水分神社が鎮座する周辺大字である友田と来迎寺以外の大字は、それぞれに氏神を祀っており、いわゆる二重氏子となっている。奈良県内の神社の氏子地区を〈大字〉と呼ぶことは多く、この単位で自治会が形成されることも同様である。

二十六ヵ大字は、「友田《ともだ》」「甲岡《こうおか》」「南之庄《みなみのしょう》」「小山戸《こやまと》」「相河《そうご》」「藺生《いゆう》」「来迎寺《らいこうじ》」「毛原《けはら》」「下笠間《しもかさま》」「上笠間《かみかさま》」「深野《ふかの》」「小原《おはら》」「染田《そめだ》」「多田《ただ》」「無山西《むやまにし》」「無山東《むやまひがし》」「上深川《かみふかわ》」「下深川《しもふかわ》」「荻《おうぎ》」「馬場《ばば》」「針ケ別所《はりがべっしょ》」「小倉《おぐら》」「針《はり》」「白石《しらいし》」「吐山《はやま》」「高塚《たかつか》」である。この中で神社祭祀の中心になるのは二神社周辺の「友田」「甲岡」「南之庄」「小山戸」「相河」「藺生」「来迎寺」の七ヵ大字であり、ここから氏子総代・責任役員が出る。行列の諸役は、二十六ヵ大字に割り当てられるが、神輿担ぎは七ヵ大字に限られる。相河と甲岡が一名ずつで、あとは二名ずつ出る。

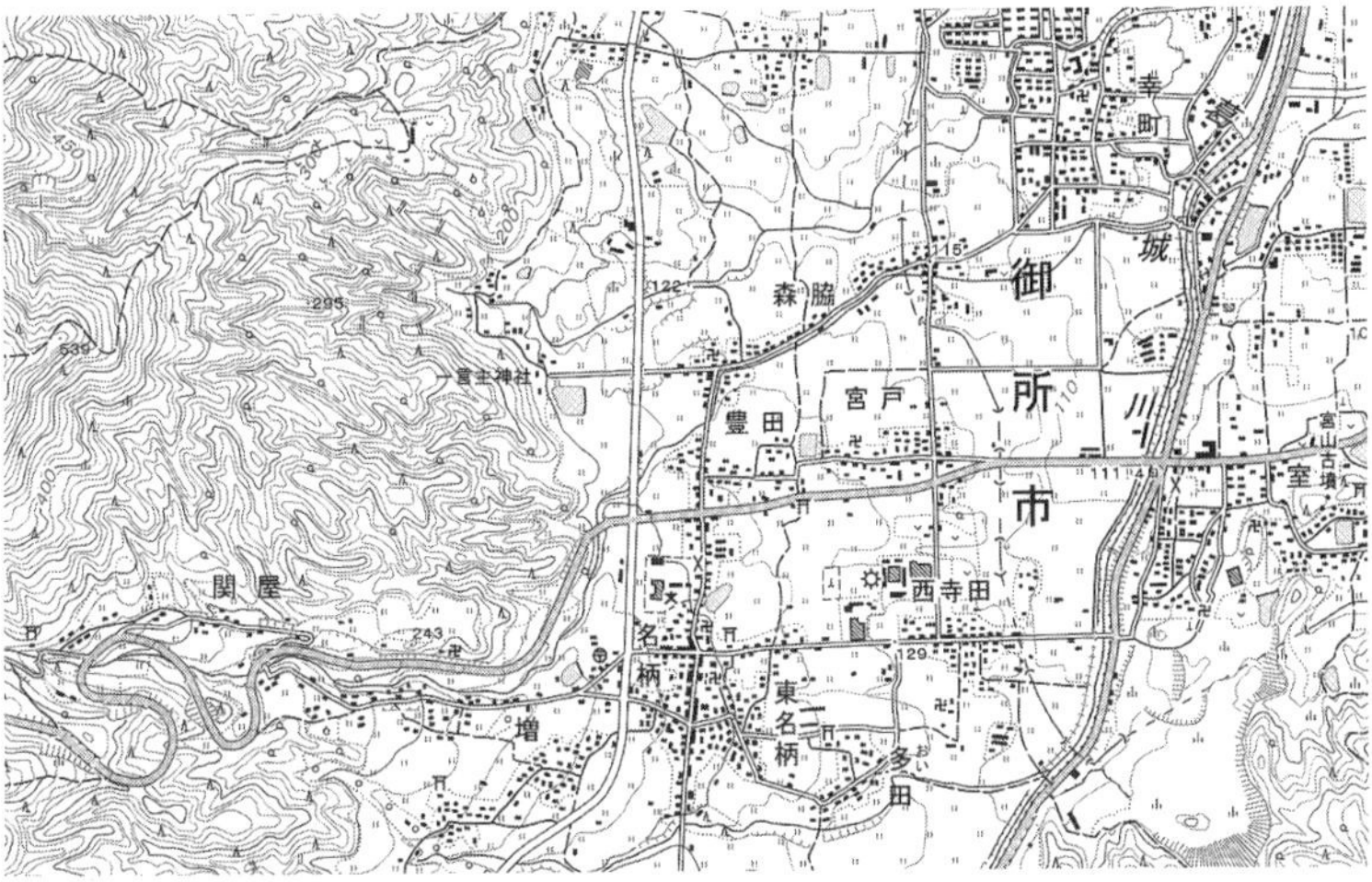

図表３　葛城山東南麓地域（国土地理院二万五千分の一地形図「御所」より転載）

一、概況

1、氏子圏の地理

葛城一言主神社の氏子地域は、御所市の行政区分によると、森脇《もりわき》・宮戸《みやど》・西寺田《にしてらだ》・豊田《とよだ》・名柄《ながら》・多田《おいだ》・幸町《さいわいちょう》・東名柄《ひがしながら》・増《まし》・関屋《せきや》の十地区である。これらは通常〈大字《だいじ》〉と呼ばれている。それぞれの大字は自治会を組織しており、その自治会長が一言主神社の総代として選ばれることになっている。しかし、通常、自治会長（総代）は旧称である区長と呼ばれることのほうが多い。また、宮戸と西寺田の区域内にそれぞれ宮戸団地、南寺田という自治会が近年生まれているが、現在のところこれらの自治会は一言主神社の氏子組織に編入されていない。御所市は、昭和三十三年（一九五八年）に四町村が合併して発足した市で、一言主神社の氏子地区は幸町を除くとすべてが吐田郷《はんだごう》村（明治二十二年（一八八九

図表７　頭屋の祭壇（古座）

準備（十月十三日）　座講祭前日は、古座・新座とも手伝いをする者が頭屋に集まって午後二時頃準備を始める。この日には、御幣《ごへい》・小幣《こへい》・箸・御供が作られる。この日の準備では、両座講とも女手を嫌い、男だけで行われる。女性は、頭屋に手伝いにくる人たちへのお茶出しなどの接待役を務める。

〔古座〕頭屋は長さ約十七尺の真竹《まだけ》を調達し、半分に切断して御幣を作る。「連名控」によると、一本の長さは八尺五寸、太さは八寸と定められている。二本作った御幣は、お渡りの時に、根側の方を今年の頭屋が、末側の方を来年の頭屋が持つこととされている。二つに切断された竹は、カンナで節を落とし、ビール瓶の破片と紙ヤスリで磨いてゆく。磨き加減としては、竹の青みが消えるまでとされている。磨き上げられた竹には、先端から約二十センチほど切り込みを入れられ、幣紙が挟み込まれる。さらに、「フングリ」と呼ばれる洗米を白紙で包んだものを垂らし、上端に三つの扇を縛って円形にし帳」によると、この膳には三斗盛・二斗盛・一斗盛の三種があり、合計十五膳が供えられたとされている。膳の用意が終わると、白丁を着た座講員が榊の葉を口にくわえて、神饌に息がかからないようにしながらこの膳を本殿に供える。また、一方で「蜘蛛の飯」と呼ばれるものを、本殿側の「蜘蛛塚」に供える。この蜘蛛の飯は、三合の御飯に削り節かカマスの切り身を載せたものである。本来は二の鳥居の側にある蜘蛛塚にも供えたというが、現在は行わない。

献饌が終わると拝殿で奉幣の儀が行われる。『葛上村史』によると、かつてはこの日に宮相撲が行われており、相撲に優勝した者には神社に奉納されていた古い御幣が授与されたという。しかし、相撲を行ったのは九月の祭りの時ともいう。最後に撤っせられた清酒が新しく用意された土器《かわらけ》で振る舞われるが、座講員は清酒をいただいた後、この土器を境内の大銀杏の下から投げる。そして、その飛び具合によって、吉凶を占うのだという。そして、その後還御となるのだが、現在は帰路どこへ立ち寄ることもなく公民館へ向かい、この脇にある倉庫へ神輿などの神具を収納してしまう。しかし、かつては帰路に「姫の宮」と呼ばれる長柄神社に参詣し小幣を奉幣したという。この姫の宮の神は、一言主神の姉であるといい、そのためにこの神に敬意を表して奉幣するのだという。また、別にこの神は一言主神の妻であるとも、母であるとも、妹であるとも伝えられている。

神具を倉庫に収納し終わると、座講員は次年度頭屋宅に集まる。一同が揃ったところで、頭屋渡しが行われる。頭屋渡しにはカマス・スルメ・清酒・盃を配した膳が一膳用意される。そして、座の長老が立会い人となって、頭屋の労を労い、新頭屋へ任を移すことを宣言して盃を交わし、カマスを一箸ずつ食べる。以上で頭屋渡しは終了し、宴席となる。しかし、これは簡単なもので、頭屋での振る舞いの中

写真 23　岩手県盛岡市の「盛岡さんさ踊り」に参加した「盛岡大学・盛岡大学短期大学部さんさ踊り実行委員会」先頭の横断幕。大きな団扇の脇で提灯を持っているのが筆者。(第七章)

写真 24　岩手県盛岡市の「盛岡さんさ踊り」に参加した「盛岡大学・盛岡大学短期大学部さんさ踊り実行委員会」太鼓グループの踊り。(第七章)

写真 25　青森県今別町《いまべつちょう》今別《いまべつ》の荒馬《あらま》。荒馬と手綱取りが組となって踊る芸能。「ねぶた祭り」において、ねぶたとともに巡行しながら随所で踊る。（第八章）

写真 26　青森県今別町今別の「ねぶた祭り」。写真は荒馬と跳《は》ね人《と》。跳ね人は荒馬を取り囲むように踊りながら回る。（第八章）

写真 27　青森県今別町大川平《おおかわだい》の「ねぶた祭り」の棒振り。写っているのは外部からの大学生。(第八章)

写真 28　青森県今別町大川平の「ねぶた祭り」のねぶた。このねぶたが引き回されて、それとともに荒馬と棒振りが巡行する。(第八章)

写真 29　岩手県滝沢市の「郷土芸能まつり」。写真は滝沢村時のもので、大沢田植踊りの「口上切り」の場面。（第九章）

写真 30　岩手県宮古市の黒森権現《くろもりごんげん》を奉じる黒森神楽の門付け。写真は沿岸北部の普代村の集落を回ったときのもの。玄関先で黒森の権現様を舞わせる。（第九章）

写真 31　世界遺産に登録された沖縄本島の斎場御嶽《せいふぁーうたき》。中山王府最高の御嶽（神を祭る場）とされ、ここから久高島《くだかじま》を遙拝する遙拝所が伝えられる。（第九章）

写真 32　青森県今別町大川平の外部の大学生による荒馬。写真の荒馬を演じているのは外国人留学生。（第九章）

目次

緒論――本書の目的と構成

本書は、祭礼が伝承される状況をフィールドワークを中心にして調査し、特に現状の伝承の中に残された〈変遷の痕跡〉や〈創造された伝承〉に留意して、現在の〈実践〉のありさまを論じたものである。近年、祭礼研究において〈実践〉というキーワードが重視されるようになってきた[1]。

筆者も、〈伝承の現場〉に寄り添い、そこから立ち上がる〈民俗学的認識〉を主題化する研究を進めてきたので、こうした研究の展開の状況に身を置く一人であると思う。しかし、若干違和感を感じている部分もある。というのは、この〈実践〉という考え方が、民俗研究の目的の一つの志向であった〈本質・本来〉を求める考え方のアンチテーゼとして措定され、目の前の民俗の過去のあり方やそれがどうして生まれたのかという命題は封印してかかるという姿勢が、しばしば見受けられるからである。

俵木悟《ひょうきさとる》は、祭りの伝承現場における祭りの意義に対する意識について、次のような興味深い指摘をしている。

従来の祭り研究は、祭りという現象を、地域差や時代差を超えて何らかの本質をもつ一つの実態として捉えることを試みてきた。そこには総体として、何らかの社会的に共有された思考や行動の様式があるということが暗黙の前提になっていた。いわば集合表象としての祭りの研究であったと言えるだろう。けれども長い歴史の中で、人はいつも祭りを十分に理解して、その意義を認めて伝え理解したうえで、祭りを実践している現場の内部では、祭りの起源や意味が意識されて伝承されているわけではない、ということを指摘しているのであろう。しかし、そうであったとしても、今まで民俗学が重視してきた饒舌な語りは、伝承の実情からかけ離れたもので、それらは実践の現場ではどうでもよいものであったのだろうか。

福島真人《ふくしままさと》は、文化人類学の儀礼研究を検討し、当事者にとって儀礼そのものは、細則遵守こそが関心の焦点であり、そこに意味等は存在しないとし、儀礼とは見るものではなく、切迫した生存感覚によって執行されるものであるとする。そして、その儀礼は、〈喚起ポテンシャル〉をもっている装置なので、ある範囲の民俗的知識を喚起する可能性をもっているとする。福島はこの〈喚起ポテンシャル〉が、本来意味等が存在しない儀礼に様々な解釈を生むものとしている。そして、

儀礼的行為はその性質上、文献学モデルを基盤とした解釈学的な前提に最も乗りにくい行為の一つである。それは意志的行為ではなく、慣習によって規定されている以上、当事者の言明は大抵の場合、ミニマムに抑えられる傾向がある。そうした状況を踏まえて、文化人類学者は、しばしば儀礼研究と称して、こっそり神話や例外的にお喋りなインフォーマントの言説を導入し、それをもって儀礼の研究に代替させてきたのである。(4)

と述べており、饒舌なインフォーマントの言説についても言及している。この饒舌なインフォーマントとその語りについての分析は、しばらく措くことにして、まずはこの儀礼を〈意味等存在しない〉ものとすることを検討してみたい。

福島は、「儀礼から芸能へ―あるいは見られる身体の構築[5]」という論文では、儀礼とそれを伝承する人々の意識を、創作した寓話を用いて説明する。その寓話をかいつまんで紹介すると、ある架空の惑星の宇宙基地が舞台である。その宇宙基地には人々のご先祖様たちが長い間生活してきた。人が語るところによれば、この惑星には酸素がなく、宇宙服がなければ外には出られないが、宇宙服がないので彼らは基地にこもって生活をしている。したがって、彼らの生活にとって何より必要なのは酸素の確保で、そのための先祖から受け継がれた酸素発生装置と思われる奇妙な機械があって、二十四時間ごとに面倒な手間をかけてそれを正確な手順で動かさなければならない。それは外部から見れば滑稽に見えなくもない努力であるが、彼等には生存のための一大事なのである。ところが、「外には酸素がない」と信じていたことが、いくつかの出来事によって否定されると、この酸素発生装置と信じられてきた機械に対する扱いが、宇宙基地の六つの棟によって異なって現れる。ある棟ではこの機械をぶち壊してしまうし、別の棟では以前通り粛々と機械動作を続けたり、この機械を作り替えて派手にして動かし方にも工夫を凝らすような棟も出てくるというようになった、というような寓話である。

この話では、酸素発生装置と信じられてきた機械を、切迫した生存感覚によって駆動してきたとしている。すなわち、〈動かさなければ生きていけない〉という意識の下に、装置が本当は何のためのものかは問われることなく、正確に駆動することだけが守られてきた。そして、その〈動かさなければ生きていけない〉ということが否定されると、それを行ってきた人々が様々に対応する様子が興味深く描かれている。この寓話は、祭りが行われている儀礼的行為がその意味について疑いをもたれることなく（いや疑いをもったとしても）、とにかく執行され続けているという状況をよく表している。確かに、これは現在行われている行為の現在的意識と、儀礼の伝承されてゆく意識とをよく示しているといえるだろう。福島の理論でいえば、俵木の指摘と同様に儀礼における行為は、それを行う時においては意味等は存在しないものということになる。

しかし、その意味を問われない形式的行為も、本来できあがったときには、何らかの意味を有していたはずで、そうでなければそうした行為が興るはずがない。つまり、重要な意味をもっていた行為が、伝承されていく中で意味を失ってしまい、重要だとする意識だけが残されてしまったものだということができる。そういう意味を失ったものは、おそらく多くは行われなくなるのであろうが、行われ続けるものもあるということなのであろう。そのあたりのことを折口信夫《おりくちしのぶ》は次のように述べている。

> 今日に於ても、昔からの宗教の力の遺つて居る言ひ習しや、しきたりや、信仰がある。今日の生活に関係の無い迷信・俗信がある。吾々は迷信と思つて居りながらも退け得られぬ信仰がある。料《ハカ》り知れない祖々《オヤ》の代から信仰として伝へられ、形式のみ残つて、当代の信仰と合はなくなり、意味のわからなくなつたものが沢山ある。
>
> 昔の村─大きな国を知らない時代─の生活を考へると、村の最重大な中心になるものは、神祭りである。祭り以外の事は多くは場合々々になくなつてもよかつた。神祭り以外の事としては、神の信仰に関する事、是等は総て律文で伝へられて居る。失はれない信仰が村々を安全に保たせるものだと信じて居た。此神の信仰に関するものが、後々まで遺つて、文学もこゝに出発点があつた。[6]

福島は意味のわからなくなった形式的行為が伝わるのは、〈切迫した生存感覚〉によるものと説明し、折口は〈信仰〉によって当代と合わなくなっても伝わるのだと説明する。両者に共通しているのは、現在の伝承の中に意味がわからないのに伝えているものがあることを積極的に認めていることであるが、福島はそれが元々はどうであったかということを主題化せず、折口は意味のわからなくなったものを主題化してゆく。福島のいう〈切迫した生存感覚〉と折口のいう〈信仰〉は、行っている行為の意味も目的もわからないまま、その行為を推進するための理由として考えやすい。

しかし、注目しておきたいのが、折口がここでいうところの〈信仰〉とは、〈祭りを執行している人の神への祈り〉といった〈祭りや芸能の行われる本来の理由〉として従来説明されてきた概念とは異なっているということである。折口は「今日の生活に関係の無い迷信・俗信がある。吾々は迷信と思つて居りながらも退け得られぬ信仰がある。料り知れない祖々の代から信仰として伝へられ、形式のみ残つて、当代の信仰と合はなくなり、意味のわからなくなつたもの」だとしており、このことは福島が酸素発生装置の例を挙げていおうとしたことや、「儀礼とは見るものではなく、切迫した生存感覚によって執行されるもの」とするところに合致しているのではなかろうか。筆者はかつて次のように記したことがある。

「近代化」が「かつての民俗」に及ぼした影響はあまりにも大きく、従来の民俗芸能の存立意義をほとんど意味のないものに変えてしまった。つまり、民俗芸能は従来的な意味ではほとんど機能しなくなってしまったのである。(7)

ここでいう意味の〈存立意義〉とは、多くの民俗芸能が伝承される〈祭り〉の場に基づいて、〈祭りを執行している人の神への祈り〉に基づいたものという意味である。しかし、では本当に昔から〈現在とは違う強い信仰〉に基づいて祭りは行われてきたのかというと、近年は必ずしもそうではないと考えるようになってきた。ただ、それは俵木のいう個々人はそうした意識をもっていないという認識とも少し異なっていて、折口がいうように神祭りを意味もわからず続けてゆく意識もまた〈信仰〉と呼べるので、それも祭りを続けてゆく意義となっているのではないかというように考えている。要するに、折口のいうような祭りを行う人々の認識は、ずっと以前からあったのであって「近代化」などとは関係がないということである。

私が長年通い続けてきた西伊豆町宇久須浜区では、三番叟の演者としてここ数年新しく稽古に入る者がなく、四十歳半ばを迎えてまだ現役をやめる目処が立っていない役がある。新稽古が入っても、数年は交替できないから、五十歳を迎えて現役のままということすら危惧されているのである。人がいないのだから仕方がないわけで、人を確保するために様々な方策が検討されるが、現在のところ「神事としてやって来たのだから」という〈信仰〉を理由にして、現在のルールを崩すということについてなかなか意見の一致がみられないのである。つまり、伝承の現場では意識されなくとも、彼等の意識の底には常に「〈信仰〉とか〈神事〉のためにやっている」という観念があり、この祭りを行う推進力となっているのである。その〈底の意識〉を、民俗学者はいわば表向きの表象として抽出し、俵木がいうように〈集合体の表象の研究〉としてきたと考えられるだろう。比較できない以上、正確にはわからないが、社会が変化しても〈祭りにおける信仰〉とは、ある意味で過去も現在もこのような形であったのであり、それが「ほとんど機能しなくなってしまった」と記した筆者の認識は間違いであったと思っている。[8] この宇久須の人たちの意識は、折口が述べている〈信仰〉と通じるのであり、現実に生きている人の神への信仰というより、それを残していかなければならないと考えることなのである。

民俗的な祭りや儀礼ではないが、私たちが日々経験している職場などの行事にも、そうした意味のわからなくなったものが行われていることがある。卑近な例を挙げて説明を試みてみる。

筆者が勤めている盛岡大学の新入生オリエンテーションのプログラムの一つに、「学部長講話」というものがあった。これは開学と同時にできたものである。というのは、当時の盛岡大学は文学部のみの単科大学で、大学を代表する学長と学部を代表する文学部長は別人物であった。あたりまえのことだが、入学式や卒業式といった大学の大切な行事の時に学生に話すのは常に学長ということになり、学部長は誰であるのかすら学生にはよくわからない状況になってしまうので、オリエンテーションの中で学部長講話を作っていたのであった。このことは卒業の行事にもいえることで、卒業式では学長が式辞を述べるので、それに先立って行われる卒業礼拝（盛岡大学はキリスト教のミッションスクール）で学部長は、「卒業生に送る励ましの言葉」を述べていた。しかし、そもそものこうした趣旨は伝わりにくく、学長や学部長が替わることによって、またそうしたことを毎年確認し合って行うというより、前年まで行っていたプログラムに特別に見直しが求められるというようなことがない限り、〈問題なく行われた前年通りに行うこと〉が行うべきこととなってしまうのである。

そのうちに、先に挙げたような趣旨が忘れられ、古くからいた教員までが「プログラムができた当時の学部長が出たがりだったからではないか」などという認識が広がることになる。しかし、それでも続けられていたのである。ところが、新しい学長が外部から来て、学部長も赴任間もない人に替わったことによって、突然議論もなくこの二つのプログラムが廃止されようとした。しかし、教授会において本来の趣旨を知っていた教員の「廃止するならそれなりの理由を明確にすべきで、本来の理由を確認して改めて提案して欲しい」という発言によって、このプログラムは継続することになる。そして、次の段階では、この二つのプログラムは建学の精神とスクールヒストリーを話す場として位置づけられた。しかし、またまた学長と学部長が替わることによって、そうした趣旨を話す場であることが忘れられ形骸化してしばらく続いたが、ついにはいつの間にか廃止されることになった。

ここに挙げた事例は、まったく民俗的な背景をもつものではないが、民俗行事の中で本来意味をもっていた行為の意味が忘れ去られながらも、形骸化して残されてゆくことについてのヒントが潜んでいると思われる。しかし、この事例は、福島や折口が祭りにおける行為として指摘したものとは明らかに違い、廃止された。なぜなら、〈切迫した生存感覚〉や〈信仰〉がないからであった。また、いったん廃止されかかったが、別の意味づけをされて、しばらく残りもしたのである。

笹原亮二《ささはらりょうじ》は伝承の現場を踏まえて、次のような興味深い指摘をしている。

例えば、各地に伝わる年中行事は、多くの場合、毎年同じ形態で行われるべき理念型として人々に理解され、その形態の実現を目指して実践が試みられる。しかし実際は、その年の個別の状況によって、その試みを阻害する様々な障害が生じることは避けられない。したがって、実際の行事は、そうした障害を解決しつつ当初の目的であった理念型の遂行をなんとか貫徹しようというかたちを取る。その結果、厳密にいえば、その行事の実践の形態は毎年異なってくる。ところが、実際は紆余曲折を経てようやくその行事の貫徹までたどり着いたにも関わらず、直会の宴席等で、「今年も例年通りその行事を行うことができてご苦労様」といった挨拶が行事の責任者から行われ、参加者もその言説に納得してその年の行事の遂行が完了するのである。つまり、人々は、その年中行事を、実際はその年独自の状況に起因して生起した様々な葛藤を解決しつつ遂行される、その年独自の行為の実践として経験していながらも、最終的には「例年と変わらず年中行事として行われた」といったような口頭表現のもとに回収してしまう。その結果、その実践は最終的には年々歳々同じように繰り返されてきた行事として人々に認識されるというわけである(9)。

この笹原の整理は、伝承の現場では不連続が連続とみなされているということを示しているようにも思えるが、一方では様々な葛藤を解決して遂行されれば、それは変わらずに行われたと考える認識が働いているというようにもみることができる。つまり、伝承の実践は、そんなに細部までに連続の意識があるわけではなく、かなり大づかみの意識の中で続けられているということではなかろうか。別の言い方をすれば、あまり窮屈に細目が意識されていると、その伝承は困難なことを表しているものとみられるのである。それはともかく、笹原は伝承される理由を、「毎年同じ形態で行われるべき理念型として人々に理解され、その形態の実現を目指して実践が試みられる」からだとしているわけである。つまり、一定の形で伝承が実践されるのは、〈毎年同じ形態で行われるべき理念型〉を繰り返そうという志向があるからであり、しかも実際には毎年異なった実践形態がとられるのであって、大づかみで同じように繰り返されてきたと意識しているのだと、笹原は指摘している。ここで挙げた事例は、祭りにおいて意味もわからず繰り返される形式的行為は、福島や折口がいうような条件がなくとも繰り返されることがあるということを示しているのではなかろうか。

以上述べてきたように、実際の祭りの伝承現場では、〈実行者に行う意味が確認されつつ行われる伝承〉と、〈意味がわからずに繰り返される伝承〉、また福島が酸素発生装置という例を挙げて説明した〈本来の意味とは異なった意味づけがされている伝承〉の三つが、折り重なって行われているのである。

このように考えた時に〈意味がわからずに繰り返されるもの〉については、現代にこれを実践することにおいて意味をなさず、わからないのに無理矢理解釈をくっつけて饒舌に語るインフォーマントの語りは、祭りの実践において意味のないもののように思える。しかし、その現代では意味をなさないことをも含めて、まさに〈実践の現場〉から立ち上がる民俗なのではないか。筆者はそれを考えたいと思っているのである。折口は目前で展開される祭りについて、次のような認識を記している。

> 田舎へ芸能の見学などに行くと、必、此は何時頃のものかと聞かれる。折角見せて貰つたのだから、何とか答へなければ悪い様な気がするが、どうにも言へないので困る。が、此は言へないのが本道だと思ふ。実際中には、此国が成立したかしないかといふ様な大昔のものがあるかと思へば、極近代のものがあつたりして、其がごつちやになつてゐるのである。[10]（傍線部筆者）

また、折口は日本最古の歌集『万葉集』に対して次のような認識を述べている。

> 日本に歌が出来た始めは、文学の目的の為に生まれたものではない。すぐに人が考へる事は、歌は男女牽引の具として生まれて来たと考へ易いことであるが、其は大きな間違ひで、鳥が高声をはりあげたりするのとは違ふ。なる程、此要求はあるには違ひないが、此説の全部を其原因に採ることは、あまりにも幼稚な見方である。文学がある点まで発育して後にこそ、此手段に利用せられることはある。此立ち場から異つた方面を話して見たいと思ふ。
>
> 外国に於ても、やはり同じ発生の経路を取つて居るが、日本では更に著しく其跡が見え、古い書物

> に其痕跡がはつきり遺つて居る。万葉集の様な可なり文明の進んだ時代の歌集に於ても、其跡がはつきり見える。
>
> 私は文学の発生より説き、其証拠を総て万葉集に求めつゝ、日本の歌を考へて見よう。さうすれば同時に、日本の歌の発生的順序がわかると思ふ。[11]（傍線部筆者）

折口は、目前の民俗である祭り、目前の文献である『万葉集』そのものを見ながら、〈点〉でそれを捉えようとしたのではなく、〈点〉の中に〈線〉を読み取ろうとしたのである。折口はその線を、発生から展開する流れとして、大胆に、発想力豊かに説明している。それが折口理論の魅力である。

筆者も、眼前にある祭りからその〈線〉を読み取りたいと考える。しかしながら、筆者の場合には、それを発生からの展開として位置づけるのではなく、現在は意味のわからなくなっているもの、また明らかに作られた意味づけの中に伝承されてきた〈民俗の年輪〉を読み取ってみたいと思うのである。言い換えれば、本書の目指すところは、現在目の前に伝承されている祭りを詳細に検討し、かつて論じられた本質を論じるわけではなく、〈現在〉にのみこだわるのではなく、祭りの中に残された〈実行者に行う意味が確認されつつ行われる伝承〉、〈意味がわからずに繰り返される伝承〉、〈本来の意味とは異なった意味づけがされている伝承〉を解きほぐすということである。

日本民俗学は〈民間伝承〉を対象として展開する学問である。方法論としていろいろ議論され、〈〈民間伝承〉を対象にした歴史学〉ともみられがちである。しかし、民俗学は実際のフィールドで実践される民俗と、語られる伝承を実際に実践する人々から聞き取ることによって成り立っている。そこには実践の背後に息づいている感情や想いを感じながら、研究者は研究を展開している。

例えば、筆者がたびたび例として挙げ、本書第一編第五章で紹介する静岡県伊豆の国市寺家《じけ》の三番叟の起源伝承を例にとってみよう。寺家ではこの三番叟を「盗みサンバ」などと呼んでいる。というのは寺家の住民与四郎という人が、伊豆市修善寺横瀬の八幡神社の祭りを見に行き、三番叟を見て大変感動し、「寺家の守山八幡宮の秋祭りにやりたい」と思い、これを教えてもらおうとした。しかし、この三番叟は門外不出の芸能で、他村の者に教えることはもちろん、ムラの男でも長男以外には教えないしきたりだという。そこで与四郎は、翌年の練習から祭りに到るまでの期間、舞殿の床下に隠れてこれを見、すべてを覚えて寺家の人々に教え、寺家の守山八幡宮の祭りに奉納するようになったのだといい、それゆえに「盗みサンバ」と呼んでいるのである。しかし、与四郎が舞殿の下で見ただけで複雑な式三番全体をマスターして、さらにそれを寺家の人々に教えることは非常に困難だと推測される。要するに、この伝承は実際には可能性の薄いものであろう。山川勇治《やまかわゆうじ》の論文には、寺家の三番叟について「古老の話だと江戸時代末期か明治初期頃には奉納されていたよし、いつの頃か中断され昭和二十年以降修善寺町横瀬八幡奉納三番叟の師匠から伝授されたと伝えられている」と報告されている(12)。この山川論文が書かれた当時には、「盗みサンバ」の伝承が伝えられていたかどうか確認できていない。しかし、山川論文が伝える事実があるにもかかわらず、盗みの伝承が伝えられるのは、〈門外不出〉〈長男だけ〉と伝えることと無関係ではなかろう。すなわち、実際は横瀬の伝承者が寺家の若い衆に教えたとしても、他のムラに伝えることが禁止されているのだから、教えてくれた人が非難されるのを憂慮して〈勝手に盗んだ〉と伝えているのではあるまいか。こうした〈事実とは異なった伝承〉がどうして生まれるのか。それを解きほぐすということも、民俗学のなすべき使命であるはずである。これこそが、民俗学が持ち得ている武器といえるのではないだろうか。

本書は二部構成となっている。

第一編は「「神社・歴史・伝説」と祭り」と題した。「神社・歴史・伝説」と祭りの関係を論じた諸論文を収めた。

第一章「古代ヤマトの信仰的世界観と神社の祭り」は、古代のヤマト（奈良盆地を中心とした地域）に同心円状に祀られた御県《みあがた》・山口《やまぐち》・水分《みくまり》の神について、古代の伝承からその神社の信仰の性格を確認するとともに、現在の祭りから地域の中での信仰の性格を描き出した。そして、ヤマトの各地方の中で同様の性格をもった神を、大和朝廷が同じ名称をつけて体系的に祭祀したものであり、各地のそれぞれの祭祀を朝廷が政治的に管掌下に置いたことになると論じた。

第二章「葛城一言主神社の秋祭り」は、葛城一言主神社の秋祭りと、それに参加する十地区の祭りに奉仕するあり方を詳述し、その相違の理由を歴史的な変遷と生活上の結びつきなどから考察した。

第三章「秋田県湯沢市の小野小町伝説と祭り」は、秋田県湯沢市の小野小町伝説を詳述し、先行研究を踏まえながら文献からみられる伝説の担い手を確認するとともに、地域の中でこの伝説がどのように捉え直され、機能しているかを論じた。

第四章「陸中沿岸の虎舞考」は、陸中沿岸に濃厚に分布する虎舞について、大槌の吉里吉里虎舞と安渡虎舞を報告しながら、大槌の歴史と神社の祭神の伝承、豪商前川善兵衛家の伝承と虎舞との関わりを考察し、虎舞の伝播と海上の道の関わりを論じた。

第五章「伊豆半島の三番叟の伝播と伝承」は、五十箇所近くに及ぶ伊豆半島の三番叟の伝播についての先行研究を整理して、それぞれの可能性を検討するとともに、伝承してゆく上での課題を論じた。

第六章「神社の祭礼としての花輪祭典」は、鹿角市の通称「花輪ばやし」の変遷と、祭りの構造を論じたものである。特に、戦後旧暦から新暦へと祭日が移動すること、また氏子地区が変動することを受けて、様々に変化してきた過程を論じている。

第二編は「祭りの「現代と後継者」」と題した。祭りと民俗芸能の現代的な問題を取り上げた諸論文を収めた。もちろん現代的な問題といっても、本書の視点は現代という〈点〉にあるのではなく、現代を起点にした〈線〉である。

第七章「イベントと民俗芸能」は、盛岡市と滝沢市で行われている通称「チャグチャグ馬コ」と「盛岡さんさ踊り」を論じたものである。前者は、農休みに馬を鬼越駒形神社に参詣させる民俗行事であったものがイベント化したものであるが、それは必然的にそうなる要素があったことを論じ、後者は最初からイベントとして作られたものであるが、それが定着した理由を考察した。

第八章「祭りを支える外来の人々―津軽半島上磯の祭りと民俗芸能」は、極端な過疎に陥っている津軽半島の集落に伝承されるネブタ祭りとそれに伝承される荒馬という民俗芸能について論じたものである。荒馬は早くから民族舞踊愛好者に知れ渡った芸能で、それゆえにそうした外来の人々によって祭りが行われている状況を論じた。

第九章「〈地域〉と民俗芸能―伝承のあり方を考える」は、様々に今日の祭りと民俗芸能におきている伝承の問題を論じたものである。今日伝承の問題には様々な様相があり、それをどのように考えてゆくかは研究者ではなく、伝承者たちが何を伝えたいのかを考えてゆくことであるとしている。

以上、章立てはしているが、もともとこのように構成することを考えて書いてきたものではなく、それぞれが独立した論文で構成されている。調査時に確認できた伝承から、それぞれの祭りの変遷の過程を論じてきた諸論文を、ここに述べたような考え方で整理したものである。

最も古い調査からは二十年以上が経過してしまっているので、さらなる変遷を遂げているものもあるであろう。できるだけいつの調査であるかを示すために、それぞれの章の最後に初出年を記した。

先に「〈民俗の年輪〉を読み取ってみたい」と記した。

眼前に大木が立っているとしよう。大木を理解するには、大木そのものから目をそらさずにしっかりみなければならないことはもちろんだが、その木は大木になって屹立するまでには長い年月を経ている。そして、そのことは大木の中に、年輪となって刻まれているのである。大木が大木にまで成長する過程には、毎年の四季の変化の影響があり、ある年には異常気象があり、時には大きな環境変化といったものがあって、それが年輪を形成させる。長い年月からみれば、同じことの繰り返しにみえることもあるが、現実の一つ一つの積み重ねによって成り立っているのである。年輪は、それぞれが断絶しているものではない。年輪の付置連関を知ることは、過去を知ることばかりではなく、現在そして未来をも知ることになるはずである。

本書が実践の中に過去をみようとするのは、まさに現在と未来を考えようとするゆえだということを、最初に述べておきたいと思う。

第一編　「神社・歴史・伝説」と祭り

第一章　古代ヤマトの信仰的世界観と神社の祭り

序

延長五年（九二七年）完成の『延喜式』に記載される「祝詞」は、飛鳥・藤原京時代（六七二〜七一〇年）に制定されたものと推測されている。これらの祝詞には、ヤマトの祀られる地名を冠した同名の神が伝えられている。すなわち、御県《みあがた》・山口《やまぐち》・水分《みくまり》の神である。これらと全国の神社名を記した同書の「神名帳」をあわせて検討してみると、これらは他国にはあまり例がなく、ヤマトに集中して祭祀されていることがわかる。しかも宮廷直轄領である御県に祀られた御県神社は、ヤマトの国中の平地を取り囲むように分布しており、それを取り巻くように山口神社が祀られ、水分神社はさらに高地の分水嶺に祀られている（図表1参照）。つまり、この三種の神は、ヤマトの国中を中心にして同心円のように分布しているということになる。こうしたことからこの神々の祭祀は、ヤマトの信仰的世界観を表すものとして注目されてきた。[1]

例えば、ヤマトの信仰に神体山信仰をみようとする景山春樹《かげやまはるき》は、神体山信仰は山宮（奥つ磐座）と里宮（中つ磐座）と田宮（辺つ磐座）によって形成され、それらがそれぞれ水分神社・山口神社・御県神社に相当すると説く(2)。また、薗田稔《そのだみのる》は、こうした神社群の中央部に鎮座する広瀬大忌《ひろせおおいみ》神社が御膳神《みけつかみ》を祀って生業神としての性格をみせていることに注目し、「大和地方一帯の風土が、宗教的なコスモロジーの原空間として神社祭祀上に把握されていたとすれば、それは一方で、御県社・山口社・水分社の順に扇状の広がりが指摘されているとともに、他方で、いわば扇のかなめとして広瀬大忌神社が重要な風土的神格とみなされていたと考えられる。」とする(3)。

しかし、景山のように神体山信仰とこの三種の神を結びつけるとするなら、一つの神体山に三種の神社が存在して成り立つのであり、そうした事例はない。つまり、この論は一つの神体山をもとにした地域内で成り立つ理論であり、ヤマト全体に分布する同種の神社を一括してそのように括ることには疑問がある。また、薗田のいうように「大和地方一帯の風土が、宗教的なコスモロジーの原空間として神社祭祀上に把握されていた」というようなことを、地域の民俗的発想と捉えるにはあまりにも広すぎるように思われる。

伊藤高雄《いとうたかお》はいう。

> 水分社や山口社、御県社それぞれが、本来葛城山東麓の人々の信仰によって祀られた聖地ではあっても、その顕著な分布のありかたには、在地の民俗のレベルを超えた、大和朝廷による律令体制の側からの、〈権力〉による統一的な世界把握の方向が見て取れるのである(4)。

要するに、伊藤はそれぞれの神社の信仰に在地の民俗的な発想を認めながらも、その顕著な分布のあり方には大和朝廷による統一的な世界観の構築をみようとするのである。早くに御県・山口・水分神社の分布に注目した櫻井満《さくらいみつる》は、その中心に位置する御県の県主《あがたぬし》が天皇家と深い関係にあることに注目し、そこから奉られる寿歌が万葉集の基盤になったとする論を展開している。(5) 櫻井も風土的な基盤を認めつつも、大和朝廷の政治的なあり方をみてとろうとしているのである。

結論的なことを早くに述べてしまったが、いずれにしても大和朝廷がこれらの神をいかにして祀り、それが地域及び少し広域的な範囲の中でいかなる神としての信仰を有しているのかということを、丹念に解きほぐして考察する必要があろう。

本章は、これら御県神社・山口神社・水分神社の中から、水分神社の祭祀と信仰を中心に論じていくことにしたい。

一、『延喜式』の御県神社・山口神社・水分神社

まず、『延喜式』の御県神社・山口神社・水分神社の記述を確認したい。

○祈年祭・月次祭の祝詞

御県に坐《ま》す皇神《すめがみ》たちの前に白《もう》さく、高市《たけち》・葛木《かずらき》・十市《とおち》・志貴《しき》・山辺《やまのべ》・曾布《そふ》と御名をば白して、この六つの御県に生い出ずる甘菜《あまな》・辛菜《からな》を持ち参り来て、皇御孫《すめみま》の命の長御膳《ながみけ》の遠御膳《とおみけ》と聞こし食《め》すが故に、皇御孫の命の宇豆《うず》の幣帛《みてぐら》を称え辞竟《ごとお》え奉《まつ》らくと宣《のたま》う。

山口に坐す皇神たちの前に白さく、飛鳥・石村《いわれ》・忍坂《おさか》・長谷《はつせ》・畝火《うねひ》・耳無《みみなし》と御名をば白して、遠山《とおやま》・近山《ちかやま》に生い立てる大木《おおき》・小木《おぎ》を、本末《もとすえ》打ち切りて、持ち参り来て、皇御孫の命の瑞《みず》の御舎《みあらか》を仕え奉りて、天の御蔭《みかげ》・日の御蔭と隠《かく》れ坐して、四方《よも》の国を安国と平らけく知ろし食すが故に、皇

御孫の命の宇豆の幣帛を称え辞竟え奉らくと宣う。

水分に坐す皇神たちの前に白さく、吉野《よしの》・宇陀《うだ》・都祁《つげ》・葛木と御名をば白して、辞竟え奉らくは、皇神たちの依さし奉らむ奥つ御年《みとし》を、八束穂《はつかほ》のいかし穂に依さし奉らば、皇神たちに、初穂《はつほ》をば頴《かい》にも汁《しる》にも、瓺《みか》のへ高知《たかし》り、瓺の腹《はら》満て双《なら》べて、辞竟え奉りて、遺《のこ》りをば皇御孫の命の朝御食《みけ》・夕御食のかむかひに、長《なが》御食の遠《とお》御食と、赤丹《あかに》の穂に聞こし食すが故に、皇御孫の命の宇豆の幣帛を称え辞竟え奉らくと、諸《もろもろ》聞き食《たま》えよと宣う。

○四時祭（上）

右、神祇官の祭るところ、幣帛は一の前の件《くだり》により、数を具《そな》えて官に申せ。三后・皇太子の御巫《みかんなぎ》の祭る神各八座はみな幣《みてぐら》を案上に奠《たてまつ》れ。ただし臨時に加減せよ。仍《よ》りて恒《つね》の数に入れず。大神宮、度会宮には各馬一疋を加えよ〈籠頭《おもづら》の料に庸布一段〉。御歳《みとし》の社に白馬・白猪・白鶏各一を加えよ。高御魂《たかみむすひ》神、大宮女《おおみやのめ》神、および甘樫《あまかし》・飛鳥《あすか》・石村・忍坂・長谷・吉野・巨勢《こせ》・賀茂《かも》・当麻《たいま》・大坂《おおさか》・胆駒《いこま》・都祁・養布《やぎう》等の山口、ならびに吉野・宇陀・葛木・竹谿《つげ》等の水分の十九社には各馬一疋を加えよ。

○臨時祭

祈雨《あまごい》の神の祭八十五座〈みな大〉
…巨勢山口社一座　葛木水分社一座　賀茂山口社一座　当麻山口社一座　大坂山口社一座　胆駒山口社一座　胆駒社一座　石村山口社一座　耳成山口社一座　養父山口社一座　都祁山口社一座
都祁水分社一座　長谷山口社一座　忍坂山口社一座　宇陁水分社一座　飛鳥社四座　飛鳥山口社

一座　畝火山口社一座　吉野山口社一座　吉野水分社一座…

座別《ごと》に絹五尺、五色の薄絁各一尺、絲一絢、綿一屯、木綿二両、麻五両、裹薦《こも》半枚《ひら》。社毎に調布二端〈軾《ひつき》の料〉、夫一人。

以上の内容と、現行の神社の調査結果を表にしたものが（図表2）である。

祝詞（祈年祭・月次祭）によって、三種の神の性格を整理すると次のようになる。御県の神は、御県で産出する「甘菜・辛菜」の農作物（採取物？）を天皇の食に供しており、それが故に祭祀すると記される。山口の神は、〈朝廷施設への建材供給と諸国安定を祈念するための神〉と伝える。水分の神は、〈稲の豊かな稔りを祈念する神〉ということがしられる。また、「四時祭」では、山口・水分神社には馬一疋を献じて祀ることがわかる。「臨時祭」の記述では、「祈雨の神」として祀られる八十五座に山口・水分神社が含まれている。要するに、大和朝廷にとってこれら三種の神社は、生活に深く関わる祭祀を行う神社として位置づけられているわけである。

先に御県神社・山口神社・水分神社が同心円状に分布すると述べたが、それを略地図にあらわしたのが（図表1）である。

このような祭祀のあり方をみると、大和朝廷の政治的な意図によってこれらの神社が祭祀された、もしくは在地の信仰を取り込んで体系化したということは明らかであろう。そもそも、ヤマトという限られた範囲内であっても、御県神社・山口神社・水分神社といった名称がこのように立地的に同じ性格をもった神社に存在すること自体、権力による体系化であることは間違いなく、それがヤマトにほとんど限られるということもそのことを示していよう。問題なのは、例えば吉野の青根ヶ峰にあったと考えら

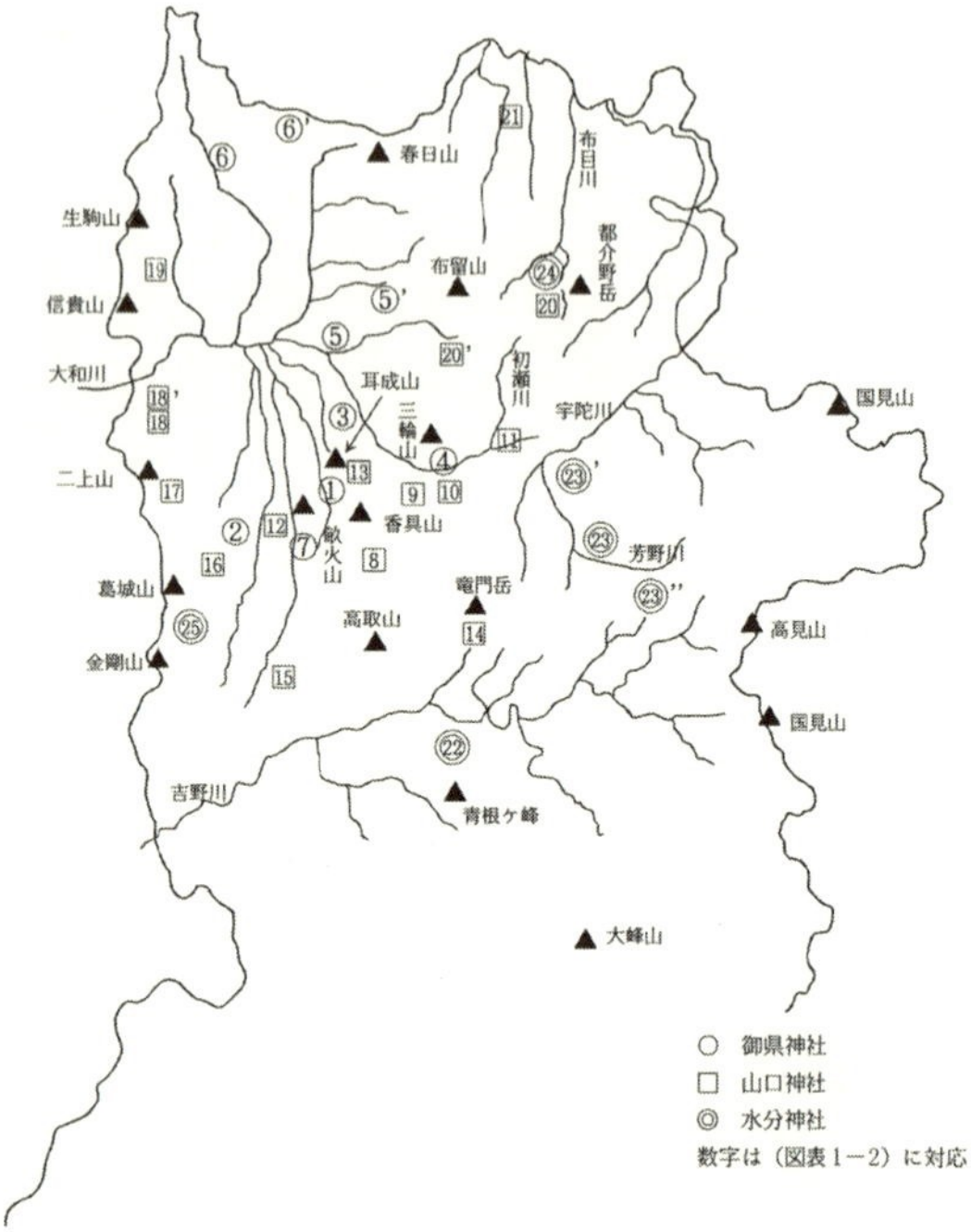

図表1　ヤマトの御県・山口・水分神社の分布図

れている吉野水分神社が、先の祝詞にみられるような〈稲の豊かな稔りを祈念する神〉を祀るものとして大和朝廷に発想される理由である。もちろん、吉野が大和朝廷にとっても、現在の民俗にも伝わる「オナンジ詣り」といった民俗にも、ヤマトの国中の地域から〈聖水の信仰〉を連想されるところではあった[6]。しかし、『延喜式』の祝詞などの根幹が固まったのが飛鳥・藤原京時代だとすれば、吉野の青根ヶ峰に〈稲の豊かな稔りを祈念する神〉を祀ることには必ずしも妥当性がないように思われる。それは他の葛城・宇陀・都祁の水分の神も同様で、これらは確かに分水・水源の信仰を有するにふさわしい立地にあるが、そこから流れ出す川は飛鳥・藤原京に直接水の恩恵をもたらすものではない。むしろ、飛鳥・藤原京の周辺地域の信仰ということなら、飛鳥川の源流にこそ水分の神が祀られるように思われる。このことから考えれば、これらの神々はそれぞれヤマト内の地方において発想された信仰を取り込んで体系化されたものと考えるのが至当であろう。ただし、逆に在地の信仰がないのに何らかの理由によって、大和朝廷が祀らせたという可能性もある。

いずれにしても、これらの神社の地域の信仰伝承を丹念に掘り起こしたうえで、考察する必要がある。加えて、広域的な伝承も視野に入れて考えてみたいと思う。

二、都祁水分神社と都祁山口神社の祭りと伝承

1、遷座伝承をめぐって

都祁の山口神社と水分神社は、他の地域の山口神社と水分神社とは異なって、両神社にかかわる遷座の伝承があり、それに基づいた祭りを伝えている。

都祁水分神社は、奈良市都祁友田町に鎮座している。『延喜式』以外の史料をみると、承和七年(八四〇年)に従五位下を授けられ(『続日本後紀』)、仁寿二年(八五二年)に官社に列せられ(『文徳実録』)、貞観元年(八五九年)に正五位下、風雨祈願の奉幣が行われた(『三代実録』)。一方、都祁山口神社は、奈良市都祁小山戸町に鎮座する。水分神社と同様に史料をみると、水分神社と同じく仁寿二年に官社に列せられ(『文徳実録』)、また貞観元年に正五位下、風雨祈願の奉幣も同様である(『三代実録』)。これ

図表2 『延喜式』所載の御県神社・山口神社・水分神社一覧

○御県神社

	人名帳記載名	現社名	祈年祭（四時祭）	祈年祭（祝詞）	月次祭（祝詞）	祈雨神祭（臨時祭）	現行祭日等
1	高市御県神社	高市御県神社（橿原市四条町宮ノ坪）		○	○		11／13無格社
2	葛木御県神社	葛木御県神社（葛城市新庄町葛木）		○	○		9／9村社
3	十市御県坐神社	十市御県坐神社（橿原市十市町）		○	○		5／5村社
4	志貴御県坐神社	志貴御県坐神社（桜井市三輪字金屋）		○	○		9／7村社
5	山邊御県坐神社	山辺御県神社（天理市別所町）（天理市西井戸堂町大門）		○	○		10／1村社・宮座 10／15村社・宮座 頭屋祭
6	添御県坐神社	添御県坐神社（奈良市歌姫町）（奈良市三碓町）		○	○		10／10村社・宮座 10／13村社・宮座
7	久米御県神社三座	久米御県神社（橿原市久米町字宮ノ谷）					10／15村社

○山口神社

	人名帳記載名	現社名	祈年祭（四時祭）	祈年祭（祝詞）	月次祭（祝詞）	祈雨神祭（臨時祭）	現行祭日等
8	飛鳥山口坐神社	飛鳥坐神社の境内末社	○	○	○	○	
9	石村山口神社	石寸山口神社（桜井市谷）	○	○	○	○	村社
10	忍坂山口坐神社	忍坂山口神社（桜井市赤尾）	○	○	○	○	10／15村社 1／7七日座
11	長谷山口坐神社	長谷山口神社（桜井市初瀬）	○	○	○	○	村社
12	畝火山口坐神社	畝火山口神社（橿原市大谷町峯山）		○	○	○	2／28御田植祭 2／1、11月初子に埴使、村社
13	耳成山口神社	耳成山口神社（橿原市木原町）		○	○	○	10／13郷社
14	吉野山口神社	吉野山口神社（吉野郡吉野町山口）	○			○	4／22御田植祭 9／7衆会祭 12／7大祭、村社

15	巨勢山口神社	巨勢山口神社（御所市古瀬字宮ノ谷）	○			○	10／7村社
16	鴨山口神社	鴨山口神社（御所市櫛羅）	○			○	7／16夏祭 10／16秋祭
17	当麻山口神社	当麻山口神社（葛城市當麻町當麻）	○			○	9／22例祭 4／22御田植祭、村社
18	大坂山口神社	大坂山口神社（葛城市香芝町穴虫字宮山）（葛城市香芝町逢坂）	○			○	10／17宮角力、村社
19	伊古麻山口神社	生駒山口神社（生駒郡平群町櫟原字滝ノ宮）	○			○	10／10オハキツキ、村社
20	都祁山口神社	都祁山口神社（奈良市都祁小山戸町）（天理市杣之内町東垣内）	○			○	10／25例祭 4／25御田植祭 村社（白山権現）
21	夜支布山口神社	夜支布山口神社（奈良市大柳生町神野宮）	○			○	10／18例祭・田楽 8／17太鼓踊 11／1頭渡し、県社

○水分神社

	人名帳記載名	現社名	祈年祭（四時祭）	祈年祭（祝詞）	月次祭（祝詞）	祈雨神祭（臨時祭）	現行祭日等
22	吉野水分神社	吉野水分神社（吉野郡吉野町吉野山字子守）	○	○	○	○	10／16例祭 4／3御田植祭、村社
23	宇太水分神社	宇太水分神社上宮（宇陀市宇田野区古市場） 宇太水分神社下宮（榛原町下井足字水分山） 惣社水分神社（宇陀市宇田野区上芳野字山中）	○	○	○	○	10／21例祭 4／3御田植祭県社 10／21例祭、県社 10／21例祭、郷社
24	都祁水分神社	都祁水分神社（奈良市都祁友田町）	○	○	○	○	10／26例祭 7／7夏祭、県社
25	葛木水分神社	葛木水分神社（御所市関屋字水守）	○	○	○	○	12／20例祭 10／14秋祭、村社

※「現行祭日等」欄は、奈良県神社庁参事伊藤典久氏（平成18年当時）の協力の下に調査したものである。

らの記録によれば、この二社は同じように記録に出てくるのであり、明らかに別の神としての扱いを受けているということがわかる。

この両神社の遷座伝承を伝えるのは、縁起「水分大明神垂跡記」(中世末期から近世初頭に書かれたと推定される)と「老翁伝」(延宝二年(一六七四年))である。それらをまとめると次のような伝承となる。

元慶三年(八七九年)、伊勢国度会郡の玉造村丸が御裳濯《みもすそ》川の霊水を持って遊行していた。すると、その水が白龍二匹となって飛翔し、一匹が宇多水分神になり、もう一匹が小山戸庄高山へ降りて都祁水分神になった。この神は度々奇瑞を現すので、小山戸に住む藤原時忠がこれを祀っていた。しかし、この鎮座地までの道は狭隘であったので、鞆田《ともだ》庄坂窪山に社殿を建てて、天禄二年(九七一年)九月二十五日に遷祀した。これ以来、小山戸の社を上山宮、鞆田の社を下山宮と呼んで、九月二十五日に上山宮へ神を遷し祀り、翌二十六日に下山宮に還御して祀るという祭りが行われるようになった。(7)

『大和志料』はこの伝承を紹介して、先に挙げた史料とここにある年代は合わないことを根拠にこの伝承の信憑性を否定している。また、都祁水分神社では、次のような別の伝承もある。

平安時代の中頃当地区に興福寺喜多院二階堂の荘園が成立しました。藺生、小山戸、友田、南殿、白石、無山、向淵の七庄で開拓が進むとともに水分神社は信仰を集め、荘園の中央友田に遷し祀られることになりました。天禄三年(九七二年)九月二十五日のことです。(8)

この伝承も、遷座の後に山口神社ができることになろうから、『延喜式』をはじめ先の史料と矛盾することになる。

しかし、先にも述べたように、水分神社・山口神社という名称自体が大和朝廷が体系的に付けた名称と考えられるわけで、水分神社は分水嶺・水源地に祀られる神に名付けられ、山口神社は名の如く山の入り口もしくは山の中腹に祀られている神社である。したがって、数キロしか離れておらず渡御の祭りが伝わる二つの神社が、都祁水分神社・都祁山口神社であるとは考えにくい。この都祁は大和高原にあり、木津川の上流である布目川と大和川上流の初瀬川の分水嶺となっている。ということからすれば、この地に祀られるのは水分神社と考えるのが妥当である。最初の鎮座地と伝えられる小山戸字カモエ谷は、社殿の奥が小高い山となっている。この山の尾根には大きな磐座がある。土地の人はこれを「ゴシャオさん」と呼んでおり、ここに水分の神が降臨したと伝えている。また、同様に社殿の奥には水をたたえた池があり、いかにも水源地を祀るにふさわしいたたずまいである。

近年はあまり触れられることがなくなったが、近世期の地誌などでは別の神社を都祁山口神社とするものも少なからずあった。『大和志』（享保二十一年（一七三六年））『大和名所図会』（寛政三年（一七九一年））『神名帳考証』（文化十年（一八一三年））などは、天理市杣之内《そまのうち》町東垣内《かいと》の都祁山口神社を比定している。この神社は白山権現とかつては呼ばれていた。また、この地はもとは山口村という地名であった。地理的にみれば、大和高原を背後に背負った地にあって、山口神社の鎮座地としての条件が備わっているといえなくもない。実際、石崎正雄《いしざきまさお》は、「広瀬大忌祭祝詞の「倭国能六御県乃山口尓坐皇神」と云ふ場合の山辺御県の山口に坐す神が、都祁山口神と同一であるとすれば、都祁の山の入口にあり、御県神の周辺の此の地に鎮祭されてあっても不自然ではない。」と述べ、杣之内町鎮座の神社が都祁山口

山口神社での行事は小山戸と相河が取り仕切る。これは山口神社がこの二ヵ大字の氏神だからである。小山戸には他にも神社を祀っている。水分神社の神の神輿が山口神社に渡御して一泊するのだが、神輿を守る「泊まり禰宜《ねぎ》」がつく。これは六名で、定まった大字としては無山東と甲岡、残りは四つの大字から選出される。

十月二十五日は「ヨミヤ詣り」と呼ぶ。水分神社では午前中に神輿に御魂を移し、十三時に山口神社に向けて出御。神輿の順路は決まっているが、以前とは少し変わっている。「カミさんは、上から拝んではいけない」といって、以前は神輿の通り道は高い所を通った。途中、「神輿休み」と呼ばれる決まった場所数ヵ所で休憩し、十五時半に山口神社到着。ヨミヤ詣りの渡御行列は神輿だけである。

山口神社では神輿が右回りに廻って暴れる。この後神前に奉安し祭典が行われる。これが終わると御供《ごく》まきがある。

翌二十六日は「本祭り」と呼ばれる。山口神社において十三時に出御の祭典。拝殿前で御神酒・昆布・ジャコ（小魚）を回す。その後山口神社を出立し、御旅所で昼食を摂りながら迎えを待つ。この際には往路にはなかった太鼓がつく。一方、水分神社では、各大字は「コモリ所」（神社の回廊）で午前中から宴会を始める。水分神社からの迎えの行列は、十三時半出立。行列の順序は次の通りである。

1、神社号旗（1人）	2、神名旗（2人）	3、日月旗（2人）
4、講社号旗（2人）	5、講社号旗（2人）	6、講社号旗（1人）
7、太鼓（1人）	8、神社号旗（1人）	9、甲冑（1人）
10、猿田彦（1人）	11、獅子頭（1人）	12、槍（3人）

13、頭人児《とうにんご》（1人）（この後各大字の参加者が大字名の書いた旗を持って続く）
14、御所幣（五色幣・1人）　15、奏楽（1人）　16、禰宜（1人）
17、祭主（1人）　18、禰宜（1人）　19、氏子総代
※御旅所から帰路では祭主の前に神輿が入る。
御旅所で神輿を迎え、神社に向けて還御。神社に着くと神輿が暴れた後、回廊の中央にある神輿奉安殿に神輿が奉安され、御魂を本殿に遷して還御祭が行われる。還御祭では、本殿前に頭人児と祭主が向かい合って座る。還御祭が終わると神輿奉安殿で御供まきが行われ、これが終わると祭りが終了する。

この祭りは、古くは春日若宮おん祭りを模倣して行われていたといい、田楽《でんがく》・細男《せいのお》・流鏑馬《やぶさめ》・能狂言が催されていたと伝えられている。

3、都祁水分神社の分水嶺としての伝承

都祁水分神社とその周辺は、分水嶺としての伝承が濃厚である。

南側の初瀬川と北側の木津川の分水嶺になっているのだという。広い範囲の大字の信仰を集めるのはそのためで、以前はもっと広く天理市内の大字も来ていたのだという。特に分水嶺になっている家が藺生にあって、家の裏から初瀬に向けて水が流れ、表から木津川に屋根の水が流れ出しているのだという。

4、都祁水分神社と都祁山口神社の信仰

今日の都祁水分神社と都祁山口神社の信仰を、先に述べた大和朝廷が祀った水分神・山口神という視座ではなく、地域の神ということから考察してみたい。

大和高原に祀られたこの神社の神は、周辺地域（旧都祁村・旧室生村・旧山添村など）の分水・水源の信仰を広く集めている。ただし、この地域が鎌倉初期には興福寺の大乗院領となってその管掌下にあり、神社の祭祀にもそのことが影響したという歴史もある。祭りが春日若宮おん祭りを模倣していたというが、田楽・細男などが奉納されていたということは、興福寺大乗院の権力を象徴的にあらわしている。したがって、それぞれに地区内に氏神を祀りながら、多くの氏子地区が水分神社の祭りに参加しているということは、その影響とも考えられる。しかし、大乗院の影響がなくなり灌漑用水施設が発達して久しいのであって、現在の祭りにいまだに二十六ヵ大字もの氏子地区が参加していることは、分水・水源の信仰が残っていなければあり得ないことであろう。紹介したような分水嶺としての伝承を、現在でも伝えていることがそのことを物語っている。

こうしたことを考えれば、都祁の二つの神社の祭りは水分の神の祭りであって、在地の遷座の伝承は首肯できるものである。祝詞にみられる水分の神の信仰も〈稲の豊かな稔りを祈念する〉ものであり、この祭りの信仰と一致する。つまり、大和高原を分水・水源とするその山麓・下流地域の水分信仰を、大和朝廷が取り込んだものと考えてよかろう。

都祁山口神社についていえば、祝詞が伝えるような〈朝廷施設への建材供給と諸国安定を祈念する〉という信仰は在地伝承にはまったくみられない。もし、これが古代以来の都祁山口神社だとすれば、在

地の伝承とは関係なく、都祁の中でのもう一つの聖地を大和朝廷がヤマトの祭祀を体系化する論理の中でそのように名付けたと考えられる。しかし、水分の神と山口の神は必ず対応するわけではないから、その必然性は薄い。

三、そのほかの水分神社

1、宇陀水分神社

宇陀水分神社は、『延喜式』以外の史料をみると、大同元年（八〇六年）に神封一戸が奉られ（『新抄格勅符抄』）、承和七年（八四〇年）に従五位下を（『続日本後紀』）、貞観元年（八五九年）に正五位下を授けられ、風雨祈願の奉幣が行われた（『三代実録』）。宇太水分神社（宇陀市菟田野区古市場）蔵の「玉岡水分縁起」によれば、宇陀の水分の神は伊勢の五十鈴川から高見山に遷座し、そこから宇陀に鎮座したと伝える。瀬尾満《せおみつる》はこれを受けて、宇陀の水分信仰は、高見山を水源の神の坐す山とし、芳野川をその尾根の懐から流れる川と意識して形成されたものであろうとする。(10)

宇陀の地の水分信仰の濃厚さを示すものとして、水分の神を祀る神社が多くこの地に伝わることが挙げられる。古代の宇陀水分神社ではないかと考えられてきたいわゆる論社は三社あるが、それも含めて水分を称する神社は次の通りである。

① 宇太水分神社　菟田野区古市場字菟田野（式内論社）
② 宇太水分神社　榛原区下井足字水分山（式内論社）

③　総社水分神社　菟田野区上芳野字中山（式内論社）
④　水分神社　大宇陀区平尾字宮ノ谷
⑤　水分神社　室生区下田口字田口西
⑥　水分神社　大宇陀区迫間字子守（明治四十一年に阿紀神社に合祀）

この他にも水分の神にかかわる神社がある。

⑦　春日神社　菟田野区見田字水分（旧名水分神社）
⑧　平尾神社　大宇陀区東平尾字宮ノ谷（地元では平尾水分神社と呼ぶ）
⑨　御井神社　榛原区檜牧字高取（祭神四柱中に水分神あり）
⑩　阿蘇神社　菟田野区平井字阿蘇（祭神三柱中に水分神あり）

※すべて宇陀市内

①～③は論社で、①②は上宮・下宮として平安後期から広大な社領を有していた。③は中世期に豪族芳野氏の勢力拡大に伴って、その影響の範囲を広げていったと思われる。実際、④⑤については今日③から分祀されたものと伝えている。しかし、先に紹介した「玉岡水分縁起」によれば、①からの分祀とされており、この論社の勢力争いは激しかったと考えることができる。地理的にみれば、いずれも芳野川沿いに鎮座しており条件を満たしているが、特に①について小田《おだ》基彦《もとひこ》は宇陀野のほぼ中央に位置し、いくつかの川との合流点に近いこと、三社の中でももっとも早くからの繁栄の記録をもつことから古代の水分神社とするのに穏当としている。[11] しかし、他のヤマトの水分の神は、水源地と分水嶺に祀られており、小田のいうような条件の神ではない。しかし、いずれにしても芳野川流域に起こった水分信仰が強く信仰されたことにより、多くの神社に分祀されるということになったということはいえるであろう。

一方、祭りのあり方をみると、現在は十月二十、二十一日の両日に総社水分神社から宇太水分神社へ大名行列を伴って神輿が渡御する祭りが行われ、①～③の神社が水分信仰をもとに結びついて信仰されていることが知られる。この祭りには宇陀市の菟田野区・大宇陀区・榛原区にまたがる二十九ヵ大字が奉仕する。それぞれの氏子に郷社を祀っていて、これの祭りを十月二十日に行い、二十一日に水分神社の祭りに奉仕するという形をとっている。そして、これらの大字では氏神は郷社を指すのであって、水分神社ではないという意識を強くもっている。この参加大字の問題は、歴史的な変遷もあり、その背後には政治的な権力の影響、町村制の信仰への影響が色濃く出ている。その点については瀬尾・横山聡《よこやまさとる》の論文を参照されたい[12]。

この宇陀水分神社の信仰のあり方は、都祁水分神社のそれと同様であるということもいえるかもしれない。特に氏子地区の郷社の祭りを保持しながら、広域の信仰である水分神社の祭りに奉仕するという関係において同じである。また、史料をたどればそこに政治的な影響も読み取れることも同様である。しかし、そうした影響がなくなった以降も広大な信仰圏が保持されていることも確かで、祝詞にみられる〈稲の豊かな稔りを祈念する〉という水分の神の信仰は、この在地の信仰と同じなのであり、それを大和朝廷が取り込んだものといえよう。また、二つの水分神社間の神の渡御を伝えるということも、形式的には都祁と同じで興味深い。

2、葛城水分神社

葛城水分神社は、『延喜式』以外の史料をみると、承和七年（八四〇年）に従五位下を（『続日本後紀』）、貞観元年（八五九年）に正五位下を授けられ、風雨祈願の奉幣が行われた（『三代実録』）。この記録は他の水分神社と共通する。

鎮座地は金剛・葛城山系から流れ下る水越川の水源地近くである。水越峠は葛城山と金剛山の間にある峠で、反対の河内側にもこの山系から流れ落ちる水を集める川があり、その水源地近くに建水分神社が鎮座している。こうした立地条件にあるので、古くから大和側と河内側との間に水争いが絶えず、特に元禄十四年（一七〇一年）に訴訟決着した「元禄の水論」と呼ばれる事件が名高い。

葛城水分神社の祀られた水越川は、谷筋の幾多の天水を集めて東流し、御所市幸町で葛城川に注ぎ、生駒郡広陵町で大和川の支流曾我川に合流する。大和川水系の水源に祀られた水分神である。

この神社の例祭日は十二月二十日であるが、もっとも賑わうのは秋祭りと呼ばれる十月十五日の祭りである。この神社の祭りに奉仕するのは、三十七戸の関屋集落である。(13) この三十七戸が持ち回りで頭屋を務め、四つの垣内《かいと》（組）から役員が出てこれを補佐して祭りを行う。秋祭りは十月十四日に、ヨミヤ提灯が集落の東端から西端の水越神社まで渡御する。このヨミヤ提灯は、この地方の祭りによく用いられる十個の提灯を付けたススキ提灯である（第一編第二章参照）。翌十五日に祭典が行われる。また、十四、十五日には楽車《だんじり》が引き回される。以前は青年団がこれの担い手だったが、今は子供が引き手になっている。十二月二十日は、先に記した「元禄の水論」が決着した十二月二十一日に因むものと伝えられている。この例祭は、区長・頭屋の他数人が参列するのみの祭りである。この十月の祭りと十二月の祭りを比べると、十月の祭りが本来の例祭であったのではないかと考えられ、「元禄の水論」以降に現在の形となったのであろう。

この葛城水分神社の現行の祭りをみる限りでは、関屋集落のみの祭りで御所地方に多く分布する典型的な頭屋の祭りである。都祁・宇陀の両水分神社にみられた広域の信仰を集めるようなものにはなっていない。では、この地の水分信仰自体が薄いものであるのかといえばそうではない。伊藤の論文によれば、元禄の頃には役行者《えんのぎょうじゃ》の加持祈祷によって水を引いたとする伝承が吐田郷(14)全体に伝わっていたようで、役行者に対する崇敬の念が水分信仰を代表していた。しかし、その後この役行者に対する信仰ではなく、もう一つの伝承が語られるようになったという。それは、「元禄の水論」に勝利をもたらしてくれた上田角之進に対する伝承であり、信仰である。角之進の具体的な行動に対しての語りはさまざまで、昔から水路があったことを証拠立てようと様々腐心したことが語られ、あまり賢すぎて鉄砲で撃たれたともいわれている。この角之進の功績を称え供養しようとする祭りが、吐田郷内の名柄集落の本久寺に伝わる。本久寺には、角之進の墓と供養塔が伝わり、ここで七月十八日に上田角之進祭りが、五月十日の永代供養の際には特別な扱いで角之進が祀られる(15)。このように、水越川の水によって潤されている吐田郷の集落では水分の神に対する信仰は薄いが、この水をもたらしてくれるカミに対する篤い信仰はあるのである。伊藤は次のように述べる。

葛城の水分の神格は、金剛山・葛城山の二つの分水嶺を基点にして、一方で葛城水分神社に昇化しつつも、在地では別なかたちで確かに語り継がれてきたといえるだろう。東麓のサトから見て、ちょうど〈二上〉の山並みをなす金剛・葛城から聖なる水は流れ下り、サトの生活に恵みをもたらすのであるが、その神格が在地の認識では、近世初頭の役行者から今日の上田角之進へと変化してきたのである。一宗教者から一民衆へ――、水分の信仰は変容しつつも語り継がれてきたのであっ

た。(16)

古代の葛城の水分信仰が、在地の信仰であるのか遠隔地の大和朝廷が設定したものかわからないが、伊藤が検証した通り、形を変えた水越川の水源についての信仰は濃厚にあるのであって、そうした在地の伝承を取り込んだものがこの地の水分の神なのであろう。

3、吉野水分神社

吉野水分神社は、古代の水分四社のうち、もっとも古くからの存在を確認することができる神社である。『続日本紀』文武天皇二年（六九八年）四月二十九日の条に、

馬を芳野水分峯神に奉る。雨を祈ればなり。

という馬を奉っての雨乞いの記述がある。また、万葉集には、

神さぶる岩根こごしき　み吉野の水分山《みくまりやま》を見ればかなしも

（巻七、一一三〇番歌）

という水分山をよんだ歌も伝わる。藤原京の時代から、都から離れた吉野の水分山が水の聖地として信仰されていたのである。

これ以降の『延喜式』以外の史料をみると、大同元年（八〇六年）に神封一戸が奉られ（『新抄格勅符抄』）、承和七年（八四〇年）に従五位下を（『続日本後紀』）、貞観元年（八五九年）に正五位下を授けられ、風雨祈願の奉幣が行われた（『三代実録』）。

現在の吉野水分神社は、水分山と呼ばれる吉野山字子守《こもり》に鎮座するが、鎮座地には遷座の伝承がある。吉野の分水嶺で、水分の神が坐すのにふさわしい山として青根ヶ峯がある。この山は、大和朝廷の

離宮が営まれた宮滝《みやたき》からも望める山である。青根ヶ峯は北に喜佐谷川が、東に音無川が流れて蜻蛉の滝から西河で吉野川に注ぐ。西には秋野川が流れ、これも吉野川に注ぎ、南へも槇尾川・黒滝川が丹生《にふ》川となり吉野川に注いでいる。また、青根ヶ峯には山頂から西北約一キロのところに、元水分社跡と伝える場所がある。宮坂敏和《みやさかとしかず》は、遷座の時期を「金峯山修験の発展過程からみて、神封を充てられた大同元年（八〇六年）ころか、遅くとも神位を授けられた承和七年（八四〇年）または貞観元年（八五九年）以前」と推定している。(17)

吉野水分神社というと、「ミクマリ」が転訛して「ミコモリ」、すなわち子授けの神「子守明神」としての信仰を有している。この信仰はすでに平安中期から盛んで、『枕草子』にも記述がみえ、藤原道長も寛弘四年（一〇〇七年）八月十一日に金峯山山上の子守明神に金銀五色等を奉っている。こうした子守信仰が水分の神に対して発生するのは、『延喜式』祝詞の豊穣を祈念する意味にも通じているとする論がある。(18)

この神社が伝える祭りは、例祭が十月十六日であるが、特に名高いのは四月三日の御田植祭である。この水分神社の氏子は吉野山全域と伝えており、かつては旱魃の際にこれらの人々がこの神社にこもって雨乞いをしたという。しかし、御田植祭に奉仕するのは鎮座地の子守集落の人々である。ただし、昭和の終わり頃まで麓の上市《かみいち》に御田講があり、これが奉仕していたという。山上にあるこの神社に御田植祭が伝わる理由について、その祭日の変遷も含めて城﨑陽子《しろさきようこ》の論文に詳しいが、(19)本質的には金峯山寺の管掌の下に行われた行事で、それが水分と子守の信仰に支えられて伝承されてきたものとみるのが妥当であろう。

吉野水分神社の水分の神としての信仰は、他の水分三社とは異なって、広域の信仰のあり方を確認できない。というのは吉野の水としての信仰には、先に述べた大名持神社のオナンジ詣りや丹生川上神社の信仰などもあって、様々に重層する民俗の中で特に子守信仰が早くに水分神社に対しては特化されてしまった故かもしれない。

結び—水分神社の信仰にみる世界観

本章では、大和朝廷が祭祀したヤマトの特徴的な神社群である御県神社・山口神社・水分神社の祭祀と信仰を考察するために、水分神社の信仰をみてきた。

結果として、ヤマトに祀られた水分神社はいずれも分水・水源の信仰を有する地理的条件にあるところに祀られ、現状確認できる信仰には様々な形はあるが、豊かな実りを祈念する『延喜式』祝詞にみられるような信仰を伝えているということが明らかになった。ただし、その水の恵みを得ている広域的な地域が祭りに参画しているのは、政治的な背景がその祭りの歴史の中にみてとれる都祁と宇陀であって、そうした歴史がなければこのような祭りは成立し得ないのかもしれない。要するに、各地に伝わる在地伝承としての分水・水源に対する信仰は、在地においても遠距離の信仰なのであって、それが具体的な祭りの形としては成立することが困難であるということなのであろう。

冒頭、御県・山口・水分といった呼び方も、在地の伝承というより大和朝廷の政治的な意図によって名付けられたことを述べたが、特に水分神社については「ミクマリ」という呼称にもそのことがいえると思われる。薗田は『延喜式』の伝本に「ミコマリ」の訓点が水分四座についていることに注目し、これら四座に子安信仰があることを指摘して、三種の神社のあり方に風土の原空間のイメージを想定している[20]。しかし、吉野水分神社以外にこの神社を子守とする別称や、そうした性格の信仰を在地の伝承としては見出すことはできない。この子守（子安）信仰を生むにはこの神が「ミクマリ」と呼ばれている必要性があるわけで、他の水分の神にはそうした呼称自体が馴染んでいなかったのかもしれない。そもそも、資料的にも水分の名称がもっとも早くから出てくるのは吉野であるので、この名称は本来吉野の水分に呼ばれた名称であって、都祁・宇陀・葛城には在地伝承としてそうした呼び方があったわけではなく、大和朝廷がヤマトの各地の同様の神を祭祀するにあたって、吉野のそれを共通の神の呼称として名付けたのかもしれない。そもそも、地名を冠した神の呼称は、在地のものであるというよりも外からの視線によって名付けられたものであろう。

御県神社・山口神社・水分神社の祭祀は、飛鳥・藤原京時代の頃には、大和朝廷によって成立していたとみられるが、それはヤマトの風土的な原風景をあらわしているとは必ずしもいえない。つまり、国中にある宮都から、水分四座を水分の神と意識する意識があったわけではなく、ましてやそれが豊穣への信仰に伴って子安信仰という性格をもっていたとは考えられない。むしろ、ヤマトの各地方の中で同様の性格をもった神を、大和朝廷が体系的に同じ名称をつけて祭祀したものと思われる。それは山口の神もまったく同様であろう。そのことは逆にいえば、各地のそれぞれの祭祀を朝廷が政治的に管掌下に置いたことになる。そういう風土的な環境の下で、ヤマトの信仰的世界観が形成されたのであろう。

注

（1）本章でいうところのヤマトとは、飛鳥・奈良時代に大和朝廷の官都が営まれた奈良盆地とその周辺地域をさす。
（2）景山春樹「自然神道から社殿神道へ」（『月刊歴史手帖』十二巻六号、名著出版、一九八四年）。
（3）薗田稔「祭り―原空間の民俗」（『暦と祭事＝日本人の季節感覚＝』日本民俗文化大系第9巻、小学館、一九八四年、三〇七頁）。
（4）伊藤高雄「信仰伝承―分水嶺の神々―」（櫻井満・大石泰夫編『葛城山の祭りと伝承』桜楓社、一九九二年、九七頁）。
（5）櫻井満「万葉集の成立基盤―大和の六御県をめぐって―」（『國學院大學紀要』十一号、一九七三年）。
（6）櫻井満・岩下均編『吉野の祭りと伝承』桜楓社、一九九〇年。
（7）奈良県教育会編『大和志料』（臨川書店、一九八七年。一九二八、九年出版の復刻）によって記述した。
（8）都祁水分神社発行「都祁水分神社略記」。これによるとこの記述は、応永三十一年（一四二四年）に記された縁起に基づいて記したという。
（9）式内社研究会編『式内社調査報告』第三巻、皇學館大学、一九八二年。
（10）瀬尾満「宇陀の風土」（櫻井満・瀬尾満編『宇陀の祭りと伝承』おうふう、一九九五年）。
（11）小田基彦「宇太水分神社　惣社水分神社」（谷川健一編『日本の神々　4大和』、白水社、一九八五年）。
（12）瀬尾満・横山聡「宇太水分神社の秋祭り」（櫻井満・瀬尾満編『宇陀の祭りと伝承』おうふう、一九九五年）。
（13）平成四年（一九九二年）当時。
（14）関屋を含む水越川の水が流れる八ヶ村の総称。味がよいことで知られる「吐田米」の産地。
（15）（3）の前掲論文。
（16）（3）の前掲論文、一〇五頁。
（17）宮坂敏和「吉野水分神社」（谷川健一編『日本の神々　4大和』、白水社、一九八五年、五一二頁）。
（18）（3）の薗田前掲論文、（17）の宮坂前掲論文。
（19）城﨑陽子「吉野水分神社御田植祭」（櫻井満・岩下均編『吉野の祭りと伝承』桜楓社、一九九〇年）。
（20）（3）の前掲論文。

初出　原題「水分神社の祭祀と信仰―万葉集の成立基盤としてのヤマトの信仰的世界観―」（万葉古代学研究所『万葉古代学研究所年報』7、二〇〇九年）。

第二章　葛城一言主神社の秋祭り

序

大和盆地の南西の壁をなす葛城山の東麓に、葛城一言主神社《かずらぎひとことぬしじんじゃ》は鎮座する。祭神である一言主大神は、雄略記紀に葛城山で天皇と邂逅する珍しい描き方をされる神であり、流罪伝承（『続日本紀』）や役小角《えんのおづの》とのエピソード（『日本霊異記』）も伝えられている。記紀の伝承とその名前から推察すれば、託宣神であり、卜占の神ということになろうが[1]、この神社を奉斎する氏子地域の人たちの信仰からみると、農耕神としての性格が顕著である。ただし、一方で祭神としての性格から、地域を越えた人々からの信仰を集めている。櫻井満は、氏子の信仰を「生活の論理」、祭神による信仰を「信仰の論理」と呼んでその信仰の違いを整理しているが[2]、日本の神社信仰にはよくみられることである。

現在の氏子地区は十地区を数えるが、本章で取り上げる秋祭りの関わり方にはいくつかのグループに分けられる違いがあり、その違いは氏子地区の歴史的な変遷を反映していると推察できる。

以下、祭りの詳細を記述し、氏子地区の伝承を比較検討しながらそれを論じることにしたい。

図表４　氏子地区人口動態

大字区画	世帯数／人口	明治 24 年（1891 年）	昭和 45 年（1970 年）	平成 4 年（1992 年）	平成 25 年（2013 年）
森脇	世帯数	65	65	68	83
	人口	286	302	298	255
宮戸	世帯数	50	65	97	89
	人口	230	263	306	211
西寺田	世帯数	34	81	103	85
	人口	188	362	359	221
豊田	世帯数	37	39	45	52
	人口	172	195	197	158
名柄	世帯数	85	124	106	102
	人口	396	487	354	252
多田	世帯数	30	29	33	42
	人口	130	141	134	105
幸町	世帯数	114	304	315	405
	人口	518	1113	872	857
東名柄	世帯数	48	61	65	64
	人口	219	272	226	141
増	世帯数	48	76	87	92
	人口	226	366	312	226
関屋	世帯数	48	37	36	42
	人口	235	151	158	107

注　明治 24 年の統計は、『大和国町村誌集』により、その世帯数の欄だけは戸数を示している。昭和 45 年、平成 4 年、平成 25 年の統計は 3 月 31 日現在のものである。また、これは大字内の数値で、複数の自治会を合計した年度もあり、大字内に独立した自治会ができて、それは氏子にはならなかったので除いているところもある。あくまで、氏子地域のおおよその人口動態を示すものと理解されたい。

年）〜昭和三十一年（一九五六年））に属していた（幸町は大正村）。したがって、現在でもこの九ヵ大字を指して吐田郷地区と呼んでいる。また、大字という地区はそれぞれいくつかの〈垣内《かいと》〉に分けられており、垣内が最も小さい行政区分ということになる。

こうした一言主神社の氏子圏は、葛城山東南麓から葛城川西岸にかけて、西から東に緩やかに傾斜する地域にある。この地域は観音谷川・水越川・百百《どど》川という、葛城山に源を発し葛城川に注ぐ川が作り出した扇状地で、これらの河川は同時にこの地の主たる灌漑用水となっている。一般に扇状地は畑地化するのが通例なのだが、この地の地質は浅薄な堆積層で、この上の谷はほとんど母岩を浸食するまで深く浸食しているため、どの場所でも井堰を作れば灌漑が可能であるという（『御所市史』(3)）。こうしたことから、吐田郷の耕地はほとんどが水田であり、耕地面積に対する水田の占める割合は九十五・三パーセント（昭和六十三年（一九八八年）の統計）にも達し、この値は御所市の中でも高い数値である。しかし、御所市には他にも同様な地勢下の地区があるわけで、これは単に地質の問題だけではない。また、先に挙げた葛城川の支流の水にしても、とりわけ恵まれていたわけではなく、奈良盆地の諸地域が宿命的にもっていた灌漑用水の絶対量の不足という問題をこの地も抱えていたのである。要するに、こうした条件下にありながら吐田郷に水田が開けているのは、この地に早くから灌漑用水の確保に関する技術が発達していたことを示しているわけである。また同時に、吐田郷の人々の並々ならぬ用水確保に対する努力が、こうした技術を生んだのであり、そのことが水争いの歴史と水利慣行の民俗に示されている(4)。こうした灌漑用水に関する問題も、吉野熊野総合開発事業の一環、いわゆる「吉野分水」の完成によって現在では解消されつつある。また、扇状地でありながら灌漑が可能という地質は、一方で大雨が降ると急に増水するという結果をもたらす。山地はひどい浸食をなし、下流では氾濫して洪水の害に遭うということになる。葛城川の氾濫というと、元文五年（一七四〇年）の大洪水が「御所流れ」と称されて名高い。要するに、分水嶺たる葛城山がもたらす水は、一言主神社の氏子地域にとっての生活の支えであるとともに、災害をもたらすものともなったのである。

このように、この地域は稲作を生業の中心としてきたのであるが、他の産業としては木綿栽培が同じ農家の行ったものとして注目される。『御所市史』によると近世中期に、宮戸は五割、名柄・豊田・森脇は三～四割、関屋・増は一～二割の木綿作付率であったといい、宮戸・名柄・森脇の高率は用水の関係からくるものとされている。すなわち、水越川用水の流末村であるこれらのムラでは、用水を必要としない木綿栽培が必要とされたとするわけである。こうした木綿栽培に伴って、御所では大和絣を中心とした綿産業が発達する。御所の綿産業興隆のきっかけとなった御所浅田松堂の大和絣の発明は、宝暦五年（一七五五年）といわれ、先に述べた御所流れの大災害から立ち直る拠りどころとなった。嘉永六年（一八五三年）の『西国三十三所名所図会』には、その盛んな様子が記されている。この他の産業としては、絞油業や御所柿の栽培、売薬業などが挙げられる。とりわけ売薬業は幕末から隆盛を極め、一言主神社の氏子地区では今日でも売薬を農閑期に行ったという人は多い。

また、一言主神社の氏子圏の中では、名柄が宿場町として栄えた。天保九年（一八三八年）四月十五日に名柄村に止宿した安田相郎は、『大和巡日記』に次のように記している。

大和中惣分夜具甚宜。皆新敷、ふとんの長お国なとゝ替り甚長し。其上是迄来る内、半里壱里計つゝ来りても宿屋沢山にて、馬・駕籠は耳に付たる蚊の如く自由自在也。

葛城・金剛山の中腹標高一五〇メートル付近を、北は竹内街道に至り南は鴨神に至る「一言《いちごん》神《じ》道」は、信仰の道として多くの人々が行き通う道であった。要するに、葛城・金剛参詣のための宿場町として栄えたわけである。こうして一言主神社への参詣も、明治中頃までは隆盛を極めたという。一言主神社の氏子地域は、稲作を中心にした農業を営む農村地域であると同時に、葛城・金剛の信仰の聖地として多くの人々が巡礼に訪れる地でもあったのである。

2、氏子地区の歴史と変遷

ところで、前述したように幸町を除く九ヵ大字は、昭和三十一年（一九五六年）まで吐田郷村に属していた。したがって、人々の意識としては、この九ヵ大字の結び付きを〈吐田郷村としての結合〉と意識している。この吐田という名称は、平安末期から「吐田荘」という荘園名で伝えられる。この吐田荘は春日大社と興福寺の荘園であり、とりわけ鎌倉末期からは、中世の南大和の有力国人であった吐田氏の名が記録に現れる。この吐田氏は興福寺より「国民」の称号を与えられ、永仁四年（一二九六年）に吐田右衛門大夫遠景が新免・定心両名を春日若宮に寄進している（「春日神社文書」）。また、この春日若宮の祭礼の願主人として流鏑馬頭役を勤仕する一員に「吐田殿」がいたことが、至徳元年（一三八四年）の「長川流鏑馬日記」に伝えられる。この吐田氏には一族として持田氏・豊田氏がおり、吐田宗家を含めてこれらの一族の所領を吐田領とか吐田郷とか呼称したと考えられている（『奈良県地名大辞典』）。一般的には、鎌倉時代末期から室町時代にかけて、地縁的関係を無視した荘園領主の支配は、地縁関係が強化されることによって次第に崩れてゆく。例えば、領主の支配下にあった山野用水権などが名主以下の農民に移ることによって、村落単位を越えた郷的結合を示すようになるのである。ところがこうした郷的結合は戦国期をもって崩壊し、村落をもってする団結が形成される。こうして十ヵ大字のうち、まず森脇・宮戸・寺田（明治十年（一八七七年）西寺田となる）・豊田・名柄・多田・増の七大字が村となるのである。幸町は昭和三十三年（一九五八年）まで鎌田村と呼ばれたが、寛文〜元禄年間に櫓原村から分村して成立し、関屋は同じく寛文〜元禄年間に増村から分村して成立する。そして、東名柄は明治元年（一八六八年）に名柄村から分村して成立する。このように東名柄を除けば現在の一言主神社の氏子地区は、江戸時代初期には村落として確立したわけである。しかし、一方では用水を柱にした郷的結合も併存してゆくことになる。水越川から取水する大字は全体では「水郷六ヵ村」と呼ばれ、さらに上郷（関屋・増・名柄）と下郷（森脇・豊田・宮戸）というように、二つに分かれての結合を示している。名高い元禄の水争いでは、元禄十四年（一七〇一年）五月九日付で水郷六ヵ村の庄屋から奉行宛に訴訟願が出され、同七月十三日には検使奉行に吐田郷八ヵ村の庄屋から書状が提出されている。これをみれば明らかなように、吐田郷という中世の郷の単位の結合も残存し、それとも異なる水郷という単位もここには存在していたのである。ちなみにこの元禄当時は、寺田・豊田・名柄・多田・増・関屋が近江小室藩領、森脇が幕府領、宮戸が櫛羅藩領であった。このように領主支配という点でも、また別の線引きができるわけである。

ここで、今まで述べてきた一言主神社の氏子圏の郷的結合をまとめてみると次のようになる。

◎吐田郷八カ村……………森脇・宮戸・寺田・豊田・名柄・多田・増・関屋
◎水郷六カ村……………（上郷）関屋・増・名柄（下郷）森脇・宮戸・豊田

◎領主支配……………（近江小室藩→幕府）寺田・豊田・名柄・多田・増・関屋
（御所藩→幕府→郡山藩→幕府）森脇
（御所藩→幕府→郡山藩→櫛羅藩）宮戸
（郡山藩→幕府→幕府・櫛羅藩相給）鎌田

さて、こうした複雑な結合形態を見せていた吐田郷における一言主神社の信仰圏は、どのような変遷をみせたのだろうか。享保二十一年（一七三六年）刊の並河誠所著『大和志』によると「（一言主神社）森脇に在り。長柄、豊田、宮戸、寺田、多田五村と共に祭祀に預かる」と伝えられる。すなわち、江戸中期の氏子地区は、森脇・名柄・豊田・宮戸・寺田・多田の六村なのであった。つまり一言主神社は吐田郷の総鎮守ではなかったのである。ただし、この『大和志』の記述が、一言主神社の本来の氏子地区を伝えているとも考えられない。なぜならば、このうち名柄・豊田・多田は大字内に神社を祀っているからで、しかも名柄・多田の神社は式内古社である。したがって、本来の一言主神社の氏子圏と考えられるのは、森脇・宮戸・西寺田ということになる。しかし、豊田が祀る吐田神社は一言主神社の若宮を祀る神社だったと考えられ、あるいは本来の氏子圏に入れることができるのかもしれない。そして、明治八年（一八七五年）に幸町が六村に加わり、さらに明治十六年（一八八三年）には東名柄・増・関屋が氏子に編成され、現在のような氏子圏が形成されたのであった。この近代になって氏子となった大字の中で、東名柄・増・関屋は大字内に神社を祀っている。このように現在の一言主神社の氏子十ヵ大字の内、六大字が大字内にもムラで祀る神社があるのである。その神社は、豊田が吐田神社、名柄が長柄神社、多田が多田神社、東名柄が天満神社、増が御霊神社、関屋が葛城水分神社である。

一言主神社の秋祭りは、この神社の祭りの中でも氏子が組織的に参加する唯一の祭りといえる。しかし、それぞれの大字の祭祀組織も、祭り自体も、まったく多様なものとなっている。例えば、座筋制を残す座講《ざこう》の祭りを伝える大字があったり、秋祭りには祭りを行わない大字があったりする。このことは祭りの形態が崩れて行く時差をあらわす場合もあろうが、必ずしもそれだけが理由ではない。そうした理由の一つとして、ここに述べてきたような氏子圏の変遷が大きく影響していると考えられよう。

二、次第

一言主神社の秋祭りにおける氏子大字は、大字ごとに多様な動きを見せる。時間を追って全体の動きを整理すると、図表5のようになるが、これには大きく三つの流れがある。すなわち、①座講祭、②ヨミヤ提灯、③大字内神社の祭り、ということになる。大字ごとの組織や細かな動きは「三、氏子地区の諸相」に記すことにし、ここではこの三つの流れを素描して祭り全体の構造を把握しておくことにする。

座講祭　森脇・宮戸・西寺田には、座筋制をとる「座講」と呼ばれる祭祀組織がある（西寺田は戦後廃止）。ところが、森脇には座筋制をとらない座講も別に存在し、同様に祭りを行っている。宮戸ではこの座講の祭りを、寛文四年（一六六四年）から始まると伝える。[5] しかし、座講という名称は、宮戸の座講に持ち回される明治より前の文書には記されておらず、あるいはこの名称自体は古いのではないのかもしれない。ちなみにこれに記されているのは「講」という名称である。

座講祭は頭屋を中心に行う祭りである。座講における頭屋は、座講の共有財産である田を一年間管理

図表5　秋祭り次第一覧（平成四年調査）

月/日	行事名	開始時刻	大字・座講	内容
10/5 10/1	オミキ	夕刻	森脇新座《しんざ》 森脇古座《ふるざ》	新座が10/1、古座が10/5にオミキを行う。頭屋に座講員が集まり、くじ引きをして次年度頭屋を決める。
10/10	ギョウ	六：〇〇	宮戸座講	この日から十五日までの六日間、朝早く水越川と祈りの滝に行ってギョウを行う。
	御幣切り	八：〇〇	宮戸座講	座講員が頭屋に集まり、お渡りのための一切の準備をし、神輿・御幣を頭屋の座敷に祀る。これを御幣切りという。
10/13	準備	一四：〇〇	森脇新・古座	新座、古座とも頭屋に集まり、お渡りの準備をする。準備が終わると、御幣を頭屋の座敷に祀る。
10/14	お渡り	一〇：〇〇	森脇新座	午前八時半に、頭屋に座講員が集まり準備。宮司を迎えて祭典・頭屋渡しを行った後にお渡り。神社で祭典・奉幣後、頭屋に帰って宴会となる。
	葛城水分神社祭典	一〇：〇〇	関屋	午前十時に区長・頭屋などが参列して祭典が行われる。
	お渡り	一四：〇〇	森脇古座	午前八時から準備が始まり、十一時から宴会となる。宮司を迎えて午後二時から頭屋渡しを行った後、お渡りとなる。神社で祭典・奉幣後、新頭屋でお茶の振る舞いをうける。
	ヨミヤ提灯	一八：〇〇頃	森脇・宮戸・西寺田・豊田・名柄・多田・幸町・増・関屋	この日の午後から各大字でススキ提灯を組み立てるなどの準備が行われる。そして、七時過ぎに一言主神社に到着できるように各大字を出発し、一言主神社へススキ提灯のお渡りをする。また、増と関屋はそれぞれ、御霊神社・水分神社にお渡りをする。
	一言主神社宵宮祭	一九：三〇		森脇・宮戸・西寺田・豊田・名柄・多田・幸町の各総代が参列して宵宮祭が行われる。
10/15	御霊神社例祭	八：三〇	増	午前八時半から、総代・役員が参列して御霊神社例祭が行われる。
	長柄神社例祭	一〇：〇〇	名柄	午前十時から、総代・役員が参列して長柄神社例祭が行われる。
	お渡り	一四：〇〇	宮戸座講	午後一時に頭屋に座講員が集まり、宮司を迎えて二時に出御祭が行われ、その後渡御となる。一言主神社では祭典・奉幣後、次年度頭屋で頭屋渡しをする。
				※各大字とも、十四、五日の両日にわたって、子供神輿が大字内を渡御する。

してその収益で祭りを運営する。この頭屋は通常「トヤ」とか「トウヤ」と発音されている。また、座講に伝わる文書を見ると、「頭屋」とも「当屋」とも記されている（以下、「頭屋」と表記する）。頭屋とは頭屋の当主をさす場合もあるし、家を呼ぶ場合もある。また、一言主神社の氏子大字には、他に座講でなくとも大字ごとや垣内ごとに祭りを取り仕切る頭屋を選んでいるところも多い（森脇・豊田・多田・東名柄・増・関屋）。座講祭の頭屋は順序が決められているものと（宮戸・西寺田）、くじ引きによって決めるもの（森脇新・古座）がある。

座講祭の頭屋は、秋祭りの中で頭屋渡しが行われ、この祭りが終わると引き継がれる。しかし、頭屋には持ち回りとなるヤカタ（森脇新座）、掛け軸（森脇古座）を床の間に祀る以外には、翌年の祭りの準備まで特にするべきことはない。ただし、宮戸の頭屋では、頭屋に引き継がれるムラサキを四月下旬から栽培する。十月に入ると、森脇の二つの座講ではくじ引きを行って次年度の頭屋を決めるが、これをオミキと呼んでいる。祭りの準備はお渡りの数日前か前日に行い、頭屋に座講員が集合して行われる。それ以前に必要な準備は、頭屋を中心に次年度頭屋がこれを補佐して進められる。準備の日に作るものの中心は、長さ八尺、太さ直径五寸を超える太い竹で作った二本の御幣である。これは完成した後、頭屋の座敷に祀っておく。また、一言主神社に献じる御供《ごく》を作るのも、この日の重要な仕事であった。準備が終わると、頭屋は座講員を慰労する宴をもつ。そして、頭屋はお渡りの数日前から川へ禊に行ったりする。

お渡りは、森脇新・古座が十四日、宮戸が十五日である。また、かつては西寺田も十四日であったが、これが行われた時代には森脇新座の座講はなかった。お渡りの当日は、どの座講も一言主神社の宮司を迎えて祭典を行ってからお渡りとなる。森脇新・古座、西寺田ではお渡りの前に頭屋渡しを行うが、一言主神社に奉幣するまでは、頭屋が引き継がれたという意識はない。お渡りは、頭屋の持つ二本の御幣を中心に行列を作って一言主神社に向かう。また、宮戸では神輿も行列の中心の一つである。神社ではお渡りに参加した者は昇殿し、祭典が行われる。座講員は準備した御供などの神饌を献じ、御幣を奉じる。祭典終了後、座講員以外のお渡りに参加した人は帰るが、座講員は頭屋に集合する。座講員が集まる頭屋は、森脇古座は新頭屋、同新座は頭屋、宮戸は新頭屋である。そして、宮戸はここで頭屋渡しを行う。ここでまた宴がもたれ、その後解散となるのだが、後片付け等もこの日に行ってしまう。

座講祭の準備からお渡りの終了までに、頭屋では何度か宴がもたれるが、座講によって重きを置く宴が異なっている。すなわち、宮戸は準備が終わった後の宴、森脇古座と西寺田はお渡り前の宴、森脇新座はお渡り後の宴である。

ヨミヤ提灯　十月十四日は一言主神社の宵宮祭であり、氏子大字ではこの時にススキ提灯を奉じて参詣し、総代が宵宮祭に参列する。これを行う大字は、森脇・宮戸・西寺田・豊田・名柄・多田・幸町である。増と関屋はそれぞれの大字内の神社に、同様にお渡りをする。ススキ提灯は大きな竹竿に横竿を渡して提灯を三段に、上から二・四・四個ずつ取り付けたものである（図表6）。これをススキ提灯と呼ぶのは、刈り取った後に稲束を積み上げたものをススキといい、その形に似ているからだという。

ヨミヤ提灯は現在ほとんどの大字で、大字単位の行事となっている。ただし、森脇では座講とは別に垣内ごとに頭屋を選び、ヨミヤ提灯を出している。また、宮戸と名柄でもかつては垣内ごとに提灯を出したと伝えている。

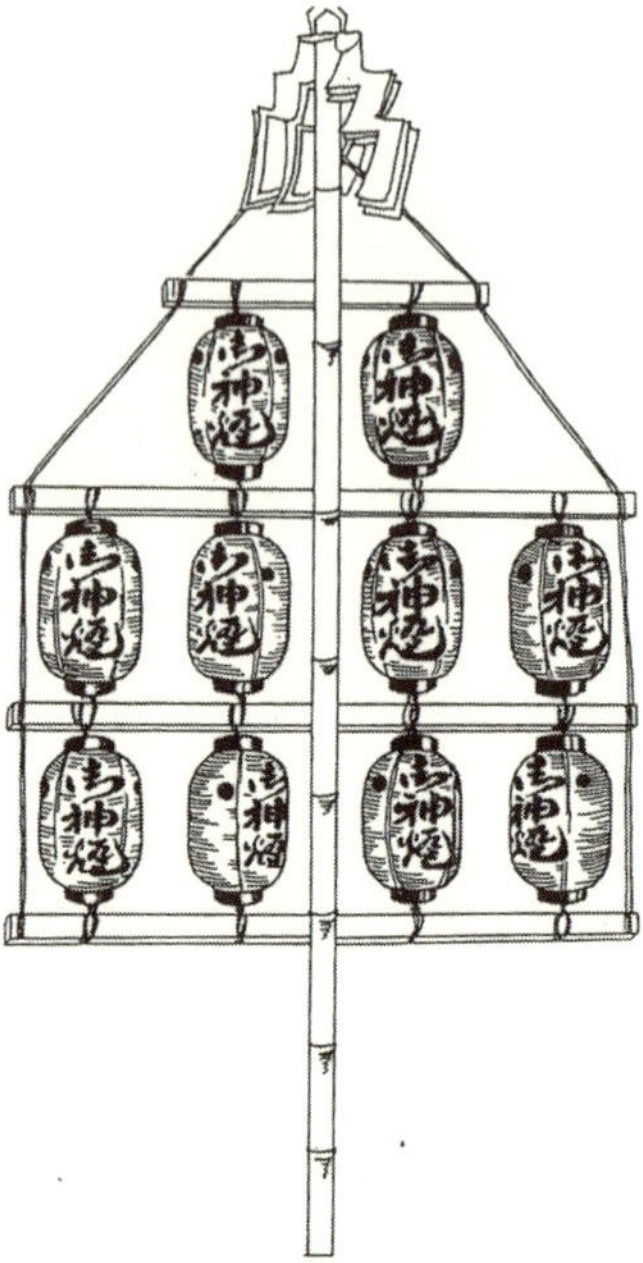

図表６　ススキ提灯

各大字では夕刻から提灯を組み立てる。準備を行う場所は、大字の公民館が多い。そして、この行事のための頭屋がある大字では頭屋ということになる。準備をするのは大字によって異なるが、森脇・豊田・多田では頭屋が中心、その他の地区は大字の役員と青壮年が中心となって行っている。近年では子供会の提灯もでき、これは子供会の父母たちが準備している。ススキ提灯が完成すると準備の人々には酒が振る舞われる。そして、午後七時には一言主神社に到着するように各大字を出発する。道中、辻々で伊勢音頭を唄いながら神社に向かうが、その年に不幸があった家の辺りを通る時は唄うのを止める。一言主神社に参集した各大字のススキ提灯は、指定された位置に固定される。そして、各々拝礼した後、総代は昇殿し宵宮祭に参列する。宵宮祭が終わると、大字ごと神社から指示される順に拝殿前に整列して拝礼し、伊勢音頭などを唄って帰途につく。途中、名柄・多田・西寺田は長柄神社、豊田は吐田神社に参詣する。各大字に帰り着くと、ほとんどの大字ではすぐにススキ提灯を片付けて解散となるが、多田では提灯を新頭屋に送り、ここで直会となる。この多田では、頭屋は一年間提灯を保管する。また、豊田では再び頭屋に帰り、振る舞いを受ける。

大字内神社の祭り　十月十四、五日に大字内神社の祭りを行っているのは、名柄・多田・増・関屋である。このうち名柄・多田は一言主神社にヨミヤ提灯を渡御させるが、増・関屋はそれぞれ大字内の御霊神社、水分神社に渡御させ、一言主神社には行かない。そして、名柄・多田・増は翌十五日に例祭を行っており、関屋は十四日の午前中に例祭を行って、夕刻からヨミヤ提灯の渡御を行う。

三、氏子地区の諸相

1、森脇

（一）祭祀組織

森脇には古座・新座と呼ばれる二つの座講がある。古座は平成三年（一九九一年）の調査時に、三十五軒で構成されており、これらの家は「座筋の家」と呼ばれていた。古座にはこの座筋の家しか加入することが許されなかった。一方、新座は森脇に住む一言主神社に対して厚い信仰をもつ人たちによって、昭和二十六年（一九五一年）に結成された。要するに、古座に加入が許されない人たちによって結成されたのである。新座は結成時には十九軒だったが、平成三年（一九九一年）の調査時には二十軒であった。新座は古座とは違って、森脇に住んでいれば誰でも参加できることになっている。いずれの座講も各戸の当主により構成されており、当主が出席できない場合、代理の者が出席することになる。

座講祭を運営する組織としては、この座筋の家の者の中から頭屋が選ばれ、その頭屋の住む垣内の座筋の家が補佐する形をとる。森脇は、中之谷・中垣内（これがさらに二つに分かれている）・下垣内の四つの垣内からなっており、この四つの垣内単位で頭屋を補佐して祭りを運営する。頭屋は後述するように、古座・新座とも、くじ引きによって選ばれる。くじによって選ばれた頭屋は、垣内の座筋の家の協力を得て、一年間祭りの一切を取りしきる。すなわち、選ばれた頭屋が属する垣内で、祭りの執行を引き受ける「垣内受け」の形をとっている。

古座の頭屋持ち回り文書である「祭礼規定講中連名控」（以下、「連名控」と略称）によると、明治二十三年（一八九〇年）頃には、「甲組　但中之谷より米田瀧造迄、乙組　但中垣内外貳各、丙組　但中西清吉より伊藤粂吉迄　丁組　但伊藤武より下迄」と定められていたことが知られる。現在の組み分けについては、「手傳巳《ママ》域変更の件」と昭和三十三年（一九五八年）の記録にあることから、この時からと推察できる。

頭屋は翌年の引継行事である「頭屋渡し」まで頭屋を務めることになるのだが、頭屋の身内に不幸があった場合は、次年度の頭屋がその代わりを務めることになり、手伝う垣内もその時点で交替する。そして、前年務めるはずであった頭屋が、次年度に頭屋を務める決まりとなっている。

古座は、頭屋の家では「一言主大神」と書かれた掛け軸を床の間等に掛け、一年間お祀りする。一方、新座では高さ三十センチほどのヤカタ（一言主大神の分霊を祀る小さい社）を一年間お祀りする。

（二）祭りの現況

オミキ（新座十月一日、古座同五日）　古座でも新座でも、次年度の頭屋を決める行事を「オミキ」と呼んでいる。古座の「連名控」によると、大正十四年（一九二五年）には九月十四日、昭和三年（一九二八年）が旧暦八月十五日、昭和十八年（一九四三年）は十月十日であったことが知られる。そして、昭和十八年の記録には「御神酒を十月五日とし」と記されていて、翌年以降十月五日に行われるようになったと思われる。

オミキにおける次年度頭屋を決めるくじ引きは、古座でも新座でも同じ方法で行われる。細い竹の棒にこよりをつけ、こよりの静電気で各家の名を書いた紙をつり上げるという方法である。頭屋を務めた家は、頭屋が一巡するまでくじから除外され、頭屋が座内を一巡するまではくじに参加しない決まりになっている。頭屋が一巡して再び全座筋の家がくじに参加するようになることを「マキカエシ（マッカエシ）」と呼ぶ。マキカエシの時に決められた頭屋の準備などのしきたり（料理の品数とか献立など）は、頭屋が一巡するまで変更することは許されない。すなわち、マキカエシの時に講中が協議して、変更がある場合には議決して、次のマキカエシまで守ることになるのである。古座のマキカエシがあった昭和三十三年（一九五八年）の「連名控」に、「川エビ、葱をつくりに改めること」と献立の変更を示す記述があり、それが平成三年（一九九一年）の調査まで守られていた。

たものを取り付けて、御幣は完成となる。完成した御幣は、床の間の「一言主大神」の掛け軸に先が向くように、針金で天井から二本が平行になるように吊される。

小幣は、女竹《めだけ》（「おんなだけ」とも）という細い竹で作られ、長さは二尺五寸と決められている。形は御幣と同じだが、節を落としたり、磨いたりはしない。

箸は、栗の木で、長さは一尺二寸と決められ、十五膳作る。「連名控」によると、昭和三十三年（一九五八年）の記録に「一、御箸　はぜ漆を栗の箸に改める事」とあって、これより以前は漆で箸を作っていたことが知られる。

御幣作りと平行して、御供作りが行われる。古座では座の所有する田があり、頭屋はその田で米を栽培し、御供作りに用いる。座筋の者の中でも離農者が増え、頭屋が農業に不慣れである場合には、頭屋の垣内で御供のための米作りを手伝っている。御供は粳米と糯米とを七：三の割合で混ぜ、蒸して作る。型崩れを防ぐために二度蒸しにする。蒸した米を十五分割し、型に入れて立方体にする。その後、御供は「御供入れ」に入れて一晩おいて乾燥させる。

準備は午後六時頃には終わり、手伝いをした講の人たちに対して、頭屋から振る舞いがある。

〔新座〕新座の準備は、御幣・小幣作り、箸作りは古座と同様である。御供については、座所有の田がないので頭屋の負担ということになる。

新座の準備も古座と同様、おおよそ午後六時に終わり、同様に慰労の振る舞いがある。この振る舞いの前に、お渡りの諸役をくじ引きで決めておく。

お渡り（十月十四日）〔古座〕祭りの当日は、午前八時に手伝いの者が頭屋に集合し、準備に取りかかる。十一時より座筋の者全員が集合し、頭屋が振る舞いをしてお渡りとなる。宴席で使用する用具（茶碗・飯椀・膳・皿・灰皿・座布団など）はすべて座講の財産で、座講の倉庫に保管されている。床の間の「一言主大神」と記された掛け軸には、神饌（洗米・松茸・リンゴ・ブドウ・栗・山芋・鏡餅・鯛・カマス・神酒）が備えられ、小幣・榊が祀られ、献灯される。振る舞いに携わるのは男だけというが、実際は台所を取り仕切っているのは女で、男は宴席での接待役を務めるのである。

十一時から宴席が始まる。参加者は座筋の者全員と区長、一言主神社宮司である。この宴席でのご馳走は、松茸であると意識されている。松茸と野菜の煮物（椀）、松茸の吸い物（椀）、刺身（皿）、酢蛸（小鉢）、ハモ（皿）、葡萄と林檎（皿）などが膳に乗り切らないほどに盛られ、酒がふんだんに振る舞われる。また、ご飯とは別に太巻き寿司も用意され、食べきれずに持ち帰るために風呂敷を持参する人も多い。なお、当日事情により参加できなかった人に対しては、料理を折り詰めにして家に届けることとなっている。

宴もたけなわになると、興に入って伊勢音頭が唄われる。そして、宴会はまだ佳境に入っているが、午後一時頃になると頭屋、次年度頭屋の順にお渡りに備えて身を清めるために風呂に入る。二人は風呂から出ると、一言主神社の紋が入った裃装束を身に着け、お渡りの時間を待つ。

午後二時頃、宴会が終わると、座の長老、区長、頭屋、次年度頭屋に加えて、座講員から選んだシャクニン二人とで頭屋の引継の儀式が行われる。これを「頭屋渡し（「頭渡し」とも）」と呼ぶ。シャクニンとは、頭屋渡しの際に新旧の頭屋に神酒を振る舞う役で、シャクニン経験があまりない人から二名を当日指名する。頭屋渡しは座の長老が掛け軸の両脇にあるロウソクに献灯することから始まる。

宮司が修祓をした後、一方のシャクニンが神酒を、もう一方のシャクニンが昆布・カマスを、頭屋から次年度頭屋へという順序で振る舞う。続いて神酒を持ったシャクニンが頭屋、次年度頭屋、宮司の順で神酒をつぐ。この後、シャクニン二人が一拝し、頭屋渡しを終了する。

頭屋渡しが終わると、座講員は外に出て行列を作る。行列ができると伊勢音頭が唄われ、ゆっくりと一言主神社への渡御が始まる。行列の諸役の順序は、ハナ（天狗）、カグラ（獅子）、旗、提灯（二人）、小幣（二人）、御供（御供持ち）、一言主神社宮司、御幣（二人、頭屋と次年度頭屋）、太鼓、座講員たちである。渡御の諸役は、頭屋が同じ垣内の座講員にお願いする。ハナとカグラは、お渡りを見送る集落の人々に悪戯をしながら、神社へと向かってゆく。カグラに驚かされて泣く子ほど元気に育つのだといって、子供の頭をかんでもらう母親がいる。お渡り行列が一言主神社の一の鳥居をくぐり、約百メートル行くと、小幣を持つ二人が両脇に分かれ、その間を行列が通り、小幣は最後尾に回る。

神社に到着すると、昇殿し祭典が執り行われる。持参した御幣を頭屋、次年度頭屋の順に、祭式の中で奉幣する。祭典が終わるのは四時過ぎである。その後、座講員たちは次年度頭屋宅へ向かう。頭屋持ち回りの文書や一言主大神の掛け軸などは、お渡りに出かけている間に頭屋の家人によって次年度頭屋の家に運び込まれており、神社での祭典が終わって次年度頭屋宅に座講員たちが集まる頃には、掛け軸が掛けられ準備が終わっている。次年度頭屋は茶や菓子を振る舞う。長老が挨拶して、座講は散会となる。お渡りに用いた小幣はヨミヤ提灯の最上部に取り付けるために分けられる。フングリは座講内で安産祈願の護符として必要な家に下賜される。この日用いた座講の用具などは、後日座講の倉庫に収められる。

〈新座〉新座のお渡りの当日は、八時三十分に担当垣内の座講員が頭屋に集まる。九時には、一言主神社宮司を含めて全員が集まる。新座が古座と違っているのは、女性が座講祭に加わっていることである。準備は古座と同様に女性は関われないが、祭り当日の参加は認められている。

全員が集まると、頭屋二人（今年度頭屋と次年度頭屋）、カグラ、ハナ役の者が着替えをし、前列に頭屋二人と後列にカグラとハナ役の二人が座り、頭屋渡しが行われる。一言主神社宮司が祭主となり、修祓、祝詞奏上の後、神饌のカマス・スルメ・神酒を頭屋、次年度頭屋の順で振る舞い、両頭屋が一拝して頭屋渡しが終了する。

頭屋渡し終了後に直会が行われる。頭屋と宮司が座の上に座り、次年度頭屋とカグラとハナ役が次席である。コンニャクの煮物と蒲鉾、酒が振る舞われる。直会で使用する用具は、古座同様新座の共有物である。直会は約二十分ほどで終わり、午前十時頃にお渡りとなる。

お渡りは、旗・小幣・御供・御幣・ハナ・カグラ・太鼓の順に行列を作り、一言主神社へ向かう。古座同様、一の鳥居をくぐり約百メートル行くと、小幣を持つ二人が両脇に分れ、その間を行列が通り、小幣は最後尾に回る。十時二十分頃には神社に到着し、古座と同様の祭典を行い、終了後古座とは異なって今年度頭屋に戻る。

頭屋宅では、座講員に対して頭屋が宴を催す。古座が、お渡りの前に本格的な宴を催すのとは異なって、新座では神社から戻ってから本格的に宴を行うのである。したがって、この日のうちに持ち回りの品物等が、次年度頭屋に運び込まれるようなことはなく、後日次年度頭屋に引き継がれることになるが、その日も定まってはいない。

ヨミヤ提灯（十月十四日）　ヨミヤは、森脇の座講祭当日である十月十四日夕刻に行われる。ヨミヤと座講祭とは、それぞれ行う組織が異なっている。座講祭は座講がそれを行うのに対して、ヨミヤは各垣内が祭りを行う。つまり、昼間に座講祭が行われるわけであるが、ヨミヤはそれとは関係なく行われているのである。ヨミヤにはススキ提灯と呼ばれる提灯のお渡りがあり、森脇は各垣内ごとに提灯をもっている。すなわち、中之谷一本・中垣内二本・下垣内一本の四本が森脇のススキ提灯である。ススキ提灯は竹で骨組みを作り、上から二・四・四個と三段に、垣内名が記された提灯を取り付け、完成すると船の帆のような形状になる。稲の収穫時の藁ススキに似ているということから、ススキ提灯と呼ぶのだという。また、ヨミヤに出されるので、ヨミヤ提灯とも呼ばれている。この提灯の渡御は各垣内で行うと記したが、各垣内では当番をおいて行うので、提灯の当番を「提灯の頭屋」と呼ぶ人もいる。

午後六時半頃、各垣内の当番の家で提灯の準備が始まる。提灯の組上げは、当番と垣内内の手伝いの人たちによって行われる。森脇では、六時五十分頃にお渡りをはじめる。辻々で伊勢音頭を唄い、一言主神社へと向かう。境内に到着すると、拝殿に向かって伊勢音頭を唄う。境内には各大字の提灯を奉安する場所が定められており、そこに提灯を置いて、すべての大字の提灯が揃うのを待つ。すべての大字の提灯が揃うと、拝殿では祭典が始まる。この際には、各大字から神社総代（区長）と提灯の当番のみが昇殿する。祭典が終わると、各大字ごとに伊勢音頭を唄い、神社から遠い大字から順に神職の指示によって神社を後にする。大字に帰った提灯は、当番の家に向かい、そこで提灯を解体し、竹の骨組みと提灯は新しい当番に引き継がれることになる。

2、宮戸

（一）祭祀組織

現在の宮戸の祭祀組織には、座筋制をとっている座講と、神社総代と垣内の役員とで構成される大字の組織の二種がある。そして、一言主神社の秋祭りには座講によるお渡りと、大字のヨミヤ提灯の渡御が行われる。

宮戸の座講は「二十五人の座」と意識されている。しかし、『葛上村史』[6]（昭和三十三年（一九五八年））の岸田定雄《きしださだお》の報告や、座講に残された昭和四十一年（一九六六年）の記録によると座講員は二十四人となっている。したがって、「二十五人の座」という意識はこれ以前のものといえるが、いつの頃の意識であるか定かではない。そして、座講は各戸の当主によって構成され、当主が参加できない時には家族が代理として参加するという意識が強い。つまり、各戸から一名ずつ参加すればよいというものではなく、〈当主二十五人の座〉という意識なのである。そして、代理の出席者として、女性が許可されたのは正式には昭和四十一年（一九六六年）からであるという。

座講に参加できるのは決まった家だけなのであるが、これらの家から分家が出た場合は、米一石を納めれば座講に加わることができる。この点に関して『葛上村史』では、座講の資産の二十四分の一の見積分に相当するものを提供して座講に加わることができると報告している。この座講の資産とは田のことで、七畝ほどの広さがあり、これを毎年の頭屋が耕作して祭りの運営資金としたという。今日ではこれを整地して貸駐車場とし、その収益を祭りの運営資金に充てている。天保十四年（一八四三年）の「一言主御供之次第控帳」[7]（以下「控帳」と略称）によると、このように新しく加わるものを「新株」と記している。現在では、座の家の中でも様々な理由で脱退を希望する家が増え、十数名で行われている。「控帳」によると、このことを「休株」と記している。

座講は頭屋を中心に行われる。これは頭屋の当主をさしてもいるし、家を呼んでもいる。ただし、「控帳」によると「頭人」という表現もみられ、あるいは明確な区別があったのかもしれない。しかし、今日「頭人」という表現を聞くことはできない。頭屋は毎年一人がなるが、その順番は決まっており、次年度、次々年度の頭屋になる者は頭屋を補佐し、この三人を合わせて「三役」と呼ぶ。そして、その時の座の最長老が「頭屋渡し」などの儀式を執り仕切る。

こうした、座講とは別に大字の組織として神社総代（区長）と大字から選出された役員による祭祀組織がある。これによって十月十四日のヨミヤ提灯のお渡りが行われるわけだが、かつてこれは垣内ごとに行われていた。宮戸の場合、垣内が五つあるので、一つの垣内に一つずつで合計五本のススキ提灯を出していたわけである。今日では大字全体で一本と、子供会のものとの二本となっており、提灯を持って渡御するのは「長男会」と称する大字の青壮年である。

(二) 祭りの現況

ムラサキの播種（四月二十五日頃） 頭屋は御幣を染めるために、ムラサキという植物を栽培する。この植物は後《ご》藤《とう》捷《しょう》一《いち》によるとツルムラサキ科のツルムラサキで、江戸時代に渡来した熱帯アジア原産の栽培植物であるという（『近畿民俗』第十二号、昭和二十八年（一九五三年））。これは、「宮頭勤方并祭礼式次第」[8]（以下「式次第」と略称）には「實紫」と記されており、現在ではムラサキあるいはミムラサキと呼んでいる。この植物には紫色の果汁を出す実がなり、これを用いて和紙を染めて幣紙とするのである（その染色方法は後述する）。

この種子は次年度頭屋に引き継がれる。そして、頭屋は翌年の四月二十五日頃にこれを播く。しかし、「式次第」には「八十八夜ニ實紫をまく」と記されており、かつては播種時を八十八夜と意識していたようである。播種方法は土を盛り上げて播く「畝播き」である。この畝の上に高さ一メートル、長さ一メートル半、横幅五十センチほどの棚を作り、ムラサキの弦が這いやすいようにする。また、種を採りやすくするために、畝の中央に種を播くのではなくどちらかの側に寄せて種を播く。

幣紙染め（十月五日頃）　幣紙染めを行う十月五日頃から、お渡りを行う十月十五日に至るまでの次第には、いくつかの変遷がある。ここではまず現況を報告し、最後にこれを「祭日の変遷」としてまとめることにする。

十月五日頃の好天の日を選んで頭屋が幣紙を染める。頭屋はこの日までに、吉野郡吉野町窪垣内の業者に幣紙にする和紙を注文し、入手しておく。用意する紙の種類は、大半紙（一〇〇枚）、半紙（一二〇枚）の二種である。

ムラサキを育てた棚の下に筵を敷いて、棚の上を叩くと実が筵の上に落ちる。これを集めて二升ほどの実を採る。採った実は擂鉢で擂り潰し、晒の袋に入れて、果汁のみを絞り出す（ただし今日では擂鉢を用いずミキサーを使用している）。この紫色の液(果汁)は木製かプラスチック製の平たい器に入れる。金属製の器は液を変色させるので用いないという。そして、これを水で薄めて適当な濃さにする。水を入れる割合は、おおよそ原液一に対して水〇・五くらいの割合だという。このようにして作った紫の液に紙を箸でつまんで浸し、色が均一になるように染める。紙がよく染まったら、これを筵の上に広げて乾かす。紙は大小とも半数を染める。これはおおよそ一両日で乾く。紙は乾いたら重ねて重石を載せておき、皺が伸びるようにしておく。こうして染めあがった幣紙は、実際には紫色なのだが、染めていない「白《しろ》」に対して「紅《あか》」と呼ばれる。また、幣紙とは別に一方の御幣の先につける三本の扇子をやはり同様に染める。以上の作業はすべて頭屋が行う。

御幣切り（十月十日）　座講員すべてが頭屋宅に集まり、祭りの準備をする。これを「御幣切り」と称している。頭屋は前日のうちに玄関の両脇に竹を一本ずつ立て、これにしめ縄を渡し、立てた竹の下には盛り砂（葛城川の河原で採ってきた砂）をして塩を盛っておく。そして、頭屋はこの日の朝からお渡りまでの六日間、まだ夜が明け切らないうちに西河原という水越川の河原に行って水垢離をとる。とりわけ、お渡りの日には三役で水越峠の少し下にあって、役行者が修行をしたという「祈りの滝」に行くという。そして、垢離をとった後は、必ず一言主神社に参拝する。座講では、このことを「ギョウ」と呼んでいる。「控帳」によると吉野町下市付近の河原に行き、垢離をとると同時に水を持ってきたことが記されている。また、『葛上村史』にはギョウについて、吉野川栄山寺に一週間行った時代、また宮戸橋の辺りで一ヵ月または半月間行った頃があることが報告されている。吉野川に行っていた時代には蓑笠に草鞋ばきという姿で、毎朝三時頃には徒歩にて出掛けていたという。

この日は午前八時に頭屋宅に集まる。座講の人々が集まったところで、宮戸区の公民館脇にある倉庫から、神輿等お渡りに用いる神具を出してくる。神輿は頭屋の庭までひとまず運び、鉾や幟などは軒先に枠をわたしてそこに縛り付ける。また、数人の者は一言主神社の山に、竹とフシの木を伐りに行く。

伐ってくる竹は直径十五センチ余の真竹三、四本と、直径一・五センチの女竹八本である。

御幣作りは、竹磨きとコヨリ作りから始まる。伐ってきた真竹二本を長さ七尺五寸に切って（昔は八尺五寸だったという）、先の方に一尺ほどの割り口を入れておく。この竹の表面を、鉈で青くなくなるまで均等に削ってゆく。一方、米を包み込んだ紙の包み（これをフングリと呼んでいる）を、御幣に下げるために使う紐として用いるコヨリを作る。これは白と紅の斑模様にするために紅白の二種の紙で作り、何本も繋げて長い紐にする。

この作業と平行して、小幣とオリガミを作る。小幣は、まず女竹を二尺八寸の長さに二本切り、これをコヨリで束ねて先に八寸ほどの割り口を入れる。なお、竹は切る際に二本の節を合わせて切り揃え、一節おきに皮を残して模様がつくようにする。そして、先端の割り口に、剣の先のような形で五角形をした一尺ほどの長さのケンサキという紙を幣紙で作って挟む。これと一緒に、紅白の半紙それぞれ五枚ずつを交互に重ねて四段落しに切って作った幣紙を挟み、錐で穴を空けてコヨリを通して結んで固定する。さらに、紅白の半紙一枚ずつを白が外になるように重ねて、その中に米を包むようにしてフングリを作り、これをコヨリで作った紐で小幣に下げる。この小幣は同じものを四本作る。また、オリガミは、割り口を入れるまではまったく小幣作りと同様にする。そして、紅白一枚ずつの半紙を紅が外になるようにして重ね、三つ折りに折る。これを竹の割り口に入れて、小幣と同じように固定し、フングリを下げる。これは一本だけ作る。

御幣の竹が磨きあがり、コヨリができあがると、いよいよ御幣作りである。御幣は紅白の扇子を用いて、紅白の二種を作る。まず、竹の直径と割り口に合せたケンサキを作り、割り口に挟む。ケンサキの色は扇子の色に合わせる。次に、紅白の大半紙それぞれ二十枚ずつを交互に重ねて五段落しに切った幣紙を作り、同様に挟む。そして、同色の扇子三本をコヨリで結んで繋いで円形にし、これも割り口に挟んで最後にコヨリで固定する。これに拳大ほどの大きさのフングリをコヨリの紐で結び付けて完成となる。御幣の白色は縮緬《ちりめん》の色、紅色は緋縮緬の色を示し、フングリの米と合せて養蚕と稲作の収穫を神に感謝する意味があるのだという。そして、完成した御幣は頭屋の床の間に祀られる。

この他に作るものとしては、フシの木を削って作る十組の箸がある。また、九尺に切った大竹の両端に、木箱を晒で結び付けた御供荷《ごくに》というものを作る。これは、米やカマスなどの御供を入れて運ぶためのものである。これは現在一組しか作らないが、かつては二組作ったという。また、現在では白米をそのまま御供として神社に献じているが、かつてはこの御幣切りの日の夜に、蒸した新米を用いて御供を作っていた。この御供を作ることを「御供押し」と呼んだが、これを経験した人にその方法を確認できなかった。調査時の座講の最長老奥明さん（大正十二年（一九二三年）生）の話によると、それは次のようなものであったという。御幣作りが終わり、一旦解散になった後、三役と前頭屋の四人が残って白装束を着け、籾のついたままの米を臼で搗く。そして、直会のために作業を一時中断した後に、再び座の長老五、六人が頭屋に集まって、御供押しをした。白装束を着けたり、長老のみが関わるのは、この御供が神饌の中で最も重要なものだからだという。御供は完成すると円筒形状となるのだが、作り方は次のようにして作った。まず、厚さ一分、幅一寸、長さ一尺二寸のへぎ板を用意し、これを荒縄で繋げて簾を作る。これに蒸した飯を盛るのだが、頭屋に持ち回される「宮座講中記録帳」（昭和二十三年（一九四八年））によると（以下「記録帳」と略称）、二度蒸しにした飯を用いたという。そして、巻寿司を作るように飯を巻き、八咫鏡の形になるように（八角形になるように）巻く。そして、両端に半紙を被せて藁で括り、荒縄を八つ結びという結び方で縛るというものであった。この御供には、二升の飯を盛るものと三升を盛るものと二種類があり、前者を二膳盛、後者を三膳盛といった。「記録帳」には、二膳盛七巻、三膳盛一巻を作ったと記されているが、『葛上村史』には十六個作ったと報告されている。それから、以前は御酒《おみき》と呼ぶものを作った。これは甘酒を布で漉して樽に詰めたものであり、頭屋が前もって作ったという。「式次第」によるとこの御酒は三度にわたって作られており、重要な神饌であったことが知られる。この御供と御酒は、昭和四十一年（一九六六年）九月四日に行われた取決めで、それぞれ一斗三升三合の白米と清酒一升に代えることとなった。

こうした準備はおおよそ昼過ぎには終了し、いったん解散となって頭屋では夕刻からの直会の準備をする（かつての御供作りはここから始められた）。そして、座講員が再び集合するのは午後五時である。全員が揃ったところで、御幣・小幣を持つ三役以外の者でくじを引いてお渡りの諸役を決める。これが終わると直会である。直会の座は御幣を祀った床の間を背に、コの字形に設営され、中央に頭屋、左側に次年度頭屋、右側に次々年度頭屋が座る。そして、左右の列にはほぼ年齢順に座につく。この直会における料理は現在仕出しのパック料理を用いているが、かつては野菜を中心にした手作りのものであったという。最長老の挨拶と音頭取りで直会が始まり、伊勢音頭などが披露された後、万歳三唱で直会は終了となる。その後、全員で庭に奉安されていた神輿を座敷に入れ、床の間の前に祀る。そして、神輿の前に御供荷を据え、御幣を神輿に立て掛けるようにして祀り、膳に洗米・カマス・清酒・灯明・フシの木の箸を載せて供える。頭屋では十五日のお渡りの日まで、神輿と御幣をこのように祀る。

ヨミヤ提灯（十月十四日）　午後五時半頃、会所に長男会の者が集まり提灯を組み立てる。提灯は普段は会所に保管されている。そして、会所の隣にあるコミヤ（大神宮さんとも）に、洗米・蒲鉾・カマス・大根・人参・清酒などの供え物をする。午後六時半頃には、子供会の子供たちも集まり、大人には清酒と肴、子供にはジュースと菓子が振る舞われて、簡単な宴席となる。

午後七時頃、コミヤの前で伊勢音頭を唄って出発、一言主神社に向かう。途中、数回伊勢音頭を唄う。一言主神社に到着した後、拝殿前で伊勢音頭を唄い、指定された位置に提灯を固定する。総代は拝殿に上がり、宵宮祭に参列する。祭典終了後、神社に指示された順番を待って、拝殿前で伊勢音頭を唄い、帰途につく。

お渡り（十月十五日）　午後一時に頭屋に座講員が集合する。簡単な宴席がもたれた後、お渡りの行列の諸役に合わせて着替える。

午後二時頃に出御祭。そして、お渡りとなる。行列の諸役は順に、小幣、ハナ、カグラ、カグラの尾、幟、鉾、御供、御幣、神輿である。「控帳」によると、この他に「大ふく」「船」「太鼓」の諸役があったことがわかる。また、「お多福」という役があったといい、これはお多福の面を被り、杓子を持つ役だったという（このお多福が「控帳」の「大ふく」を示すのかは不明）。小幣の役は一人で、次々年度の頭屋がなる。裃を着け、行列に先だって新畑・吐田の杜・並松《なみまつ》（枯木、サルサンとも）・天満社（一言主神社の境内社）に小幣を奉幣してゆく。新畑は新畑睦雄さんの屋敷内に祀られている小祠で、「式次第」によると「新宮」と記されている。並松は一言主神社の一の鳥居と二の鳥居の間の参道にあり、小幣とオリガミを道の両側に祀る。そして、神輿が通過すればこれらを取っていってよいのだといい、ムラの人々は競って取りに来る。「式次第」によると、小幣を祀るのは弁才天（不明）・新宮・吐田森・枯木・畠田八王子（不明）と記録されている。ハナは一人で、天狗の面を被って棒ササラを持ち、黄色の衣装を着け、行列の先頭を行く。そして、沿道の人々をササラを鳴らして驚かす。カグラとは獅子頭のことで、頭を持つ者と幕の裾を持つ者（「カグラの尾」と呼ぶ）の二人がこの役になる。カグラは沿道の見物客の中に幼児を見つけると、その口をパクパクと音をさせながら近づいて驚かせようとする。これを見て、大きな声で泣いた子ほど丈夫な子に育つのだという。幟は「一言主神社」と書かれたものが一本、鉾は二本で、それぞれ一人が一本ずつ計三人が法被を着て持つ。御供は御供荷を持つ役で、白丁に烏帽子を着用する。御幣二本は裃姿の頭屋と次年度頭屋が持ち、頭屋が先行する。神輿は十人前後で担ぐのだが、近年は道中の多くを自動車を改造した台車に載せて運んでいる。この台車を曳くのは子供会の子供たちである。神輿は「控帳」によると八人で担ぐと記されているが、「記録帳」によると十二人となっている。現在では八人が白丁・烏帽子を着け、数人の座講員が手伝うという形をとっている。そして、この後に座講員が続く。

行列が神社に到着すると神輿を拝殿に奉安し、座講員は神饌殿で献饌の準備をする。神饌は米、清酒、カマス、茄子である。これらは膳に載せて献饌するのだが、茄子は神饌殿で皮を剥く。これはあらかじめ剥いておいたものは用いてはならず、ここで剥かなければならない。この膳は四つ用意し、フシの箸を二組ずつ添える。この膳は本殿に三膳供えられ、残りの膳は末社祠の中央に祀られている天満社に供えられる。また、昭和五十年（一九七五年）頃から、区の公民館の側に祀られているコミヤにも同様の膳を供えるようになった。これが「記録帳」によると、八膳の膳を用意したとされている。また、「控

心は御幣切りの夜の宴席である。頭屋に引き継がれるものとしては、ムラサキの種と持ち回り文書を入れた木箱とがあるが、木箱はこの日のうちに新頭屋に引き渡され、ムラサキは種の熟し具合を判断して採種した種が引き渡される。宮戸では頭屋が祀る祠などはなく、翌年ムラサキの種を播くまで特に責務はないという。

祭日の変遷　近年、座講員も勤めに出る者が多くなったので、御幣切りの日がお渡りの前日の十四日から、十日（調査時祝日）に変更となった。これが最も最近の変更であるが、「式次第」によると旧暦時代にはお渡りの日が九月三日であった。「式次第」に記された祭りの次第は、「霜月八日」に頭屋渡しに始まり、先にも記したように八十八夜に「實紫」の播種が行われる。そして、八月一日から九月三日にわたって寺田村領内の舟之尾という所で禊をし、とりわけ八月二十三から五日には吉野町下市の吉野川に行って禊をしてこの川の水を持ち帰ったという。また、八月十三日、十九日、九月一日の三度御酒作りが行われていた。そして、九月一日に御供の準備が行われ、二日には御幣切りが行われていたと伝えている。

また、明治以後の祭礼の日は、持ち回り文書に綴られたものによると、明治十年（一八七七年）には旧暦九月二日、同二十一年（一八八八年）には新暦十月六日、翌二十二年（一八八九年）には二十七日、そして大正十三年（一九二四年）には現行の十月十五日になったと記されている。

3、西寺田

（一）祭祀組織

西寺田には昭和二十八、九年（一九五三、四年）頃まで、座筋制をとる座講があった。しかし、戦後の混乱期にこれを維持することが困難となり、解散するに至ったのである。この座講は全部で十三軒で構成されていた。現在確認できる伝承によると、座講は明治の初めに分家した家が加わって十三軒になったといい、本来は十二軒の座講であったという。しかし、座講から抜けた家はないという。座講の家は棅田《うめだ》・森・高橋・木村という四つの姓に限られ、とりわけ棅田は西寺田の草分けの家と伝え、高橋は水越川の水争いに功のあった名柄の庄屋、高橋左助の本家筋にあたる家であると伝えられている。座講祭の中心は年番で勤める頭屋であった。これは家並順に、左回りに務めた。座講には「座の田」があり、頭屋はこれを耕してその収穫を座講祭の経費とした。

秋祭りには座講の他に十四日のヨミヤ提灯の渡御があるが、これは大字の行事で総代を中心にして親友会という十七〜四十歳の男性によって構成される組織によって行われている。また、近年になって子供会のススキ提灯と神輿も渡御することになった。

（二）祭りの現況

祭りの準備（十月十日）　以下の座講祭の次第は、平成三、四年の調査時においても、すべて過去のもので廃絶してしまったものであるが、表現上現在行われているような形式で記述する。

頭屋は十月に入ると、一言主神社の山に竹を伐りに行き御幣を作り、甘酒を作っておく。これらの準備は十日以前に、頭屋と次年度頭屋の二軒ですべて行ってしまう。したがって、十日は準備というより祭りの期間に入るという印象が強い。そして、頭屋と次年度頭屋は、この日から十四日まで毎日水垢離をとりにゆく。場所は葛城川の堰の一つで、通称「葬レン橋のトンド」と呼ばれているところである。

この日、座講員は頭屋に呼ばれ、振る舞いを受ける。この振る舞いの中心は甘酒で、料理は特別なものは作らず膳も出さない。甘酒は振る舞いを受ける各家の当主だけでなく、家々にも配られる。頭屋では床の間に御幣・カグラ・ハナを祀る。御幣は二本で、先端に三本の扇子を円形に結んだものを付ける。そして、左右が対称になるように赤い日の丸の模様を染め、白い幣紙を垂らす。しかし、西寺田では米を包んだフングリは吊さない。この二本の御幣は床の間に交差するように吊して祀られ、この前にはカグラとハナを祀る。そして、これに二重ねの鏡餅・甘酒・米を供える。こうして祀ったものに拝礼した後、宴席となる。この席ではお渡りの諸役が決められる。ここで決められるのは二本の御幣を持つ頭屋を除く、カグラ（二人）・ハナ（一人）・太鼓（二人）・鉦（一人）である。これらの諸役は、座講に参加する当主が務めるわけではない。座講に参加している家の小学五、六年以上の若者が選ばれるのである。この役に選ばれた者たちは、次の日から学校が終わるとそれぞれの神具を持ってムラ中を回って歩く。その範囲は大字内ばかりではなく、吐田郷のいたるところにでかけて行く。とりわけ、カグラとハナは人を驚かすためのものであるから、小さい子供や女子はこの期間に怖がって出歩かなくなるという。そして、この諸役には階梯があり、鉦・太鼓、カグラのオモチ（裾を持つ役）、ハナ、カグラの頭という順で上がってゆく。

お渡り（十月十四日）　各家では朝から風呂を焚き、座講員はこれに入って身を清めてから頭屋に行く。身に着けるのは羽織袴である。諸役を務める若者たちも学校を午前中で早退して帰宅し、風呂に入ってから頭屋に行く。座講員は午前中には頭屋に集まり、一言主神社宮司が斎主となって祭典を行った後、直会となる。座順は中央に宮司、その両側に頭屋と次年度頭屋が座る。他の者の座順には区別がないが、だいたい年齢順に座る。そして、この座における料理は、高膳で用意される。膳の内容は鯉の生節、高野豆腐・山芋・椎茸の煮物、コンニャクの白合え、漬物といったものである。また、膳に載せる料理以外にツキダシとして芋・コンニャクの煮物、大根のナマスが鉢に盛られて回される。とりわけ印象的なのは、一人につき一尾のまま出される生節である。この宴の賄い・接待は、頭屋の家族と親戚だけで行う。おおよそ昼過ぎにはお渡りを出発させるが、それに先だって頭屋渡しが行われる。この儀式も宮司が祭主となって行われる。このようにお渡りの前に頭屋渡しが行われてしまうのだが、お渡りが終わるまで頭屋が引き継がれたという意識はない。つまり、頭屋渡しを行ってしまっても祭りが終わるまでは頭屋が交替するわけではないのである。

お渡りの行列は、先頭が宮司、次に御幣を持つ頭屋、同じく御幣（これを後幣《あとへい》と呼ぶ）を持つ次年度頭屋、太鼓・鉦、神饌を入れたホッカイ、座講員、入学前の子供たちの順である。座講祭の日には親戚なども招かれており、そうした人々が着飾ってこの後に続く。頭屋の門前で出立に先だって伊勢音頭が唄われ、お渡りの行列は出発する。

一言主神社で祭典を行い、御幣を奉じて座講祭は終了となる。帰路は列を作って帰るというようなことはなく、お渡りに参加した人々はそれぞれ帰宅する。そして、頭屋ではこの日のうちに、カグラの頭や高膳などを会所の側にある倉庫にしまってしまう。

以上が座講祭の行われなくなる直前のあらましである。座講を解散するにあたって共有の財産は、座講の家に均等に分配されたという。

ヨミヤ提灯（十月十四日）　午後五時頃、公民館に親友会の人々が集まり、倉庫にしまっておいたススキ提灯を組み立てる。提灯は二本で、一方は子供会のものである。子供会の提灯が作られたのは近年のことであるが、もともと提灯は二つあり、それが一時期一本になり、また子供会のものができたことによって元に戻ったわけである。組み立て終わったススキ提灯は、公民館の脇にある大神宮さんの灯籠の前に立てる。こうした準備が終わったところで、簡単に酒が振る舞われる。六時半頃、伊勢音頭を唄い出発。長柄神社の前で名柄の提灯と合流して、一言主神社に向かう。一言主神社では指定された位置に提灯を固定し、総代は昇殿して宵宮祭に参列する。その後神社に指示された順序に従い、拝殿前で伊勢音頭を唄い帰途につく。途中、名柄・多田の人々と合流して、長柄神社に参拝する。公民館に帰ると提灯を分解して収納し、祭りは終了する。

なお、近年子供神輿が作られ、この日の午後から大字内を回る。

4、豊田・名柄・多田・幸町

（一）祭祀組織

豊田・名柄・多田・幸町の四大字は、一言主神社の宵宮祭にヨミヤ提灯を出すという共通点をもっている。しかし、豊田・名柄・多田は大字内にそれぞれ神社とその祭りを伝え、祭祀組織はまったく違うものとなっている。

豊田　豊田大字内の神社は吐田神社であるが、通常これは「吐田の杜」と呼ばれることが多い。御祭神は若年神と伝えるが、創祀年代・由緒とも不明である。応永二十五年（一四一八年）の「吐田庄注進文」（「春日神社文書」）には、「一言主宮北　吐田大森」また「ワカミヤ」という表現が見られる。この吐田大森とは一言主神社の鎮座地、すなわち字「神山」を示し、ワカミヤというのが吐田の杜を指しているのかもしれない（『奈良県の地名』）。いずれにせよ、神山が吐田大森であることは間違いないので、豊田の吐田神社は一言主神社と深い関わりをもつ存在といえよう。

豊田では大字の中で一軒頭屋を選び、これを「回《まわ》り頭屋」と呼んでいる。順番は家並順で、不幸があった時は次の人に回す。九月一日に頭屋受けがあり、頭屋は吐田神社の神様を祀ったヤカタを一年間家で祀る。この日は、大字の人が総出で神社を掃除し、八朔祭を行う。その後、正面に総代、両脇に頭屋と次年度頭屋が拝殿に座って、残りの者は輪になるように座り、直会となる。この座を賄うのは頭屋である。そして、この宴の最後に「頭屋受け」の儀式がある。儀式といっても特別なことをするわけではなく、頭屋から次年度頭屋にヤカタを引き継ぐのである。これが終わると次年度頭屋を先頭にして、次年度頭屋の家に向かう。次年度頭屋の家では床の間にヤカタを祀り、拝礼する。そして、その後直会となる。この座は次年度頭屋がすべて賄ってムラの人をもてなし、ムラの人は次年度頭屋が頭屋になったことを祝うという形式である。そして、この座の料理の中で必ず出されるものはニシンであるという。

頭屋は、六月十六日のダイグサン（大神宮さん）、七月十五日の吐田神社の夏祭り、九月十六日のダイグサン、十月十四日の一言主神社のヨミヤ提灯に奉仕するほか、毎月一度吐田神社に参詣する。そして、これらの祭りにかかる経費はすべて頭屋持ちとされている。このように豊田の祭祀組織は大字の頭屋が中心となっている。

名柄　名柄の神社は長柄神社であり、式内社である。『日本書紀』天武天皇九年（六八〇年）九月九日条に「朝嬬に幸す。因りて大山位より以下の馬を長柄杜に看す。乃ち馬的射《うまゆみい》させたまふ。」とあり、この「長柄杜」は長柄神社の杜をさすものと思われる。先に述べたごとく、この神社は通称「姫の宮」と呼ばれ、一言主神が男であるのに対して女の神と伝えられている。祭神は下照姫と伝えられるが、高照姫という説もある。下照姫は高鴨神社の祭神味鉏高日子根神《あじすきたかひこね》の妹神で、高照姫は一説に一言主神社の祭神とされる事代主神の妹神であるから、「姫の宮」という呼び名に関する伝承と関わることは明らかである。また、『新撰姓氏録』大和国神別に「長柄首天乃八重事代主神之後也」と記されることから、この祭神を長柄首の祖八重事代主神とする説もある（『特選神名牒』）。

名柄には頭屋というような組織はなく、区長をはじめ大字の役員と垣内の役員によって祭典が行われる。ただし、名柄は垣内とはいわず、町と呼んでいる。その町とは北野町、宮前町、大正町（大社町とも）、中野町、西野町、南野町の六町である。この六町から二名ずつ評議員が選出され、区長・副区長とともに長柄神社の祭りを行うのである。

長柄神社の年中祭祀は、祈年祭（二月中旬の日曜）、宵宮祭（十月十四日）、例大祭（十月十五日）、新穀祭（十二初旬の日曜）である。宵宮祭というのは、一言主神社へのススキ提灯の渡御の帰りに西寺田・多田と共に三大字で、長柄神社にススキ提灯をお供えして拝礼するというものである。

多田　多田の神社は多田神社である。これは式内社の多太神社のことであり、祭神は大田々根古命である。

多田の祭祀組織は、家並の順に選ばれる頭屋を中心にしたものである。毎年、一軒ずつの頭屋が選ばれるが、祭りに奉仕するのは二軒で頭屋と次頭屋である。頭屋の一年の仕事は、多田神社の年中祭祀に奉仕することで、その経費は頭屋が持つことになっている。頭屋の引継ぎは、十月十四日にススキ提灯の受け渡しによって行われる。すなわち、多田ではススキ提灯を祀ることが頭屋のシンボルとなっているのである。また、多田では頭屋に女性がなっても差支えない。

多田神社の年中祭祀は、祇園祭り（七月十四日）、宮籠り（八月三十一日）、八朔祭（九月一日）、例祭（十月十五日）である。祇園祭りは神社での祭典が行われ、子供神輿が渡御する。また、この祭りの花火は有名で、吐田郷を代表する夏祭りの一つである。宮籠りは穂掛け祭りともいい、初穂を供えて夜遅くまで神社にお籠りをする。八朔祭、例祭は神社で祭典が行われる。多田では頭屋のほかに、頭屋を指導して祭りを司る家が二軒ある。この二軒は世襲でこの役を務めてきたという。ただしこの二軒も順番が回ってくれば頭屋を務める。多田神社は一言主神社宮司の兼務社であるが、祇園祭り以外の祭りはこの二軒を中心に大字の中だけで執り行っている。

幸町　幸町に神社はなく、祭祀組織は区長と二十五班ある隣組から出る役員によって組織されている。ススキ提灯や子供神輿、太鼓・鉦などは信行寺に保管されており、ここが大字の祭りの中心となっている。

（二）祭りの現況

豊田　十月十四日午後五時頃に、頭屋は会所からススキ提灯を出し、組み立てて家の前に立てる。ススキ提灯は大字からの一本と、子供会の一本の計二本である。大字の人々は六時半頃に頭屋宅に集まり、簡単に御神酒（清酒）を頂く。そして、玄関先で伊勢音頭を唄い、ススキ提灯を先頭に一言主神社へ向かう。神社に着くと指定された位置に提灯を固定し、総代は昇殿して宵宮祭に参列する。宵宮祭が終わると指示された順に拝殿前に並び、伊勢音頭を唄い帰途につく。途中、吐田神社に参拝し、御神酒を頂く。そして、頭屋に帰り、頭屋で振る舞いを受ける。この日に出される料理には特に決ったものはない。頭屋は大字の人を振る舞い、提灯を片付けてこの日の行事は終了する。

また、この日には子供神輿が大字内を渡御する。これは昭和五十年代から始められたものである。また、子供会のススキ提灯もヨミヤにお渡りをする。

名柄　名柄のススキ提灯は、現在大字のもの一本と子供会のもの一本であるが、かつては各町から一本ずつ出ており、計六本の提灯が渡御していた。十月十四日午後六時頃に、町の役員が公民館に集合する。大字の提灯一本に先立って子供提灯が出発し、大字内を練り歩く。この間役員たちは公民館で簡単な宴会をする。七時少し前に長柄神社境内に移り、一同神社に向かって整列し伊勢音頭を唄う。それから、西寺田・多田の提灯を待つようにして一言主神社へ向かう。神社では他の大字と同様に総代が宵宮祭に参列し、その後順序にしたがって伊勢音頭を唄い帰途につく。そして、長柄神社に西寺田・多田と共に参拝して伊勢音頭を唄い、この日の行事は終了する。

翌十五日は、長柄神社の例祭である。午前十時頃に区長・副区長と各町の役員が神社に集合し、一言主神社宮司が斎主となって祭典が執り行われる。また、前日とこの日には子供会の子供神輿が大字内を渡御する。

多田　十月十四日午後五時半頃、大字の人々は頭屋に集まる。集まるのは各戸一名で、当主が原則だが代理の者が出る場合もある。そして、それは女性でもかまわない。頭屋ではコの字形に席を用意する。座順は特に決っていないが、女性は下座に座る。この座では頭屋は接待役であり、座にはつかない。この日の料理には特に決ったものはないが、昔からの作法として必ず出すものに蒲鉾の板につまみを載せたものがある。そして、この祭りのことはかつて「エソ祭り」と呼び、エソ（魚）を食べる習わしになっていたという。この宴席は一時間程で終了し、その後ススキ提灯を組み立てる。ススキ提灯が組み上がると、全員で伊勢音頭を唄い、一言主神社へ向け出発する。道中、数回伊勢音頭を唄う。この音頭取りをするのは最長老で、これができるのは名誉なことだと意識されている。神社までの経路は毎年決っており、長柄神社の側で名柄・西寺田の提灯と合流する。一言主神社では総代が宵宮祭に参列し、その後指定された順にしたがって拝殿前に整列して伊勢音頭を唄い、帰途につく。途中、長柄神社に名柄・西寺田の人々と一緒に参拝して伊勢音頭を唄い、多田に帰る。提灯はそのまま次年度頭屋に運ばれ、このことを「ススキ提灯の申し送り」と呼んでいる。また、この日には子供神輿が大字内を渡御する。これは昭和五十年代から行うようになった。

十五日は多田神社の例祭である。例祭といっても祭典を行うわけではなく、午後に子供神輿の渡御があり、午後六時頃から宴がもたれるというものである。

幸町　十月十四日の午前中から、子供会の子供神輿が大字内を渡御する。午前中は保育所の子供たち、午後は小学校の児童たちが神輿を曳き回す。ススキ提灯はもともと二本で、大字と青年団がそれぞれ一本ずつ出していたが、今は大字と子供会が出すようになった。

夕刻に信行寺に収納してあるススキ提灯を組み立てる。幸町は氏子地区の中でも一言主神社から最も遠いので、早めに出発しなければならない。一言主神社では総代が宵宮祭に参列し、その後指定された順にしたがって拝殿前に整列して、子供たちが鉦を鳴らして拝礼した後帰途に就く。

5、東名柄・増・関屋

東名柄・増・関屋は一言主神社の氏子地区であるが、それぞれ大字の中に神社を祀っている。そして、この三大字は他の大字と異なり、十月十四日の一言主神社の宵宮祭に、ヨミヤ提灯を出さないという点で共通している。また、「一、概況」で述べたごとく、三大字が一言主神社の氏子地区に編成されたのが明治十六年（一八八三年）であるということも共通点である。ただし、増と関屋は十月十四日にそれぞれの大字・神社で祭典を行っているのに対して、東名柄はこの時に祭りを行わない。しかし、増の御霊神社も戦前までは同月ながら例祭日を異にしていたのであり、この三大字の神社は一言主神社とは独立した祭祀の形態をもっているといえよう。

東名柄　東名柄が祀っているのは天満神社で、祭神は菅原道真である。この神社の創祀は、安政五年（一八五八年）と伝えられている。そもそも東名柄という大字は、明治元年（一八六八年）に名柄村南里が分離・独立してできたものである（当時は東名柄村）。しかし、それ以前には、一言主神社の氏子地区であった名柄に編成されていながら非氏子地域であったかどうかは不明である。東名柄の天満神社の祭礼（七月二十五日）は、吐田郷はもちろんのこと、近郷きっての賑わいを見せる祭りとして名高い。この神社の祭りも二軒の頭屋によって運営される宮座の祭りである。祭りの時には神社の境内に水揚げ

（噴水）が作られる。これには草花・果物・野菜などでエビスの鯛釣などの縁起のよい作り物を作り、これを飾り付けるという凝ったものである。夏祭りを伝えない一言主神社に対して、天満神社の夏祭りは吐田郷の夏を象徴する祭りなのである。

増　増の神社は、御霊神社である（創祀年代・由緒不明）。祭神は早良親王、百川親王、他戸親王である。神社で行われる祭りは、百燈明（十二月三十一日、一月一日）、神年越し（一月六日）、秋祭り（十月十四、五日）である。しかし、秋祭りは戦前まで十月二十二、三日に行われていた。百燈明は年越しの行事である。十二月三十一日の夜、世話方が神社に集まる。そして、しめ縄・門松を神社に祀り、神前に神饌を供える。安楽寺（増と関屋の菩提寺）の除夜の鐘が鳴り始めると、百燈明に火を付ける。世話方は火を守って年を越す。神饌は六日の神年越しまで供えておき、この日に下げる。神年越しは六日年越しとも呼び、正月の供え物やお飾りを下げる。この日には、二十年程前まで参詣者に対して甘酒が振る舞われていた。

増の大字全体の祭祀組織は、各垣内から一人ずつ選出される氏子総代と、区長・副区長で構成される。垣内は全部で辰巳垣内・上増垣内・下増垣内・山田垣内の四つであったが、下増垣内は戦後人口が増加して南・中・北の三つの垣内に分かれた。したがって、現在は六つの垣内に分かれていることになる。すなわち、総代も六名ということになって、この六名から一人総代長を選んでいる。しかし、これはあくまで増の御霊神社の祭祀組織であり、一言主神社の総代には区長がなる。それぞれの垣内では毎年一軒ずつ順番に頭屋になり、これが十月十四日のヨミヤに奉仕する。現在、頭屋は新宅であってもなることができるが、戦前まで新宅が加わることを認めなかった垣内もあるという。

十月十四日はヨミヤで、まず各垣内ごとに頭屋で祝宴が開かれる。夕方垣内の人々は頭屋に集まり、年齢順になるように座る。頭屋はこれよりも前にススキ提灯を組み立てておく。例えば南垣内では、床の間に「天照大御神」と書かれた掛け軸を掛け、海の物としてスルメ・昆布、里の物としてキュウリ、野の物として高野豆腐、山の物として椎茸などを供える。この日に頭屋が用意する料理は、現在では鳥の唐揚げなどのオードブル的なものとなっているが、かつては次のようなものであった。蒲鉾とドロイモの煮物、牛蒡・コンニャクの煮しめ、ホウレンソウのおひたし、鯖・鰺・エソなどの焼き魚といったものであった。とりわけ、エソを使うことが多かったので、この祭りのことを「エソ祭り」と呼んだりしたという。午後六時すぎには酒宴を終え、御霊神社にヨミヤ参りをする。一同は外に出て、玄関先で伊勢音頭を唄う。この伊勢音頭の音頭取りは特別な人と意識され、昔は他の者は平服でもかまわなかったが、この人だけは裃を身に着けたという。行列の先頭に提灯が立ち、垣内の者が続く。道中の辻々で伊勢音頭を唄いながら神社に向う。神社に着くと各自参拝し、特に儀式的なものはない。そして、午後七時より区長・総代長の挨拶の後、カラオケ大会が行われる。しかし、これが行われるようになったのは昭和五十年代からで、以前は御神酒が振る舞われる程度だったという。午後八時半頃にはカラオケ大会も終わり、それぞれの垣内にススキ提灯を奉持して帰って行く。そして、提灯の行列は次年度頭屋に向かう。次年度頭屋ではまず家を誉めるような歌詞で伊勢音頭を唄い、ススキ提灯を庭に立てる。それから、一同は次年度頭屋に上がりここでまた祝宴となる。この祝宴では次年度頭屋も座について祝いの杯を受ける。頭屋はこの祝宴が終わるとその日のうちにススキ提灯を片付け、このススキ提灯を一年間保管することになる。

翌十月十五日は、御霊神社の例祭である。この祭りは大字の祭りで、垣内の頭屋は関わらない。参列するのは氏子総代や大字の役員が中心であるが、この日には子供が引き回す太鼓神輿が渡御するので子供会の役員も参列する。祭典は午前八時半頃、一言主神社宮司が斎主となって執り行われる。

関屋　関屋は式内社葛城水分神社を祀る。祭神は天水分神と国水分神である。この神社の祭りは、八朔祭（九月一日）、秋祭り（十月十四日）、例祭（十二月二十日）である。祭祀組織は全戸が加入している宮座制をとっており、毎年順に一軒ずつが頭屋になって祭りに奉仕している。十月十四日は、水分神社と関屋大字全体の秋祭りで、ススキ提灯と子供神輿も一言主神社には渡御しないが、大字内を巡幸し水分神社に参集する。

結び―祭りの構造と意義

こうしてみてきたように、一言主神社の秋祭りは大字ごとに祭祀組織・祭りの次第とも複雑な諸相を見せているが、それは三つのグループに分けることができると思われる。ここでそうしたことを表にまとめてみたのが図表8である。

Aグループは、座講があり、一言主神社へのススキ提灯の渡御を行い、大字内神社をもたない大字である。次にBグループは、座講はないがススキ提灯の渡御はあるという大字である。そして、Cグループは、一言主神社の秋祭りには関わらない大字である。

ところで、「一、概況」に記したが、一言主神社の氏子地区には明治八年（一八七五年）に幸町が加

図表8　氏子大字の祭祀組織と動き

大字名	大字内神社	頭屋制（選出母体）	宵宮祭	備考	グループ
森脇	…………	○（座筋）	○	座講の渡御あり	A
宮戸	…………	○（座筋）	○	座講の渡御あり	
西寺田	…………	○（座筋）廃止	○	座講の渡御あり・廃止	
豊田	吐田神社	○（大字）	○		B
名柄	長柄神社	…………	○	15日に長柄神社例祭	
多田	多田神社	○（大字）	○	15日に多田神社例祭	
幸町	…………	…………	○		
東名柄	天満神社	○（大字）	…………	秋祭りを行わない	C
増	御霊神社	○（垣内）	…………	15日に多田神社例祭	
関屋	水分神社	○（大字）	…………	14日に水分神社例祭	

わり、明治十六年（一八八三年）には東名柄・増・関屋が加わったのである。すなわち、近世期までの氏子地区は森脇・宮戸・寺田・豊田・名柄・多田の六村で、そのことは享保二十一年（一七三六年）の『大和志』にも記されている。このことを先のグループと考え合わせると、A＋Bグループは明治十六年以前の氏子地区と一致するということがわかる。そして、このAとBに共通することは、一言主神社へのヨミヤ提灯の渡御があることである。すなわち、ヨミヤ提灯の渡御は、明治十六年以前の氏子の祭りの形式を示すものであることがわかる。

Aグループと Bグループの違いは座講の有無であるのだが、明治に編入された幸町を除くと、大字内神社の有無ということも挙げられる。しかも長柄神社と多田神社は式内社であるわけで、これらが本来の氏神であったと考えられる。座講を伝えている大字が、いずれも大字内神社を祀らないということ、そして座筋制の宮座が一般的には中世から近世初期の祭祀形態を伝えるものであるということを考え合わせるならば、Aグループが A＋Bグループとなる以前の氏子地区を示すものと思われる。また、これらの大字は一言主神社にススキ提灯の渡御を行うのだが、長柄神社と多田神社は翌十五日に例祭を伝えており、本来は増や関屋のようにそれぞれの神社に渡御するものであったとも考えられる。このように考えれば、これらの大字が氏子地区に取り込まれることによって、本来は大字内の神社に渡御するものであったのが一言主神社に渡御するようになったと推定できよう。ただし、Bグループの中で残された豊田には問題がある。豊田の吐田神社は先に述べたように、一言主神社の若宮的な存在と考えられる。そして、祭祀組織は村座制をとっているが、頭屋渡しの形態や祭祀の方法など、必ずしも新しいものとはいえない。すなわち、豊田は座講を伝えていないが、一言主神社の本来の氏子地区であったと思われるのである。

近世期以前の一言主神社の氏子地区を伝える記録は、享保二十一年（一七三六年）の『大和志』のみで、それによると六大字であったことがわかる。これ以前の氏子地区については記録がないのであるが、現在の祭りの形態から推定すると、名柄・多田はそれぞれ長柄神社と多田神社を祀るのであり、一言主神社の本来的な氏子ではなかったと思われる。そして、残る四大字、すなわち森脇・宮戸・西寺田・豊田が六大字以前の氏子地区ということになる。このように一言主神社の秋祭りには、この神社の氏子地区の変遷がその多様な形態の中に示されているのである。

近世の領主支配の中で、現在の大字はそれぞれ村落として独立して行くのだが、それは水越川の用水を柱にして吐田郷八ヵ村とか水郷六ヵ村といった形で郷的結合を残存させていた。しかし、「一、概況」で述べたように、一言主神社の氏子地区の変遷とこれを対照させてみると、氏子地区の結合はこうした郷的結合と一致しない。例えば、推定できる最も古い氏子地区、森脇・宮戸・西寺田・豊田は水郷六ヵ村の下郷（森脇・宮戸・豊田）に近いが、西寺田がはみでてしまう。だからといって、西寺田を一段新しい氏子地区とすることはできない。これが明治十六年になって、ようやく吐田郷すべてが氏子地区に入り一致をみることになるのである。郷的結合ではなく領主支配の組み合わせをみても、氏子地区の状況と一致することはない。このことは、中世における生活を基盤にした郷的結合とは異なるより以前の結合状態を示しているとも考えられるが、想像の域を出ない。

ところで、一言主神社の秋祭りの意義は、現在の祭りからどのように読み取れるのであろうか。この祭りは、大字ごとの組織や動きに差があるが、座講のお渡りと奉幣、ヨミヤ提灯のお渡りの二つを根幹にしていると考えられる。

この一言主神社の座講祭の特色は、新穀を包んだ大きなフングリが下げられた御幣を奉幣することと、御供や御酒などを献饌するところにある。そして、こうした頭屋制の祭りによく見られるような頭屋の神を迎えたり、頭屋は頭屋である期間中そうした神を祀るというような伝承をまったく伝えないこともその特色の一つである。もちろん、祭りである以上、神を迎えないということではないが、神迎えの意識が稀薄になっているということなのであろう。すなわち、この祭りはひたすら神に捧げものをするというものとなっているのである。こうした点から考えると、この座講祭は非常にありきたりの表現ながら、収穫感謝の祭りといえよう。新穀を包んだ大きなフングリが下げられた御幣、長い時間かけて作られたという御酒、手の込んだ御供は、豊かに収穫できた稲を神に捧げて収穫を感謝するものであろう。そして、宴席に松茸やカマス・エソといった魚を用いるのは飽食の極みを尽くすのであって、これもまた神への感謝を示すものといえよう。

一方、ヨミヤ提灯に用いるススキ提灯は、刈り取った稲藁を積み上げたススキを象ったものといわれる。すなわち、これも神に豊かに稔った稲穂を献じることを意味するものなのであろう。このススキ提灯は、南葛城地方の夏・秋の祭りによく用いられるものである。このヨミヤ提灯の渡御が行われるのは宵宮祭と説明されているが、これは翌日の祭りに対する宵宮として機能しているのであろうか。一言主神社の秋祭りにしても、このヨミヤが翌日の祭りの宵宮であるとしたら、一言主神社の本祭りは宮戸の座講のみによって行われるということになる。そして、その場合、森脇の座講の意味が問題となる。こうしたことから、宮戸の座講こそ本来の氏子の祭りだとする考えも生まれて、氏子の中にはそのように説明する人もある。しかし、近隣の鴨山口神社の祭りでは、夏・秋の祭りとも神社の祭典を行った夜にススキ提灯の渡御がある。こうした形式は、水分神社の秋祭りも同様である。そして、多田神社の祭りの場合は、ヨミヤの翌日に神社で会食をする程度で祭典はない。この形は周辺地区の蛇穴《さらぎ》の野口神社も同様で、ヨミヤの翌日には何も行わない。このような事例をみてくると、ススキ提灯の渡御するヨミヤは、翌日の例祭の宵宮として機能していないと考えられるのである。すなわち、ヨミヤは稲穂を象ったススキ提灯を渡御させて、収穫を感謝する独立した祭りとなっているのである。

こうしてみてきたように、一言主神社の秋祭りは典型的な秋祭りなのであって、神に収穫物を献じて感謝するものなのであった。そして、それは稲作を中心にした収穫を感謝するものとなっている。このことは、葛城山の神であるところの一言主大神を祀るこの神社にとっては、相応しくない印象を受けるかもしれない。しかし、一言主神社の氏子地区（幸町を除く）は耕地面積の九十五・三パーセントが水田という水稲栽培地域なのである。しかし、そうした水田地帯でありながら、この地が決して水に恵まれた環境になかったことは「元禄の水争い」という事件が如実に示している。したがって、人々の豊作への願いは、常に水への願いと同化するということになる。吐田郷の中でも、とりわけ水越川を取水用水とする水郷六ヵ村に、上田角之進に対する信仰が強いのはこうしたことによる。そして、これとは別に、一言主神社は古代から祈雨の信仰を集めており、森脇・豊田・宮戸などがクモヤブリ（雨乞）をするのも一言主神社の前にある神宮池である。一言主神社は氏子地区から望むと、背後に葛城山を背負った円錐形の山の中腹に鎮座していることがわかる。この山は神山と呼ばれる山で、葛城山の端山《はやま》といえる山である。すなわち、一言主神社が祈雨の信仰を集めるのは、氏子地域を潤す観音谷川・水越川・百百川の分水嶺たる葛城山の神を祀る神社であると同時に、この山の端山である神山にこの神社が鎮座しているからなのであろう。

冒頭で祭りの多様な諸相は、氏子地区の変遷が反映したものであることを述べたが、これはこうしたことだけが理由となっているのではない。一言主神社の氏子地域は依然として多くの水田が残されており、農業を営む家も多い。しかし、農業技術の向上によって労働時間が短縮され、人手も少なくてすむようになると、勤めに出る人が多くなる。したがって、祭りの本来の意味がほとんど機能しなくなって、出費ばかりがかさむ祭りは次第に変化を遂げざるを得なくなる。例えば、西寺田の座講の解散などはその典型であろう。しかし、一方で祭りに参加したいと望む動きも出てくる。この典型は森脇の新座であろう。また、自治組織の活動として祭りを行いたいと考える方向もある。これには子供提灯や子供神輿を例にとることができよう。祭りの維持と展開は、常にこれを行うものに付きまとう問題である。おそらく、長い歴史の中でこうしたことは常に繰り返されてきたのであろう。本章では大字内神社を持たぬ大字に伝わるゆえに、座講の形態を氏子の祭りの形態の中で古いものと位置づけたが、これを垣内を単位にして行うススキ提灯の渡御と比べた場合、その新旧を決し難い。そもそも、祭りにとって大切なことは新旧の問題ではないはずである。かたくなに古形を堅持しようとすることは、本来敬虔な祈りであると同時に娯楽的意味をも兼ねていた祭りが、かえってこれを行う人を苦しめている場合も多い。祭りは決して変化させてはならないものではないはずである。一言主神社の秋祭りにおける氏子地区の多様な諸相は、そうした変更を考えるサンプルが散りばめられているのかもしれない。

以上、本章で述べてきたことは、平成三年（一九九一年）・四年（一九九二年）の調査を中心にまとめたものである。この当時は、祭日が固定された日であったが、氏子から神社へのたびたびの要望に応えて、平成十七年（二〇〇五年）から十月第二土曜にヨミヤ提灯が行われるようになり、翌第二日曜に森脇と宮戸の座講祭が行われるようになった。また、座講祭も森脇の二つの座講が一緒になって、大字全体で行うようになり、宮戸も同様に大字全体の祭りとなった。要するに、特定の家に限られる座の祭りではなく、ムラの祭りとなったのである。しかし、そうした中で、宮戸と森脇だけが十月第二日曜に神社に参詣する形を守っている。

注

（1）櫻井満「葛城山の風土」（櫻井・大石泰夫編『葛城山の祭りと伝承』、桜楓社、一九九二年）。
（2）（1）の前掲論文。
（3）御所市史編纂委員会『御所市史』、御所市、一九六五年。
（4）水争いについては伊藤高雄「信仰伝承―分水嶺の神々―」、水利慣行については田村勇「水の生活伝承」（（1）の前掲書）を参照のこと。
（5）「一言主御祭礼御供之次第控帳（天保十四年）」（（1）の前掲書、資料2、一七六頁）。
（6）葛上村『葛上村史』、葛上村、一九五八年。
（7）（1）の前掲論文。
（8）志水義夫・城崎陽子翻刻「宮頭勤方并祭礼式次第（年代不詳）」（（1）の前掲書、資料4、一八六頁）。

付記　本章のもとになった平成三年（一九九一年）・平成四年（一九九二年）の調査は、古典と民俗学の会の調査として行われたものである。本章を成すにあたっては、多くの会員諸氏から提供された資料を参照していることを記して、感謝の意を表したい。

初出　原題「葛城一言主神社の秋祭り」（櫻井満・大石泰夫編『葛城山の祭りと伝承』、桜楓社、一九九二年）。初出では大字森脇の部分を横山聡氏が執筆を担当したが、本書ではその部分も大石が新たに執筆した。

第三章　秋田県湯沢市の小野小町伝説と祭り

序

六歌仙の一人小野小町は、〈伝説的な女性〉である。

『小町集』には、勅撰集『古今和歌集』に伝えられる小町像とは異なった姿がうかがえ、また謡曲や説話などに多種の小町像が伝えられている。

そもそも、『古今和歌集』仮名序において紀貫之は、

小野小町は、いにしへの衣通姫の流なり。あはれなるやうにてつよからず。いはば、よき女のなやめる所あるに似たり。

つよからぬは女の歌なればなるべし。

と評している。「衣通姫の流」というように、伝説の美女に擬せられるのをみれば、古今集の撰者時代には、すでに伝説的な女性であったとみることができる。

こうした文学における小野小町伝説に対して、民間伝承としての伝説も全国に分布している。また、小町を「世界三大美人」の一人と称したり、ムラ一番の美女をさして「…小町」と呼ぶような慣習を生

むことになったことは、民間伝承における小町伝説の伝播・醸成とも深く関わっている。

本章で扱うところの秋田県湯沢市小野の小町伝説の特色は、小町の生誕の地であると同時に終焉の地とも伝えるところにあると思われる。この地の伝説はつとに有名で、近世期の文献にはこれを伝えるものも多い。

ところで、小野小町といった中央の著名人物の伝説が地方で語られる時は、必ずしも歴史に基づく伝説が残るわけではない。むしろその人物に関する知識が次々と流入して、伝説が成長して行く場合が多い。湯沢市小野の場合も例外ではなく、中央の「文献における伝説」が入り込んできていて、実に豊富な伝説とそれを統一的に説明する伝承ができあがっている。

しかし、そうした後からの伝説が信じて語られるためには、それを成り立たせる論理がムラ社会のなかに存在しなければならないであろう。櫻井満は伝説の特色と意義について次のように述べている。

伝説は、神話の信じて語られる面が具体的な事物に即して語られるのであった。科学的に信じ得ないものを、歴史化し、合理化してでも、信じて語り継ぎ言い継ごうとする伝説には、日本人の心がひそんでいるに違いない。事実と真実とは異質である。日本人の真実と信じられるものが次代に伝えられていかなければならないであろう(1)。

ここで櫻井は、ムラ社会における伝説の歴史化・合理化の重要性を指摘し、伝説研究の意義をその中に求めて、これを日本文化論に敷衍させている。

しかし、伝説の歴史化・合理化は、必ずしもムラの論理といえないものによってなされる場合も多い。例えば、権力者や宗教者といったムラの「外の力」によって、伝説の歴史化・合理化がなされる場合である。もちろん、こうしたムラの「外の力」が影響するのは、伝説ばかりではない。このことは、民俗学全体の重要な課題となるはずである。しかし、だからといって、櫻井が指摘するムラ社会における伝説の歴史化・合理化の重要性が否定されるわけではない。要するに、ムラ社会における伝説の歴史化・合理化に「内の力」と「外の力」の位相をいかに見据えるかということが問題となるのである。(2) 特に、小野小町のような著名な固有名詞についての伝説である場合、その点を充分に考慮しなければならないであろう。

そして、さらに留意しなければならないのは、ムラ社会の中では「内の力」と「外の力」とが必ずしも相対的に存在しているのではないということである。つまり、この両者の位相を動態として捉えて記述し、分析することが必要となる。

本章では、ここに述べてきたことに留意しながら、秋田県湯沢市に伝わる小町伝説を、祭りを中心にした民俗の中で捕捉してみたいと思う。

一、湯沢市の小町伝説

今日の湯沢市に伝わる小町伝説には、小町を祀る小町堂を中心に十カ所の故地が伝えられている。ところで、平安時代の宮廷歌人小野小町が、出羽国で生まれたと伝えること自体が事実とは考えにくいのだが、この伝承は決して新しいものではなく、単発的な伝承でもない。

平安時代中期の成立とみられる藤原仲実の『古今集目録』には、小町について

出羽国郡司女。或云。母衣通姫云々。号比古姫云々。

と記され、小町が出羽国郡司の娘であるという。小町の出羽国誕生伝承は平安中期まで遡るのである。また、室町時代成立の一条兼良『和歌秘訣』には「出羽国司小野良真《よしざね》女」と伝えられ、中世期に成立した『尊卑分脈』所収の「小野氏系図」には、小町の祖父を小野篁、出羽守小野良真を父と伝えられている。ちなみにこの両者に共通する小野良真は実在の人物ではない。

一方、小町が老後に陸奥に流浪したと伝えるものは、室町時代の「小町草子」(『御伽草子』所収)をはじめとしてこれも数多くある。

このような小町と出羽国を結びつける伝承が、どのようにして生まれたのかは定かではない。しかし、小町の死後あまり時を移さずに少なくとも都において語られていたのであり、中世に至っても根強く信じられたものとみることができる。

先に述べたとおり、今日の湯沢市の小町伝説には、豊富な伝説とそれを統一的に説明する伝承ができあがっている。もちろん筆者は、これを歴史的事実と捉えようとするわけではなく、また伝承の起源を短絡的に古代や中世に遡らせようというわけでもない。しかし、まずは小町の生誕の地を出羽国とする伝承が古くからあることを確認した上で、今日の伝説を挙げることを意図したのである。

今日の湯沢市の小町伝説の中心地であり、小町生誕の地と伝える小野は、雄物《おもの》川・役内川・高松川の合流域にある。すなわち、三河川の扇状地が組み合わさった地域に位置しているという地理的特色がある。したがって、周囲は山に囲まれており、山岳修験の霊地となった東鳥海山・神室《かむろ》山(別称南鳥海山)が近接している。そして、小町伝説は、扇状地の中心に位置する小野と、雄物川の東側の山裾にあたる

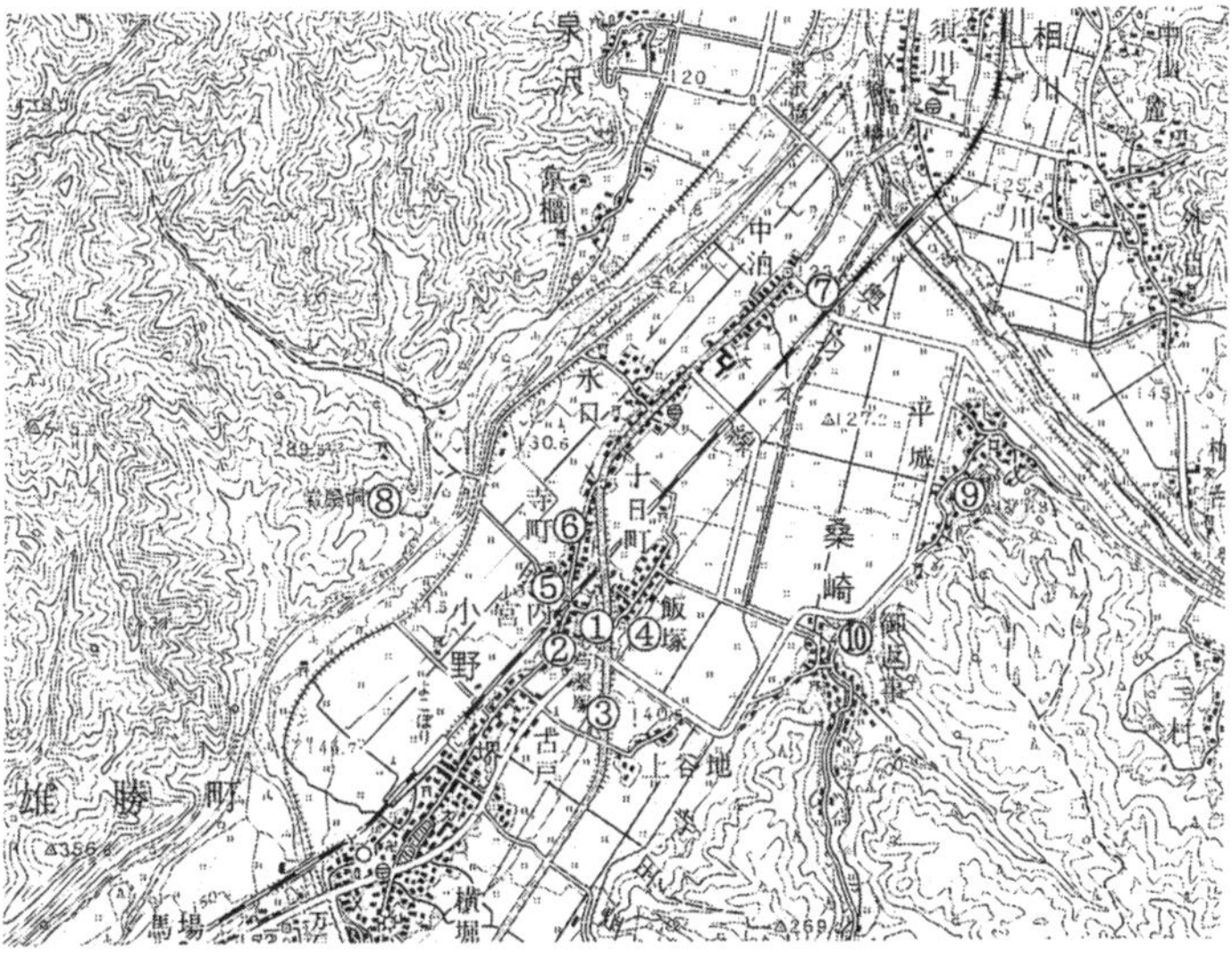

図表９　湯沢市（旧雄勝町）の小町伝説地図
（国土地理院発行　五万分の一地形図「湯沢」より転載）

桑崎に伝えられている。

①芍薬塚

深草少将が小町を慕って小野にたどり着き、小町のもとに訪れた。小町は少将に対し「私が京へ行くときに植えた芍薬が少なくなってしまいました。もし私のことを思ってくださるなら、毎晩一株ずつこれを植えて百株にして下さい。それが百になった夜、私はあなたの御心にそいましょう。」と答え、深草少将はその百晩目の夜を信じて毎晩芍薬を植え続けた。その芍薬は柴垣に囲われて今も咲いている。

②小町堂

芍薬塚のそばに小祠があった。昭和二十八年（一九五三年）に槻沢山にあった槻の大木を伐ってきて、その幹の中を削り取ってこの小祠を収めて屋根を載せて立派な祠にした（六月第二日曜に小野小町祭りが行われる)。

③二つ森

ひさご型の塚で木が生えている。大きい方の森を「男森」、小さい方を「女森」といい、少将と小町の墳墓と伝えられている。男森には小町の母が祀った弁財天と麓には小野良実《よしざね》が建立したという「走り明神」の祠も伝わる。

④桐の木田城跡

出羽郡司小野良真の館があった地といわれ、桐の木があったことによる命名という。現在、小町の産湯に使ったと伝える「小町の産湯の井戸」と「小町の姿見の池」の跡がある。

また、この南西に梵字が刻まれた自然石が二基あって「姥子石《ばっこいし》」と呼ばれ、小町の母の墓碑と伝えられている。

⑤熊野神社

小野良実の創建による神社と伝えられ、「金の宮」と「和歌の宮」と呼ばれる二社があり、前者は牛頭天王、後者は小町が幼少の頃からよんだ歌を祀るという。

なお、この熊野神社は天正年間まで羽場に鎮座していたものだという。

⑥向野寺《こやじ》

小町の菩提寺で、以前は「小野寺」であったと伝える。小町の自作と伝わる木彫りの自像が伝わる。

⑦小町の泉

磯前《いそざき》神社に泉があり、小町が疱瘡を病んだ時この寺に日参し、清水で顔を洗い、一日も早く治るよう

に と祈ったという。

⑧岩屋堂

山の中腹にある二十畳くらいの広さがある岩屋で、敷居・鴨居をとりつけた跡が残されている。小町が晩年、世を避けて住んだところと伝えられ、小町はここで九十二歳で死んだという。

⑨長鮮寺《ちょうせんじ》跡

小町の跡を慕って京から小野の里にたどり着いた深草少将は、長鮮寺を仮の宿と定めて、ここから小町のもとへ百夜通いを行ったと伝えられる。

これとかかわって、小町が少将への回向のために建てたという板碑が、桐善寺の門前に伝わる。

⑩御返事《おっぺじ》

深草少将が、小町との仲介を梨の木に住む小町の姥に頼んで、その返事を待っていたところと伝えられている。また、ここには周辺地域には自生しない山芍薬が生えている。

（①〜⑩は図表9の番号に対応）

ここにまとめた伝説は、秋田県雄勝町郷土を語る集い編『小野の小町』（昭和六十三年（一九八八年）、雄勝町観光協会・小野小町遺跡保存会）に、聞き書きを加えて整理したものである。(3)

この伝承は、この地の近世期の小町伝説を伝える『秋田六郡三十三観音巡礼記』（享保十七年（一七三二年））、『秋田風土記』（文化十二年（一八一五年））の記述や、菅江真澄《すがえますみ》の『おののふるさと』（天明五年（一七八五年）の記録）・『雪の出羽路』（文化十一年（一八一四年）五月〜十二年（一八一五年）三月の記録）などと比べると、若干の相違はあるものの、同様な伝説の素材と伝承を伝えている。そして、これら個々の伝説を統合する小野小町の生涯を語る伝承があるのである。

その生涯を語る伝承とは、以下のようなものである。

大同二年（八〇七年）、都から小野良実が出羽国に郡司として派遣され、桐の木田に城を構えて住んだ。この地方に町田治郎左衛門という者がおり、その娘に大町子、小定子という姉妹がいたが、姉の大町子が田植えをしている姿を見かけて、良実は美しさに惹かれて妻にした。

翌大同三年（八〇八年）に良実は都に帰らなければならなくなった。妻に「蜀紅の錦の守袋」を記念の品として与え、一人だけ都に帰ってしまう。だが、その時妻大町子は妊娠していた。

翌大同四年（八〇九年）、女子が生まれ小町と名付けられたが、母は死んでしまう。そこで祖父母が小町を養育したが、小町十三歳の時、村が飢饉におそわれ、祖父母は瀕死の病の床につく。祖父母は小町を枕元に呼び寄せ、父が都にいる小野良実であることを、証拠のお守り袋を見せて語った。小町は父に会うため、村人に連れられて都に上って行く。やがて比類無き歌人として認められ、官女となって宮廷に仕えた。

華々しい生活だったが、小町は故郷の小野に帰ってくる。そして、小野の西側の山にある岩屋の中に住んでいたが、ある時自分の醜く年老いた姿を木に彫った像を岩屋の中に置くと、そのままどことも知れず去っていった。その岩屋に住んでいた頃、深草少将が小町のことを忘れられず、都からやってきた。小町と恋歌を交わし、九十九夜小町の住む岩屋に通ったが、結局恋は実らず少将は落胆のあまり死んでしまった。小町は「少将の骨を二つ森の片側の丘に埋めるように、そして自分が死んだらもう片側の丘に埋めるように。」と遺言して死んだ。その二人を葬ったのが二つ森であ

る。(『秋田風土記』を要約)

このように『秋田風土記』の伝承は、先に挙げた今日語られている個々の伝説とは、若干異なったものとなっている。これは小町伝説を統合する話の一例であり、これと異なる話もある。この伝承は、特に小町の母を大町子と伝える部分などに特徴があり、菅江真澄の記録にも記された芍薬塚伝説は伝えられていない。

伝説の分布をみると、小町の伝説が小野に集中し、深草少将の伝説が桑崎に分布していることがわかる(図表9参照)。小野にみられる深草少将の伝説は、小町と少将を葬ったと伝える二つ森の伝説と少将が小町のもとに通って植えたという芍薬塚の伝説である。ところが『秋田風土記』には芍薬の伝承がみられず、菅江真澄の記したものではこの芍薬は小町が十三歳の時に植えたと伝えている。

桑崎の深草少将の伝説は、近世期の文献では影が薄い。ただし、『秋田六郡三十三観音巡礼記』『秋田風土記』には、桑崎に小野良実創建の薬師堂があり、深草少将の持仏の薬師如来が祀られていると伝えている(後掲)。しかし、これ以外の長鮮寺・御返事・板碑などの伝説は伝えられていない。

こうした伝承の異同についても充分に検討する必要があろうが、ひとまず別稿に譲りたい。

二、伝説の歴史的検証

前節でみたような小町伝説が、どのようにして生成・醸成されたのかを、本節では歴史的に検証してみたい。ただし、これについては錦仁《にしきひとし》の一連の詳細な検証があり(4)、本節もそれに依るところが多いことを予め明記しておきたい。

1、古代の小野氏

先に述べたように、小野小町を出羽国郡司の娘とする伝承は、平安中期の『古今集目録』に遡る。すなわち、少なくともこの時期に都においては、小町を出羽国ゆかりの者と伝える伝承があったことが知られる。しかし、後に『和歌秘訣』が小町の父と伝え、伝説にもその名が定着する小野良真は、歴史上存在しない人物であり、小野の里と小町の関わりを歴史上の事実と捉えることはできない。したがって、『古今集目録』の時代に湯沢市に小町伝説があったかどうかも、これによって判断することは困難である。

小野小町伝説と古代の小野氏との関わりについては、小林茂美《こばやししげみ》の研究がある。(5)それは、古代の小野氏を歌謡・物語を管掌した巫祝の家柄であったとし、この小野族の巫祝神人たちは小野神を奉じて全国に散らばり、中でも同族の遊行巫女が、小町伝承を全国に広めていったとするものである。小林の論は、折口信夫以来の民俗学的方法論を展開させたものであるが、小野族の活動の時期や活動の具体性が明確であるとはいえない。

しかし、古代の出羽国と小野氏の関わりを歴史的にみれば、奈良朝から平安朝にかけて多くの小野氏が出羽・陸奥の地方官として赴任しており、その結果各地に小野郷が形成されていったと考えられる。こうしたことが、『古今集目録』の伝承を生む土壌になっていったのであろう。(6)

2、中世の小野寺氏

鎌倉時代に下野から移動し、秋田県南部を支配した戦国大名小野寺氏と、湯沢市の小野小町伝説が関わることを最初に指摘したのは、柳田國男《やなぎたくにお》であった。(7) 柳田は次のように述べる。

下野足利の小野寺氏は――中略――名の示すごとく、小野篁と小野小町との伝説によって、一つの信仰の中心をなしていた。出羽の小野寺氏はこの家よりやや古いが、これとても『永慶軍記』の時代を世盛りとした豪族で、それが支持していた小野村の小野宮は、芍薬の名所となってこのごろまで、いくつとなき口碑を保存していた。そうして両家の移住はともに戦国の世を去ること遠からぬものと考える。

この出羽の小野寺氏については、今日系統が異なる五種類の系図が残されており、そのうちの一本が祖を小野篁と伝えている。(8)

この小野寺氏と湯沢市の小町伝説を直接結びつける資料はないが、錦によれば小町伝説と深い関わりがある向野寺は、小野寺氏ゆかりの「小野寺」を再興したものという。(9) また次項で、近世期の小町伝説に大きな影響を及ぼしたことを指摘する覚厳院《かくげんいん》の開祖は、小野寺氏と深く関わっていた伝承を持っている。

3、覚厳院と小町伝説

小野村を訪れた菅江真澄は、次のように記している。

小野邑に至れば金庭山覚厳院といふうばそくあり。なにくれのこととはまほしく此うばそくをとへば、あるじの云、あが遠つおやは三十八代さきなる円明坊とて、これも天台のながれをくんで、良実につきそひ奉りて都より来りて、ここにとどまりしいにしへをかたる。(『おののふるさと』)

東に金庭山光野寺覚厳院、もと天台宗にて今は修験も行者となれり。上祖円明坊、良実卿のまくらはかせにて都よりいざなはれて来けり。中興の開基に武多之助某といふ武士ありといへり。当時は四十代にて快秀坊といふ。小町のゆかりなるとも小町の祈願院ともいへり。(『雪の出羽路』)

このように菅江真澄の時代には、覚厳院という修験者が、小野良実に付き従ってきた者の末裔を称していたことが知られ、これが小町伝説の伝承者として一翼を担っていたことが想像できる。また、別伝では覚厳院を開いたのは、寺沢村小野寺氏の家臣、草井崎主管の内記の子で高橋某と名乗る人物であるという。文禄・天正のころ最上氏に攻められて、出羽の小野寺氏は敗北、その時にこの高橋某は出家して覚厳院を開いたのだという[10]。

こうしたことから錦は、小野寺氏と覚厳院とが強く結ばれるものとして、中世から近世に至る小町伝説の担い手にこれを想定している。

さらに錦は、小町の芍薬の伝説に注目する。この芍薬は平地に自生する芍薬とは違う山芍薬で、修験の人々が煎じ薬を作るために御返事で栽培していたものとして、伝説と修験の関わりを補強する。実際、菅江真澄はこの芍薬を「ゑびす薬の花」(『おののふるさと』)と記している[11]。また、最近まで「小町湯」という山芍薬を原料とする婦人病の薬が市販されていたという。先に紹介した『秋田風土記』は、町田治郎左衛門を小町の祖父と伝えている。そして、筆者が確認したところでは、その治郎左衛門を始祖と伝える町田家が小野にあり、山芍薬の煎じ薬と、婦人病に御利益のあるという小町の泥人形を覚厳院などの修験者とともに売っていたという。湯沢市の小町伝説には、他にも疱瘡治癒祈願をした磯前神社や、小町堂自体にも婦人病の信仰があって（後述）、病気、特に婦人病についての信仰があり、こうした伝説の背後には、修験者などの影が見えるように思われる。

このほかにも、錦は小町伝説と覚厳院、また小野近隣の小町の伝説と信仰が、修験道と深く関わることを、多岐にわたる資料によって詳細かつ精緻に分析している。こうしたことを考えれば、近世期の小町伝説の生成・醸成には、覚厳院を中心にした修験者の影響があったことは確実といえよう。

このように、今日の湯沢市に伝わる小野小町伝説を歴史的に検証すると、この伝説群は、錦が指摘するように、中世の小野寺氏から近世の覚厳院の手を経て、整備・体系化されたものとみることができよう。

三、小町伝説と祭り

前節の伝説の歴史的検証によって導き出されたのは、いわばムラの「外の力」による小町伝説の生成・醸成である。しかし、ムラ社会の民俗論理から小野の小町伝説は考えられないのだろうか。いや、ムラ社会の民俗として、小町伝説を説ける部分があるはずである。

しかし、本章冒頭に述べたように、これは「外の力」と相対的に存在しているのではない。また、可能性は否定できないものの、「外の力」以前にムラ社会に伝承されていたと考えることも、ひとまず避けておいた方がよいと思われる。むしろ、「外の力」によって作られた枠組みの中から、さらにムラ社会の論理によって展開する伝承という視点で小町伝説を検討してみたい。
菅江真澄は、「ゑびす薬の花」を記した箇所で次のような伝承を記している。

里の子の云、小町姫は九のとし都にのぼり給ひて、又としごろになりて此国に来給ひて、植おき給ひし芍薬とて、田の中の小高きところにあり。いざたまへ、見せ申さんとて、あないせり。其めぐり、しば垣ゆひめぐらしたる中に、やがてさくべう、ゑびす薬の花茂りあひたり。これを、いにし頃より九十九本ありて、花の色はうす紅にして、花いささか、こと花とたがふなど、此盛を待て田植そめてけり。枝葉露ばかり折てもたちまち空かきくもりて、やがて雨ふり侍る。——中略——又あるじのかたりけるは、一とせ日でりつづき、田はたけ、みなかれ行まま此芍薬の辺にいもゐして、「ことはりや日のもとなれば」とうたひしかば、雨たちまち降て其しるしをあらはし給ふ。小町姫にもの奉り、此むくひに人々の妻、むすめの、みめよきを集めて歌うたひ酒のみて、さはにはやしはやしすれば、ときのまに、よき空くもりて、やをら雨ふり出れば、いそぎみな家に帰れば、雨はいやふりにふりて、はたつものもみな波にゆられて、晴行空もみえず。

（『おののふるさと』）

少し長い引用となったが、ここで注目したいのは、
①この芍薬の花の盛りを待って田植えをするということ。
②この枝を折ると雨が降ると伝え、日照りの時に芍薬のそばに籠って雨乞いしたこと。
③雨乞いのお礼参りに女たちが祭りをしたこと。
という三点である。すなわち、小町の芍薬には農業神としての信仰があり、女たちの祭りを伝えていた

のである。

小町についての農業神としての信仰は、他にもみられる。『秋田六郡三十三観音巡礼記』には、

桑ヶ崎御堂薬師如来は深草の少将の持仏也。又山田薬師といふ十一面観音は小町の持仏也。小町老女数多の桑を写植して、陽葉を取りて蠶をあやなし、糸を取らせ織延て紬とすと也。老女昨子、老男才治とて有りしとかや。

とあり、ここでの小町は芍薬ではなく桑を植えたと伝えている。ここには桑崎の地名については記されてはいないが、地名起源との関わりが推測できる。要するに、小町に養蚕の神としての信仰があったのであろう。

先に芍薬塚と小町堂の伝説を記したが、この小町堂では毎年六月第二日曜に「小野小町祭り」が行われている。現在の祭りは、神社祭式による祭典の後、小町太鼓・小町踊りなどの地元組織による新作芸能が行われ、七小町による和歌の奉納がある。この七小町とは、町内から未婚の女性が選ばれてこの役を務めるもので、この祭りにおいて小野小町の和歌を七人が一首ずつ朗詠するという役である。こうした祭り形式は、昭和四十一年（一九六六年）からのもので、特に近年小町堂周辺が整備され、ますます観光祭り的な色彩が強くなった。

しかし、こうした形式になる以前の祭りは、「小町講」という婦人たちの講中の祭りであった。小町堂も古くは小さな祠が祀られていたのみで、先に記したように、昭和二十八年（一九五三年）に、槻沢というところの山にあった「小町のご神木」と伝える槻の大木の幹を利用して、社を建てたのであった。

小町講時代の祭りは、講中のものがめいめい色々な花を祠に供えて大きな旗を立て、持ち寄ったご馳

走を食べるといったものであったという。また、この祭りはもともと六月二十日に行われていたものであり、そのころにはちょうど芍薬の花が盛りになるのだという。そして、これとは別にこの小町の祠には、婦人病の人が治癒を願って花を供えて祈願するという信仰があったという。

こうした小町堂と芍薬塚の信仰を考えると、先に紹介した菅江真澄が記した芍薬についての伝承が、この小町講の祭りと符合している部分のあることに気づく。すなわち、婦人たちの祭りという点である。そして、今日の祭りには農業神としての性格がみられないが、祭りの日を花の盛りと伝えることは、菅江真澄の記す「此盛を待て田植そめてけり。」と関わることは確実である。小町講が行われるのが、芍薬の花の盛りだとするのは、この講が田植えに先立つ女たちの祭りということになる。すなわち、この小町堂の祭りは、田植えに先立つ早乙女たちの忌ごもりの祭りだったといえよう。

ところが、今日の伝承では、旧暦時代の祭日が判明せず、一方、六月二十日では芍薬の盛りを過ぎるという人もいるので、即断は避けねばならない。しかし、この祭りが芍薬の花の盛りを過ぎた祭りだったとすれば、同じく菅江真澄の記す雨乞いの伝承に符合する。

錦はこの雨乞いの伝承を「小町の霊魂を祀る熊野神社などで、覚厳院の修験者が雨乞いの儀式をした」と説くが、(12)小町の農業神としての性格は修験者によって作り上げられたのではなく、ムラの民俗論理によって生まれたものであろう。菅江真澄の記述の中では、この雨乞いの祭りの伝承の中に「小町姫にもの奉り、此むくひに人々の妻、むすめの、みめよきを集めて歌うたひ酒のみて、さはにはやしはやすれば、」とあって、これが女の祭りであったことを伝えている。これは仮に修験者の雨乞いの呪術が存在したとしても、そのレベルでの伝承ではない。つまり、小町祭りはムラの女たちによる、田植えの後の雨乞いの祭りだったと考えられよう。

本節では、歴史からみた「外の力」に対して、ムラ社会の論理による小町伝説の可能性を求めてみたわけだが、冒頭で述べたようにこれは相対的に存在するのではない。なぜならば、農業神としての小町伝説は、小野には自生しない山芍薬によって成り立っているからである。芍薬塚の山芍薬を深草少将がもたらしたと伝えるのは、この山芍薬の自生する桑崎に少将がいたということと深い関係にあるのであろう。すなわち、芍薬塚とその伝説は、これを栽培し、それから薬を作る修験者の手によって生まれたのであった。そして、この山芍薬から作った薬が婦人病に効力があることから、これを小町と有機的に結びつけて伝説を醸成していったのであろう。

しかし、そうして植えられた山芍薬には、盛花時期と田植えの好機とが重なることによって、自然暦に基づいた農業暦が生まれることになった。そして、田植えが女性の手によるものであるということも「小町の芍薬」に作用して、小町が農業神としての信仰を有するに至ったのであろう。

このように湯沢市の小町伝説には、修験者の「外の力」と「ムラの論理」が融合して存在する姿をみることができるのである。

結び

以上述べてきたように、秋田県湯沢市に伝承される小野小町伝説について、いささかの私見を述べてきた。

全国の小町伝説は、多くのものが同じ様な内容をもつ。すなわち、深草少将の百夜通い・零落亡者といった内容である。これは文献を通して小町伝説が、民間伝承として広まったからである。しかし、それが伝説として定着するためには、それを必要とする人々によってそれぞれに歴史化・合理化されてゆく。

こうした伝説をそれぞれの地域の中で、歴史と民俗の鼎にのせて読みといてゆく必要があろう。

注

(1) 櫻井満「伝説のこころ」(『伝説のふるさと』日本書籍、一九七九年)。
(2) 樫尾直樹は、新潟県佐渡島の民俗芸能ツブロサシに纏わる伝説研究の見通しについて、同様の視点から詳細に検討している。「祭りの「幸せ」」(『共同生活と人間形成』三・四号合併号、一九九二年)。
(3) 伝説の採集にあたっては、雄勝町横堀在住の田中良治氏のお世話を頂いたことを記しておきたい。
(4) 錦仁①「秋田県南部の伝承資料〈翻刻と考察〉—日蓮・慈覚・小町に関するもの八種—」(『秋田大学教育学部研究紀要(人文科学・社会科学)』第四十一号、一九九〇年)、②「秋田の小野小町伝承」(『日本研究』第八輯、韓国中央大学校日本研究所、一九九三年)、③「秋田の小野小町伝承」(『説話文学研究』第二十八号、一九九三年)。
(5) 小林茂美『小野小町攷』(桜楓社、一九八一年)所収の諸論。
(6) 後藤恒允「東北の小町伝説」(『白い国の詩』一九九三年二月号)。
(7) 柳田國男「小野於通」(『定本柳田国男集』第九巻、筑摩書房、一九六九年)。
(8) 秋田の小野寺氏の系図については、深澤多市編『小野寺盛衰記』上・下(横手郷土史編纂会、一九五九年)、小野寺武志『小野寺氏の源流と興亡史』(東洋書院、一九八八年)が掲載している。
(9) (4)の前掲論文③。
(10) 錦が(4)の前掲論文③の中で、紹介している。

（11）（4）の前掲論文②。
（12）（4）の前掲論文②。

初出　原題「秋田県雄勝郡の小野小町伝説と祭り―小野小町のフォークロア序説―」（古典と民俗学の会編『古典と民俗学論集―櫻井満先生追悼―』、おうふう、一九九七年）。

第四章　陸中沿岸の虎舞考

序―陸中沿岸の虎舞の分布と概要

陸中沿岸を中心とした三陸沿岸には、多くの虎舞が分布している。しかし、この地域の虎舞は必ずしも沿岸部だけではなく、内陸部にも分布している。とはいえ、一つの地域に集中して複数の虎舞が分布し、しかも祭礼の中で競い合うような形で伝承されているのは沿岸地域で、虎舞が沿岸地域の民俗と深く関わることが思料される。

岩手県の陸中沿岸を中心とした虎舞は図表10、図表11の通りである。

この表に掲げたのは岩手県内に限ったもので、また内陸の市町村のものは除いてある。この表以外のことを若干述べると、南は陸前高田市よりさらに下って宮城県気仙沼市唐桑町、同本吉町まで広がりをもつが、北は宮古市藤畑の先は青森県百石町まで空白地域がある。そのことと二つの図表を併せてみれば、虎舞は三陸沿岸の中でも、陸中沿岸に濃厚な分布をみせていることが知られる。とりわけ釜石市には多く、十四の虎舞が伝承されている。この釜石市の虎舞は、大槌町・山田町の虎舞と関わりをもつという伝承があり、それまで含めると二十二にのぼり、この地域が陸中における現在の虎舞伝承の中心と

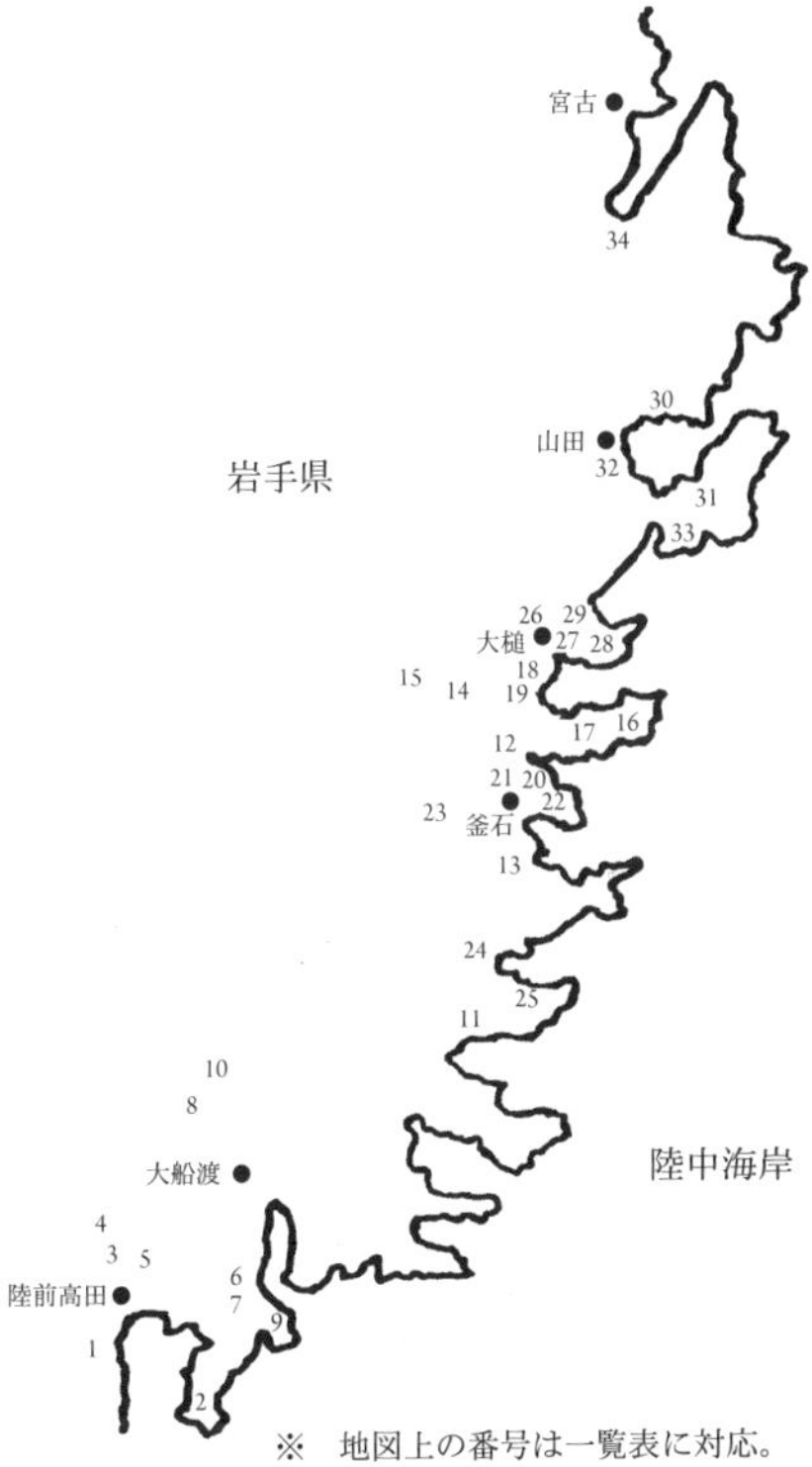

※　地図上の番号は一覧表に対応。

図表10　陸中沿岸を中心とした虎舞分布図（静岡県教育委員会『小稲の虎舞』より転載）

いえる。古くから伝承されてきた虎舞もあるが、昭和の後半から平成に入って始まったものもあり、近年になっても若者たちが多く参加する民俗芸能である。

　この地域の虎舞は、その由来として近松門左衛門の『国姓爺合戦』の「千里ヶ竹」の場面を舞台化した演目、すなわち〈和藤内《わとうない》の虎退治〉が強調されている。虎退治としては、加藤清正の逸話で説明する伝承もある。この演目は、「跳ね虎」「しとめ」「ツユバミ」「庭踊り」などと呼ばれているが、釜石の虎舞の中心である尾崎神社の祭礼（釜石まつ

図表11　陸中海岸を中心とした虎舞一覧

	名称	伝承地	奉納する神社名	上演機会	指定
1	二日市寅舞	陸前高田市気仙	月山・鹿島神社	八月末〜九月上旬の日曜	市
2	根岬梯子虎舞	陸前高田市広田	鶴樹・黒崎神社	一月第二・十月第二日曜	市
3	本宿虎舞	陸前高田市横田	清瀧神社	小正月の悪魔払い	市
4	槻沢虎舞	陸前高田市横田	清瀧神社		市
5	新田虎舞	陸前高田市竹駒	竹駒神社		市
6	門中組虎舞	大船渡市末崎	熊野神社	一月一日	市
7	平組はしご虎舞	大船渡市末崎	熊野神社	一月十五日	市
8	川内梯子虎舞	大船渡市日頃市	五葉山日枝神社	不定期	
9	碁石子供虎舞	大船渡市末崎	熊野神社	一月一日	
10	鷹生の虎舞	大船渡市日頃市	五葉山日枝神社	不定期	
11	根白虎舞	大船渡市吉浜			
12	両石虎舞	釜石市両石	厳島神社	釜石まつり（十月）	市
13	平田虎舞	釜石市平田	館山神社・尾崎神社	釜石まつり（十月）	市
14	砂子畑道々虎舞	釜石市栗林	丹内神社	八月十七、八日	
15	澤田虎舞	釜石市栗林	澤田八幡神社	九月十五日	
16	白浜虎舞	釜石市白浜	白浜神社	十月十九日	
17	箱崎虎舞	釜石市箱崎	箱崎神社	不定期	

18	片岸虎舞	釜石市片岸	片岸稲荷神社	十月九、十日・大槌まつり（九月）	市
19	鵜住居虎舞	釜石市鵜住居	鵜住居神社	九月二十三、四日・旧八月十五日	
20	尾崎町虎舞	釜石市釜石	尾崎神社	釜石まつり（十月）	市
21	只越虎舞	釜石市釜石	尾崎神社	釜石まつり（十月）	
22	錦町虎舞	釜石市釜石	尾崎神社	釜石まつり（十月）	市
23	松倉虎舞	釜石市甲子町	松倉神社	四月十三、四日	
24	小白浜虎舞	釜石市唐丹	小白浜八坂神社	一月十六日	
25	大石虎舞	釜石市唐丹	天照御祖神社	四月二十八日	
26	向川原虎舞	大槌町向川原	大槌稲荷・小鎚神社	大槌まつり（九月）	
27	安渡虎舞	大槌町安渡	大槌稲荷・小鎚神社	大槌まつり（九月）	市
28	陸中弁天虎舞	大槌町赤浜	大槌稲荷・小鎚神社	大槌まつり（九月）	
29	吉里吉里虎舞	大槌町吉里吉里	天照御祖神社	月遅れ盆後の日曜	市
30	大沢虎舞	山田町大沢	魚賀波間神社	八月上旬	
31	大浦虎舞	山田町大浦	霞露岳神社	九月十日	
32	山田境田虎舞	山田町境田町	山田八幡・大杉神社	山田祭（九月）	
33	湾台虎舞	山田町船越	諏訪・荒神社	八月十七日	
34	藤畑虎舞	宮古市津軽石	稲荷神社	八月十六日	

り）に奉納する平田《へいた》・錦町《にしき》・尾崎町《おざき》・只越《ただこし》の各虎舞は、もともと和藤内の虎退治の演目を伝えておらず、他にも虎退治を伝えない団体がある。

虎舞が上演される時は、それぞれの地区の神社の祭礼に奉納される例がほとんどである。近年、釜石まつり・大槌まつり・山田祭といった市町村の中心地域で行われ、神輿渡御がある「マチの祭り」には、虎舞をはじめ多くの芸能が神輿に供奉して渡御し、渡御の途中で芸能を演じてゆく。これには大勢の見物客が訪れることもあって、多くの若者たちが虎舞を演じている。

多くの虎舞には、二頭の二人使いの虎が用いられ、これを親子の虎と伝えるところが多い。一部の団体では一頭を白虎としている。しかし、以前には虎は一頭しか出なかったといい、二頭による芸態に変わったのはそんなに古くはないようである。虎の頭に幕を付け、幕によって胴体を象り、最後部に尾が付けられていたりする。この中に二人の人間が入る。前の人間が頭を持ち、後の人間が幕を持ち上げる。この前後の人間の足が、それぞれ虎の前後の足となる。形は二人立ちの獅子舞と同じだが、頭から最後尾に向けて腹を象った腹帯が一枚渡されており、中に入る人間はこれをまたぐようにして中に入る。頭については、釜石以北とそれより南の地域では概ね傾向が異なっている。釜石以北のものは実際の虎に似せて黄色・白・黒を基調とした頭を紙の張り子で作ったものを用いている。それに対して、それより南の地域では木製で黒色の頭を用いているところが多い。幕についても、釜石以北の地域では、虎の毛皮模様に似せた色彩を用いているが、これより南の地域では獅子舞の幕に近いものを用いるところが多い。そして、この地域では頭を「唐獅子」とか「獅子」と呼びながら、芸能自体は虎舞と呼んでいる。

演目についても頭と同様な傾向がみられ、釜石以北の地域では笹竹と戯れる芸態と和藤内の虎退治に関わって「和藤内」「槍《やり》突き」「勢子《せこ》」などの役が登場する。それより南の地域では、梯子《はしご》に登ったり、虎役二人が肩車したり、後役が前役を逆さに吊したりする曲芸的芸態が多く行われている。また、釜石周辺の虎舞では、激しい芸態を演じる団体と穏やかで静かな芸態を演じる団体とがあり、前者が雄虎で後者が雌虎と伝えたり、後者については大神楽の音楽との共通性が伝承者にも意識されている。

この北と南の地域の違いについては、虎に関する俗信としても対照的に伝えられている。釜石以北の地域では、海と漁業に因んで虎が語られる。すなわち、「虎は一日に千里行って千里帰るというから、漁師が漁から必ず帰ってくることに縁起がよいのだ」とか、「竜は雲を、虎は風を、支配するというから、漁師にとって風は最も大切なものでそのために虎舞を踊るのだ」といった伝承である。それに対して、これより南の地域では「悪魔祓い」とか「火伏せ」とかを目的に、年頭であったり小正月であったり、春祈祷の一環として演じられたりしている。

虎舞を伝承している地区は、同地区内または近隣に「大神楽」「獅子踊り」「鹿《しし》踊り」「神楽」「七福神」などの芸能が伝承されているところが多い。特に笛などの囃子方は、虎舞とそれ以外の芸能とが同一の演者である場合もあり、その音楽が共通しているというように意識されている。

本章では、虎舞が集中して分布する陸中沿岸の中でも大槌町を中心に、その起源伝承と虎舞の特徴を考察したい。

一、大槌町の虎舞

大槌町は上閉伊《かみへい》郡に属し、総人口一六、二九七人（二〇〇九年十二月末日現在）の、県による準過疎地の指定を受けている海岸に面した町である。明治二十二年（一八八九年）に大槌村・小鎚村・吉里吉《きりき》里《り》村が合併して大槌町が成立し、その後昭和三十年（一九五五年）に金沢村がこれに加わって現在に至っている。

現在では陸中海岸の目立たない町に見受けられるが、歴史を振り返ると明治になるまでは陸中海岸の政治・経済の拠点であった。源頼朝の奥州平定後に遠野を中心とした十二郷を与えられた阿曽沼広綱の子孫遠野次郎（大槌次郎）が、建武年間（一三三四～三七年）から正平年間（一三四六～六九年）に大槌に分地されて大槌城が築かれ、近世初頭まで大槌氏の統治時代が続く。大槌氏は、戦国期は南部氏の軍に参陣して功を上げ、大槌孫八郎政貞は三千石の知行地を与えられた。この孫八郎は江戸の経済力に注目し、保存食である荒巻鮭を考案してこれを江戸に送ることを考え、この荒巻鮭が人気を博した。そして、この取引を本格的に始めたところ、盛岡藩主より禁止品の取引と無許可の造船とをとがめられ、割腹自殺を遂げて大槌氏は滅亡する。大槌氏の滅亡後、寛永九年（一六三二年）に周辺二十三ヶ村を管轄する代官所が置かれ、明治二年（一八六九年）まで大槌代官所の時代が続くことになる。

大槌孫八郎が切り拓いた水産業を基盤にした通商業は、前川善兵衛（通称吉里吉里《きりきり》善兵衛《ぜんべえ》、初代が甚右衛門で二代目当主以降すべて善兵衛）が引き継ぎ発展させる。善兵衛は広く三陸海岸に漁業権をもち、また自ら建造した数艘の大型廻船により海産物等の集荷と廻送を行い、江戸・大阪・京都と交易を行った。加えて、江戸中期には長崎俵物《ながさきたわらもの》（いりこ・干鮑《ほしあわび》）も扱っていた。したがって、太平洋岸の各地には出張所が設けられていたと考えられており、特に虎舞伝承地である浦賀と下田にこれがあったといわれている。

前川善兵衛の財力は盛岡藩を支えていた。宝暦三年（一七五三年）に幕府より日光東照宮修理の費用として供出を求められた七万両のうち、前川善兵衛は七、五〇〇両を納めた。この時、盛岡城下の一一六人の商人が供出したのが合計四、八〇〇両で、うち最も多かったのが井筒屋清助の二六五両であったことを考え合わせると、いかに前川善兵衛の財力が盛岡藩内で突出したものであったことが知られる。

釜石以北の虎舞には、その由来としてこの前川善兵衛との関わりが多く語られている。興味深いことに、盛岡藩は前川家に命じて藩船を造らせ、この船のことが藩の史料にしばしば登場するが、その名称が「虎丸」である。

現在、大槌町内に伝承される虎舞は、向川原《むかいがわら》虎舞・安渡《あんど》虎舞・陸中弁天《りくちゅうべんてん》虎舞・吉里吉里《きりきり》虎舞・大槌城《しろ》山《やま》虎舞の五団体である。ただし、大槌城山虎舞は、平成八年（一九九六年）に結成され、平成十四年（二〇〇二年）に本格的な活動に入ったばかりであるので、「一覧票」「分布図」からは除いている。向川原虎舞は昭和二十三年（一九四八年）に、陸中弁天虎舞は昭和四十九年（一九七四年）に始まったもので、大槌城山虎舞を含めた三つの虎舞は和藤内の虎退治の演目を有していない。この五つの虎舞は、いずれも九月に行われる「大槌まつり」の神輿渡御に供奉し、大槌・小鎚神社の宵宮には虎舞を奉納する。また、行政上は釜石市に属しているが、同じ湾内にあって日常的に交流がある釜石市箱崎に伝承される箱崎虎舞も大槌まつりの神輿に供奉する。

1、吉里吉里虎舞

上演地　天照御祖神社境内及び集落内の各所（岩手県上閉伊郡大槌町吉里吉里）。天照御祖神社の祭りに奉納されるが、神社ばかりではなく他の芸能とともに集落内を巡行する。後述するヤドと三浦家で、「庭づかい」という和藤内の虎退治の演目を上演する。かつては、財産家の家で門打ちをした。

上演日　吉里吉里の祭りは八月十七日だったが、住民アンケートでは盆行事から日を隔てるという意見が多く、盆行事後の日曜ということになった。以前の祭りの日は八月十七日と固定されていたが、毎年祭りをやったわけではなかった。「三年に一度」が決められた祭りの周期で、「チョウジルシ」と呼ばれる神社公認の芸能団体、すなわち吉里吉里の場合には虎舞・鹿子《しし》踊・大神楽が必ず奉納された。しかし、これによらず毎年祭りが行われる場合もある。八月七日をナノカビと呼び、毎年この日に「祭り相談」という会議を行い、その年に祭りを行うかを決めるのである。祭りが三年に一度のサイクルによらずに行われるのは、特に漁獲があがっている年である。「今年はスルメ（スルメイカ）の漁がよいから祭りをやろう」などというような具合である。この「祭り相談」によってその年の祭りが行われることになると、太鼓を鳴らして集落の人に知らせる。そして、虎舞を行う人たちは、この日の夕刻にヤド（後述）に集まって虎舞だけの「祭り相談」を行い、練習の相談をする。この虎舞の人たちの「祭り相談」は、現在でも練習日程などを決めるために行われている。

由来　三代目前川善兵衛助友は、評判の『国姓爺合戦』を廻船の乗組員を連れて観に行って感動し、吉里吉里に帰ると芝居でみた虎の頭を赤土で作らせた。その虎頭は、善兵衛助友のお抱えの鍛治屋（現三浦家）に預けられていたが、三浦家の近所の人たち十四軒がこれを譲り受け、『国姓爺合戦』「千里ヶ竹」の場面を舞踊化したのが始まりと伝えられている。こうした由来によって、巡行の最後には必ず三浦家にお礼参りに行くことになっている。

民間信仰　漁師にとって漁から帰ってくるために、虎は「一日に千里を行って千里もどる」というからそれにあやかるのだといい、「竜は雲を、虎は風を、支配する」というので漁師にとって大切な動物だから踊るのだという。

伝承者と練習　伝承団体を「吉里吉里虎舞講中」と呼んでいる。虎舞には、「由来」に記した十四軒の家に始まるヤドという三十軒の伝承に関わる家がある。以前は、この三十軒しか虎舞の演者は出せなかった。現在の講中は集落全体から加わることができるが、この三十軒を正会員、それ以外を準会員と区別している。この三十軒の家から毎年一軒が、当番を務めるヤドとなる。練習は祭り相談から一週間行い、場所は吉祥寺境内である。荒天の場合には、同寺の三光殿という本堂の中で行う。

配役と楽器　配役については、以前は虎一頭、和藤内一人、槍突き二人、勢子大勢、先踊り一人ないし二人であった。現在は虎十頭以上、和藤内以下は以前と同じである。以前の楽器の構成は、大太鼓一と小太鼓一で一組二人、笛が二人、手平鉦数人。現在は太鼓が六組十二人、笛約二十人、手平鉦数人という構成である。

配役の多くは小学生から中学生の子供である。勢子を最も年少の子たちが務め、これは男女とも演じる。ついで小学五、六年生になると、男子は槍突き・虎役になり、女子は笛役を務める。これを過ぎると、男女とも太鼓役になる。和藤内は一人であるから、中学生から大人までの男子の適当な人が選ばれ、何年も務める場合がある。手平鉦は大人が務める。以前は女子は加われなかったが、現在では女子が多く参加している。

衣装と採り物　虎役は二人一組で、胴体となる黄色に黒い縞が入った虎模様の長さ約三メートルの幕をかぶる。虎役は胴体と同じ模様のズボンをはき、白地の地下足袋を履く。虎の頭は竹や木などで骨格を作り、紙を貼ったり石膏を付けたりして頭の形を整え色を塗る。目玉は、国旗の棒の先に付ける丸い玉を使う。以前は、藁とか海藻で骨格を作り粘土を貼り付けたので、重さが六十キロ以上あったという。和藤内は烏帽子に襦袢、袴、襷掛け。腰帯を着け、手甲に腕ぬき、白足袋に草履といった扮装である。槍突きは襦袢に印前掛《しるしまえか》けを着け、円錐形の帽子をかぶり、襷掛けの扮装に靴を履く。先踊りと勢子は襦袢に印前掛けに襷掛けを着け、鉢巻きを締めて靴を履く。太鼓は虎模様のズボンをはいて襷掛け。鉢巻きをして、地下足袋を履く。笛と手平鉦は、浴衣に笠をかぶり、草履を履く。

虎舞には竹藪を表す笹竹をたてる。和藤内は太刀を腰にさし、伊勢神宮の御札を持つ。槍突きは槍を持つ。勢子と先踊りは扇子と笹竹を持ち、先踊りはヒョットコやオカメ面などを身に着ける。

踊り方　演目には「通り舞」「庭づかい」「チラシ囃子」の三種類ある。

「通り舞」は町を練り歩く時の舞で、先踊り・和藤内・槍突き・勢子・虎・囃子方の順で行列を組んで進む。和藤内は左手で太刀を握り、右手に御札を持って一歩ずつ左右の足をそろえながら歩く。槍突きは虎と向かい合い飛び跳ねながら後ろ向きに踊る。勢子は左手に扇子、右手に笹竹を担いで「大漁だ、

大漁だ、何でもかんでも大漁だ。鰯の頭も大漁だ。いつもこうだらなんとすべ。へらーひしゃくになるようだ。虎はどこだ北田、門前…（吉里吉里の字名）」と叫びながら飛び跳ねる。

「庭づかい」は和藤内の虎退治の演目で、この名称は門打ちの際に有力者の家の庭で踊ったというところからきているという。勢子に追われた虎が、和藤内と対峙して死闘が演じられる。虎が弱まると、槍突きが「ヤーラ風来、陣頭は思いそうよりダッタン国、李蹈天《りとうてん》の虎なるぞ。この虎、こちゃ渡せと、右に及ばず討ち殺す」と和藤内に迫る。和藤内は捕らえた虎にまたがり、御札を掲げて「ヤーラ風来、舌長し、わが国いとこにて有り難くも、伊勢皇大神宮のお払いに恐れ、あつき難を逃れ、この虎欲しきものは和藤内の味方につき、異議におよばば、絡め取る」と宣言して終わる。

「チラシ囃子」は、寺社に参詣する時、次の場所に移る時、休憩時間などに奏される囃子で、舞は伴わない。

2、安渡虎舞

上演地と上演日　大槌稲荷神社・小鎚神社境内及び集落内の各所（岩手県上閉伊郡大槌町大槌、安渡を中心とした地域）。安渡虎舞は大槌稲荷神社・小鎚神社の祭りに奉納されるが、神社ばかりではなく他の芸能とともに神輿に供奉して地域内を巡行する。祭りは三日間にわたり、一日目は大槌稲荷神社の宵宮、二日目は大槌稲荷神社の例大祭とその神輿の渡御及び小鎚神社の宵宮、三日目は小鎚神社の例大祭とその神輿の渡御が行われる。長く九月二十一～二十三日が祭礼日だったが、近年第三土日中心の日程に移された。

由来　三代目前川善兵衛助友は、廻船の舟子とともに評判の『国姓爺合戦』を観て感動し、その「千里ヶ竹」の場面を山田町大沢に住む舟子に習わせたという。それがもとで大沢に虎舞が始まった。その大沢の虎舞が釜石市片岸に伝わって片岸虎舞になり、片岸から安渡に伝えられたのは天保年間（一八三〇年～一八四三年）だったという。安渡には前川家の番頭を務めたという家が、「オバンコ屋」という屋号で伝えられている。

民間信仰　吉里吉里虎舞と同様、虎は「一日に千里を行って千里もどる」というので、それにあやかって海上安全のために踊るという。

伝承者と練習　安渡虎舞も吉里吉里虎舞と同様、ヤドによって運営していた。ヤドになれる家は二十軒くらいで、毎年四、五軒がヤドになった。安渡の場合には役によってヤドが分かれ、太鼓のヤド、笛のヤドというように決められ、それぞれの役のヤドに集まって練習した。このヤド決めとヤドでの練習は、平成二年（一九九〇年）に保存会組織である「安渡虎舞保存会」ができると行われなくなった。

配役と楽器　配役と楽器については、概ね吉里吉里虎舞と同様である。以前は虎一頭、和藤内一人、槍突き二人、勢子十人前後、先踊り一人ないし二人であった。現在は虎三頭くらい、和藤内以下は以前と同じである。以前の楽器の構成は、大太鼓と小太鼓一で一組二人、笛が二、三人、手平鉦十人くらい。現在は希望者の数によって変化している。

配役の多くが、小学生から中学生の子供というのも吉里吉里虎舞と同じである。勢子は小学一～六年生と幅広い年齢の子が務め、これは男女とも演じる。ついで小学四～六年生になると、男子は槍突きになり、女子は笛役を務める。これを過ぎると、男女とも太鼓役になる。和藤内は小学五、六年生が務める。そして、虎役は中学生である。年齢階梯の役となっているが、全部を務める者は少ないという。この役の決め方は、以前からこのようであったという。ただし、以前は女子が加われなかったが、現在では女子も加わっている。

衣装と採り物　衣装と採り物も吉里吉里虎舞と同様である。ただし、吉里吉里虎舞の虎は、動きが激しいので腹帯を着けなくなったというが、安渡虎舞の虎は腹帯を着けている。

踊り方　演目には、「通り舞」「ツユバミ」「大黒舞」「昭徳舞」「甚句」の五つがある。「通り舞」は通りを巡行する時にその所々で舞われる。「ツユバミ」は和藤内の虎退治の演目である。「大黒舞」「昭徳舞」は先踊りと勢子の歌と舞の演目である。「甚句」は全員が踊る演目で、虎などの役はない。

以下が「大黒舞」「昭徳舞」の歌詞である。

《大黒舞》

一、ハアみさいなみさいな大黒舞とはやそうか、大黒という人は、一に宝をふんまいて、二ににっこり笑って、三に盃もっとめて、四に世の中の良いように、五に泉の湧くように、六に無病息災で、七に何事ないように、八に屋敷を平らげて、九に心をおん立てて、十に宝を納めたが大黒舞とはみさいな

二、ハア大黒という人はこの国の人でもない、天地久天の片原のシミセンの人なれば、外の風にもまれて、どうりで色が黒くなったが、大黒舞とはみさいな

三、ハアそれにおとらぬ女神というて、女神の宝には福をまるめて九の玉、悪魔を祓って玉つるべ、一元朝ともなりければ、二日の御大将とめされて、千畳敷の屋敷さよろずの宝を納めたが、大黒舞

とはみさいな

四、ハアこの家の宝を誰さゆんづるべ、この家の旦那様、孫玄孫《やしやご》の代までゆんづるべ

五、ハア何んぼ、はやしても大黒舞はこればかり

《昭徳舞》

一、ハアー昭徳や昭徳や、一番目の昭徳は一番刈りも食いだして、穀物なら一石一斗一升一合、銭なら一貫百拾文、これも大旦那の釣金のマス持って黄金のとかきで、銭ならどっさりへと、はかり納めたが昭徳舞とは、みさいな

二、ハアー昭徳や昭徳や、二番目の昭徳は二番刈りも食いだして、穀物なら二石二斗二升二合、銭なら二貫二百二拾文、これも大旦那の釣金のマス持って黄金のとかきで、銭ならどっさりへと、はかり納めたが昭徳舞とは、みさいな

(三~十は、それぞれ「二番目・二番刈り・二石二斗二升二合・二貫二百二拾文」が、番号に合わせて加えられていくだけで後の歌詞は同じ)

虎舞の和藤内が虎退治を演じる「ツユバミ」という演目は、吉里吉里虎舞における「庭づかい」と似ているが、全体の構成が三場面構成になっている。第一の場面では、真ん中に笹竹を置き、その片方に槍突きと和藤内が身を潜め、もう一方に虎がいて笹竹に戯れて遊ぶ様子が演じられる。第二の場面では、槍突きと和藤内はそのままに、親子の虎二頭が登場して笹竹と戯れ遊び、子虎は退場する。第三の場面では、親の虎が笹竹のもとに三回進んで笹竹をかむ。そこへ和藤内が躍り出て退治に入る。和藤内が太刀を出すと虎は引き、これを三回繰り返したところで和藤内は伊勢神宮の御札を取り出し、虎にま

たがって鎮める。そこへ今度は槍突きが虎を横取りしようと交渉に入るが、和藤内は伊勢神宮の御札の霊威を語って槍突きを説得し、最後には総勢で踊って終わりとなる。この「ツユバミ」の中で語られる和藤内・槍突きの台詞は、吉里吉里虎舞とほぼ同じである。

二、二つの由来伝承―海を渡ってきた虎舞

陸中沿岸に濃厚な分布をみせる虎舞は、釜石まつり・大槌まつり・山田祭といった「マチの祭り」の拡大に伴って、近年でも新しい伝承団体を増やし続けている。これらの祭りは、釜石・大槌・山田という大きな港をもち、市町村の中心地域となっている市街地で行われる。ここでは、虎舞をはじめ多くの芸能が神輿に供奉して、渡御途中の街頭で芸能を演じてゆく。これにはたくさんの見物客が訪れることもあって、多くの若者たちが芸能を演じている。これらの祭りは、本来神社の信仰的行事であったものが祝祭化したものであるが、これに参加する若者や子供にとって「よさこいソーラン」のような創作芸能と虎舞とには大きな差がなく、むしろ虎舞がより好まれているという傾向がある。このことは虎舞が陸中の生活に古くから定着し、なおかつ今日的にもその意義が新たに捉え直されてこの地域に根付いているということを示していよう。

とはいえ、もとより虎という動物がこの地域に生息する動物であるはずもなく、これは明らかに他地域よりもたらされた芸能である。もちろん、獅子舞がそうであるように、その芸能が地域となじみがあったかどうかはその定着に絶対的な条件となるわけではない。しかし、陸中沿岸の虎舞には、外部か

らもたらされた伝承が、この地域の歴史とともに強く意識されている。本節ではその伝承の民俗的意義について考察したい。

神奈川県横須賀市浦賀の虎踊りが伝わる地に祀られている神社は、鎮西八郎こと源為朝を祀る為朝神社である。陸中沿岸では、この為朝と虎舞について浅からぬ縁が伝えられている。

釜石まつりでは三つの虎舞団体が神輿に供奉するが、その神輿は釜石市浜町に鎮座する尾崎神社のものである。この尾崎神社の御祭神は日本武尊であるが、閉伊郡の領主であった閉伊氏の祖である閉伊頼基《よりもと》を合祀している。

閉伊氏が鎌倉時代後期に閉伊川流域に領地をもっていたことは確実であるが、どのようにして領主になったのかを伝えるこれより前の史料が残されていない。しかし、近世期の史書には、このいきさつについての種々の伝承が記されている。大筋をまとめると、閉伊氏の祖は十郎光幸といい、源為朝の三男あるいは四男であった。光幸は源頼朝の口添えで佐々木四郎高綱の養子となり、佐々木十郎を名乗るようになる。そして、閉伊郡の地頭に任じられて、閉伊頼基を名乗るようになったというのである。この閉伊頼基を尾崎神社に合祀するようになったのは、承久二年（一二二〇年）に頼基が死んだ時に、死後も海上の守護神となろうと遺言したことに因むという。また、頼基を祀るということから尾崎神社は新宮で、本宮は船越浦田の浜崎（現山田町船越）に祀られる荒神社であると伝える。また、現尾崎神社は里宮であり、平田町白浜に祀られるのが奥宮だという。このことから閉伊頼基についての伝承は、釜石から山田までの陸中沿岸地域に広がりをもったものであることがわかる。

頼基を名高い鎮西八郎為朝の子としたり、宇治川の先陣争いで有名な佐々木四郎高綱の養子であるとする伝承には、確証がなく後世の付会とされるのだが、虎舞の起源について頼基に因む話が伝えられる。この閉伊頼基が将士の士気を鼓舞するために、虎の着ぐるみを着せて踊らせたことに虎舞は始まるというのである。この伝承は、尾崎神社の御祭神が頼基であり、奉納芸能として虎舞が伝わることによって生まれた伝承と考えられる。しかし、そもそも頼基を為朝の子と伝えることと、その為朝を祀る浦賀の為朝神社に虎踊りが伝えられるということは、尾崎神社と虎舞の伝承とについてまったく無縁のものではなかろう。尾崎神社の伝承では着ぐるみで踊ったというが、釜石周辺の虎舞は着ぐるみの虎を伝えておらず、浦賀のそれが着ぐるみであることも何らかの関係を思わせる。ただし、この地域の虎舞は、腹帯を頭から尾にかけて渡しているところが多い。頭と幕ということでは大神楽の獅子と共通しているが、この腹帯が着ぐるみの残存とみることもできよう。『静岡県史』は、山田町大浦（大沢の誤りか？）の虎舞で、槍使いが和藤内に屈伏する場面において自らの名前を「私の名はチャンプクリン」「私の名はトンプクリン」と名乗ることから、下田市伊勢町・浦賀の虎舞に唐人踊りがあることと関連させて、「唐人踊りとセットで虎舞が受容されたことを示しており、相模と三陸との具体的なつながりがあったことを示して」いるとする。[1]

源為朝の伝説は、配流の地の伊豆大島を中心に太平洋岸に広がり、琉球王国の正史『中山世鑑』にまで影響をもち、それが曲亭馬琴『椿説弓張月』を生んだことはよく知られている。こうした伝説は、明らかに太平洋に活躍した人々によって各地に伝播したことは明らかであろう。また、閉伊氏も太平洋海運と関わる一族であった。この伝承を伝えた人々が、虎舞が海を渡って伝播することとなんらかの関わりがあるのではなかろうか。

釜石市から山田町にかけて広く虎舞の由来伝承として語られているのが、前川善兵衛に関わる伝承である。特に具体的なのが大槌町吉里吉里虎舞に伝わる伝承で、それは先に紹介した。また、同様に紹介した伝承だが、前川家に仕える舟子が担い手となって、山田町大沢→釜石市片岸という経路を経て各地に伝わったとする伝承も広く伝えられている。

前川善兵衛の前川家が閉伊郡吉里吉里浦に移住したのは近世初頭のことで、二代目善兵衛富永《とみなが》の代の元禄期（一六八八～一七〇四年）から廻船問屋として台頭する。そして、閉伊地方の産物の他領移出を中心とした商業経営を拡大するだけでなく、付近の漁業権を掌握していった。また、酒・味噌の醸造業にも従事し、盛岡藩の税の一つである「十分一役」の取り立てを請け負っていた。こうしたことから、前川家は急速に盛岡藩の特権御用商人化していった。三代善兵衛助友《すけとも》の享保期（一七一六～三六年）以降前川家の経済力は急激に上昇し、四代善兵衛富昌《とみまさ》の頃に全盛期を迎える。そして、先に記した宝暦四年（一七五四年）に日光東照宮改築のための御用金七、五〇〇両を上納したことを契機に、藩の御用金徴収政策の犠牲と経営自体の不振とによって没落していったとされる。しかし、一方で明和期（一七六四～七二年）に入ると、前川家は長崎俵物支配の岡太平治《たいへいじ》や永友三治《さんじ》と組んで、八戸・盛岡藩領内の煎海鼠《いりこ》や干鮑《ほしあわび》を大量に買い集めて、江戸や大坂に廻送していた。このように、前川家は江戸・大阪、時には長崎に廻船を運行して、太平洋岸を広く活動していたのであった。

この前川家は、戦国時代に相模の前川郷に家領一五〇貫を北条氏より与えられていた源姓清水氏の後裔である。北条氏康の時代は上野助富英と名乗り、氏康に糧米二千石と金銭を上納し、軍務にも応じたので、氏康も領地として伊豆下田を与え、津方（港・船関係の取締業務）の任務に当たらせた。天正十八年（一五九〇年）に北条氏が豊臣秀吉に攻められると、下田領主清水（上野）康英《やすひで》（北条氏の記録では「康英」となっており、「富英」と同一人物と考えられる）は、鵜島城に立て籠もって秀吉水軍と五十日にわたって勇戦した。

しかし、北条氏が滅ぼされるに及んで、廻船によって奥州気仙浦に逃れた。奥州に移った清水（上野）氏は、前川郷の出であったので姓を前川に改め、その後に居を吉里吉里浦に移して、前述したような廻船業を中心とした活躍を示すのである。そもそも、前川郷も相模湾の臨海地であり、下田の津方に任じられたということからも、清水氏も早くから太平洋岸の廻船や交易と関係があった家と推測されており、そうしたことが廻船によって奥州に移住するということにも関わると考えられている。

さて、前川家の太平洋岸における活躍を記してきたが、虎舞伝承地である下田と浦賀は、その活動に深く関わっていた。前川家には膨大な文書資料が残されているが、江戸までの航路の中継地として浦賀が重視され、ここに立ち寄っていたことがわかるとともに、浦賀の商人兵庫屋源兵衛・江戸屋吉兵衛との取引の記録も残されている。たとえば、文政二年（一八一九年）の和会丸の航海の記録では、五月四日に吉里吉里を出て、東北から関東沿岸を何度も往復して、十二月十一日に石巻（宮城県）に入港する。その間、七月二十九日～八月一日、八月二十四日～九月五日、九月十五～二十九日、十一月十七～二十日、十一月二十八～三十日の五回にわたって浦賀に寄港している。そして、浦賀に寄港しながら、江戸の品川・東北の港を行ったり来たりしている。明らかに浦賀を交易の中継地としていたのである。下田については大阪に行く際に寄港し、そもそも先祖の知行地で、津方を務めていたということもあって関わりが深い。

口頭伝承以外に前川家と虎舞の関わりを伝える史料は現在のところ確認されていないが、このように虎舞の伝承地と深い関わりをもつ豪商前川家の活動は無関係ではなかろう。

本節では、源為朝伝承と前川善兵衛の活動を取り上げて、虎舞が太平洋沿岸に分布することに影響したと思われる「海を媒介とする道」を指摘してみた。しかし、それは、たとえば浦賀の虎踊りが伝承ごと陸中に渡ってきた、というような直接的な伝播に限定して指摘しているのではない。たとえば、陸中にもともと虎舞があったとして、それが「和籐内の虎退治」というような時代が限定できるようなものを取り込むようになったのは、ここで指摘した海上の道を伝わってもたらされた知識によるものと考えるからである。虎舞は、そのような道を伝わってもたらされた重層的な伝承によって形作られた文化としての芸能なのであろう。

結び―虎舞と類似芸能の関わりから

陸中沿岸で集中的に虎舞が分布する釜石から山田の地域には、虎舞伝承地の地区内あるいは隣接地区に「大神楽」「鹿子踊」「七福神」などの芸能が伝承されており、特に音楽については虎舞との類似性が伝承者にも認識されている。釜石市鵜住居の虎舞は、周辺地域の激しい芸態の虎舞とは別系統の虎舞と意識されている。そのためにこの虎は雌虎で、激しい舞の虎は雄虎と意識されるとともに、大神楽の音楽との影響が語られている。

また、虎舞を獅子舞・権現舞と関わらせる論は、早くから指摘されている。森口多里《もりぐちたり》は「獅子舞が虎の外容に変わったのが虎舞」とし、「大船渡市末崎の虎舞は同地の熊野神社の獅子頭を型取ったカシラの舞が虎舞に転化したのだといっている」という伝承を紹介している。(2)『大船渡市史』は「(伎楽の獅子は)風流の獅子ともなり、また、悪魔払いの権現ともなったものである。所によっては、獅子は虎にもなっている。虎頭は純粋の虎にはほど遠い相貌のものが多い。しかし三陸沿岸一帯では、たいていこの種の踊りは「虎舞い」と、称せられている」としている。(3)実際、陸中沿岸地域には、今日では権現舞・獅子舞・虎舞といった芸能を伝えない集落にも権現頭が伝わり、権現信仰の強い定着がうかがわれる。そして、虎舞が祭礼で奉納される以外に春祈祷や火伏せに用いられることは、虎舞が修験者と強い関わりをもっていたことを表している。

大船渡市日頃市町《ひころいちちょう》には多くの権現舞が伝承されているが、鷹生《たこう》地区には三人立ちの鷹生獅子舞《たこうししまい》が伝えられている。ここでは、権現頭を「獅子」とも「権現」とも呼んでいる。鷹生獅子舞には大きく分けて三種類の演目があり、演じられる順番は初めに「大神楽」、次に「権現舞」、最後に「御神楽」と決められている。大神楽は、権現様につく才坊《さいぼう》振り(権現様の先導役)の舞い様をまねているような動作をする舞い方である。権現舞は、荒ぶる権現様をその正面に立つ才坊振りが鎮めているような舞い方をし、舞の最中に権現様がしきりに歯を打ち鳴らす。そして、鷹生獅子舞の中でも、特に重んじられている演目が最後の御神楽である。御神楽は三つの舞から構成されており、初めに舞われるのが「平庭踊り」で、これは舞の舞台の場に入るときの露払いの舞とされている。次は「狂い獅子」と呼ばれる獅子の荒ぶる様を表現した舞で、舞の最後に権現様が身を低くして頭を地面につけるようにして首を左右に震わせる所作がある。最後は、「重ね獅子」と呼ばれるもので、その名にふさわしく、舞の終盤には四頭の権現様がまるでトーテムポールのように重なり合い、それぞれが細かく震え、頭を激しく揺らして正面一点を力強くにらみつけている様子が表現されている。鷹生獅子舞が主に演じられるのは、小正月に行われる「悪魔払い」の行事である。かつては「門付け」と呼ばれ、集落の家々に土足のまま上がりこみ、台所にある鍋を吊すカギにかみつくことで火伏せとする儀礼も行われていた。しかし、現在では庭先や玄関先で権現舞を一通り演じて、家の住人たちに歯噛みをして悪魔払いの祈祷としている。このような例をみる限り、この地域の権現舞・大神楽・獅子舞では、それぞれ本来もっていた芸態と信仰とが、複雑に組み合わされて現在の伝承を形作っていることがわかる。先に森口と『大船渡市史』が、獅子舞・権現舞が虎舞に転じたと指摘していることを紹介したが、この鷹生には虎舞が別に伝えられている。つまり、鷹生では、権現舞・大神楽・獅子舞と虎舞とが結びつかなかったということである。このような事例をみてゆくと、権現舞・大神楽・獅子舞・虎舞といった本来別の芸能であるものが、さまざまに組み合わされていることがわかる。

神田《かんだ》より子は虎舞の成立について、修験者の権現舞と伊勢の御師の獅子舞が、これら宗教者の手を離れて地域社会に定着してゆくとき、「獅子舞や権現舞も、和籐内の武勇談や『国姓爺合戦』の話と結び付けば、獅子頭が虎頭へと移行するのは案外とたやすいのではないだろうか」と述べている(4)。これは虎舞の成立について、和籐内の話を契機とするとして説明する所説である。しかし、陸中沿岸の伝承を丹念にみてゆくと、明らかに和籐内の話とは別の理由によるものもあるのである。

吉里吉里虎舞と安渡虎舞における虎についての信仰を紹介したが、陸中沿岸の漁師にとって虎に対する信仰は強い。前述した盛岡藩が前川家に建造させた御座船が「虎丸」であることも、「一日に千里行って千里もどる」「竜は雲を、虎は風を、支配する」といった俗信と関係があるであろう。また、前川家が衰退すると代わって台頭する宮古市津軽石の豪商盛合家も、船の名を「虎一丸」、酒の銘柄を「虎一」と名付けていたという。[5] こうした沿岸地域に生きる人々の信仰と宗教者の信仰、これに加えて外からもたらされた新しい芸能的な要素（和籐内の虎退治）が融合して、陸中沿岸の虎舞は伝承されているのであろう。

注

（1） 中村羊一郎「虎舞を通じての海の交流」（静岡県『静岡県史別編1民俗文化史』、一九九五年、二七〇頁）。
（2） 森口多里『岩手県民俗芸能誌』、錦正社、一九七一年、一二八四・五頁。
（3） 大船渡市『大船渡市史』第四巻、一九七九年、七二一頁。
（4） 神田より子「日本の虎舞と虎文化」（『自然と文化』五〇、日本ナショナルトラスト、一九九五年）。
（5） （4）の前掲論文。

付記　本章を記述するにあたって、以下のものを参考文献として用いた。
・大槌町『大槌町史』上巻、一九六六年。
・釜石市『釜石市誌』鵜住居小史資料編、一九六六年。
・森口多里『岩手県民俗芸能誌』、錦正社、一九七一年。
・釜石市『釜石市誌』唐丹小史資料編、一九七四年。
・釜石市『釜石市誌』通史、一九七七年。
・大船渡市『大船渡市史』第四巻、一九七九年。
・大槌町漁業協同組合『大槌町漁業史』、一九八三年。

・釜石市『釜石市誌』甲子小史資料編、一九八六年。
・山田町教育委員会『山田町史』上巻、一九八七年。
・大船市立博物館『気仙の民俗芸能』、一九八八年。
・大槌町『おらほのまち　おおつち』（町制施行一〇〇周年記念）、一九九〇年。
・佐藤敏彦編著『全国虎舞考』、釜石市地域活性化プロジェクト推進本部、一九九二年。
・岩手県教育委員会『岩手県の民俗芸能』、一九九七年。
・細井計・伊藤博幸・菅野文夫・鈴木宏『岩手県の歴史』、山川出版社、一九九九年。

初出　原題「陸中沿岸の虎舞」「陸中沿岸の虎舞の特色」（『小稲の虎舞』、静岡県教育委員会、二〇一〇年）を一つにまとめた。

第五章　伊豆半島の三番叟の伝播と伝承

序

もとより伊豆半島の三番叟は、伊豆半島で自然に発生したものではない。それが他地域からもたらされたわけだが、半島全体で筆者の調査では四十七箇所にのぼる。これを民俗学的に考察する方法としてその伝播を考えるということが、本章の目的である。

ところで、今まで明らかにされてきた三番叟という芸能自体の本来の意味は、伊豆半島の三番叟を考えるうえであまり有益ではない。例えば、折口信夫の名高い〈マレビト〉による翁・三番叟の説明も、古代寺院の法会における呪師猿楽が中世に至って翁猿楽となり、さらに能・歌舞伎・人形浄瑠璃に展開したとする文献資料に基づいた芸能史研究の成果も、伊豆の三番叟を説明することにほとんど機能しないといえる。

能などでは、翁の舞を「天下泰平と国土安穏の祈祷と祈願するもの」、千歳の舞は「翁舞に対応するもの」、そして三番叟の舞は「祝賀」の意味とされていて、今日の翁式三番についての説明はこれによってなされることが多い。そして、この説明は民俗芸能としての三番叟の意味を説明するものとしても、今日語られていることも多い。しかし、こうした説明というか、本来の意味というようなものが、現実に民俗芸能として伝承されている芸能にどれだけ関わるか、またそう説明することにどれだけ意味があるのかということになると、大きな疑問を抱かざるを得ない。とはいえ、これらの説明が伝承現場ではほとんど意味をなさないとするような議論にも、筆者は与《くみ》しない。

筆者の祭りや芸能の研究の方法の拠り所としてしばしば引用する折口の言説「此学問は、それがいつ起つたかを知る為よりも、どうして起つたか、又、どうして形を変へたか、更に進んでは、どういふ点で現在及び将来に交渉するかを知る上に役立つものだと思へばいい。(1)」から、伊豆半島の三番叟へのアプローチの方法を示すと次の通りとなる。

・伊豆の民俗芸能は他からもたらされたもので、どのようにしてもたらされたのか。
・多くの地区に伝承されているのはどうしてか。
・これを伝承する意味はどこにあるのか。
・かつての「地域社会」が崩壊する中で、三番叟をどう考えていくべきか。

必ずしもこの順番とはならないが、こうした視点で本章の議論を展開させることにする。

一、伊豆半島の三番叟の現状

前述したように管見で掌握する伊豆の三番叟は、廃絶・中断が確認できるものを含めて四十七箇所で、分布は半島全体に及んでいる。その個別の現況についての調査報告と研究史の検討は先にまとめたことがあるのでそちらを参照願いたいが[2]、本章においてもその概略を記す必要があるので重複する部分が多くあることをお断りしておきたい。

伊豆半島全体の分布の状況をみると、西・南伊豆に人形による三番叟がいくつか伝承されていて、この地方の特徴とみることができるように思われる。ただし、中伊豆の伊豆市（小川）にも伝承地があり、沼津にも伝承地と人形の頭が残されている場所があって、人形による三番叟は西・南伊豆に必ずしも限定されるものではないということがわかる。

伊豆半島の三番叟について、聞き書きで確認できる由来伝承には様々なものが伝わっているが、その中で特に多くの地域に共通するのが次の二つの伝承である。

①江戸と上方を往き来する廻船の風待ちの港の子浦（南伊豆町）から伝播した。

②慶長年間（一五九六年～一六一一年）に、伊豆金山奉行として赴任した大久保石見守長安が、土地の人々に伝授した（大久保石見守長安は父が能楽師であったという理由によって、伊豆以外でも彼の足跡と関わる地に残された芸能の起源が彼によって説かれることが多い）。

当然のことであるが、中伊豆の伝承地では①の起源伝承が語られることはほとんどなく、②が多くの伝承地に伝えられている。一方、②の伝承については西伊豆地方にも濃厚で、西伊豆町の宇久須神社には慶長十四年（一六〇九年）に大久保石見守長安が寄進した釣灯籠（県指定文化財・この釣灯籠には宇久須神社の銘がある）が残されており、大久保長安とこの地の関係の濃厚さがうかがえる。ちなみに、宇久須には三番叟が伝わっているが、この地のものは人形三番叟であり、能楽師の子である大久保長安との関わりは不明である。

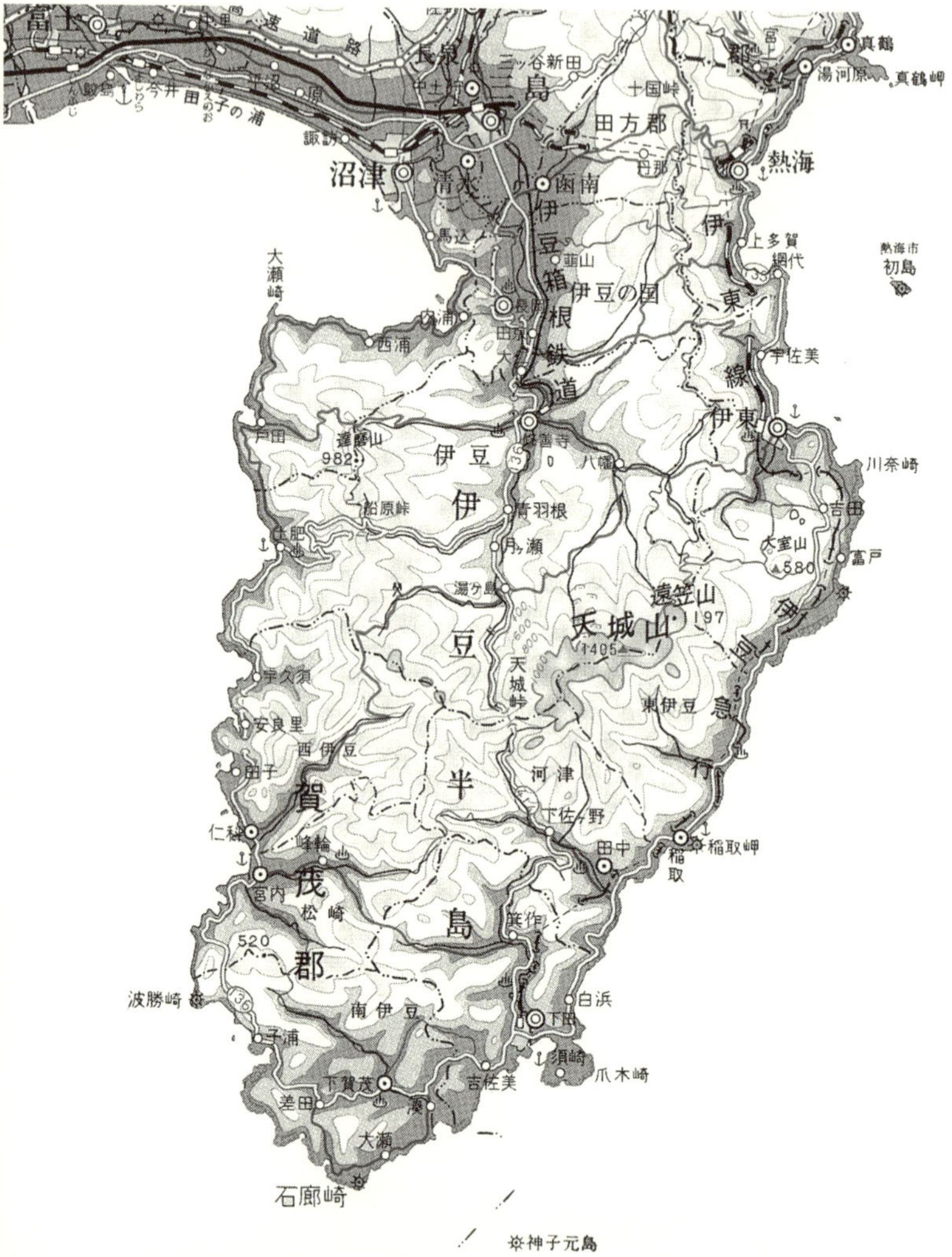

図表12　伊豆半島地図（国土地理院五十万分の一地方図「関東甲信越」より転載）

こうした伝承を踏まえ、研究者はどのような伝来・伝播を考えているのかを次に紹介する。管見で伊豆半島全体を視野においた論文の最も早いものは、昭和三十年（一九五五年）に発表された岸邊成雄《きしべしげお》「能と人形の結びついた伊豆の翁三番叟」（『観世』第二十二巻十号）である。この論文では、様々な伝来・伝播の可能性を記した後に、結論として「子浦から人形三番叟が広まり、それを人間が模して行うようになった」という伊豆半島での伝播は子浦から始まるという〈一元的伝播を想定した論〉に整理している。これに対して、多様な経路と過程を想定するのが、平成元年（一九八九年）に静岡県教育委員会が刊行した『静岡県史』（資料編二三民俗一）である（執筆担当は八木洋行《やぎようこう》）。その内容を筆者なりに整理すると次の通りになる。

Ⅰ人形三番叟の芸態に注目し、伝承地によって一人遣い・二人遣い・三人遣いの違いがあり、しかも組み合わせにも差があることを指摘する。それによって古浄瑠璃に属するとみられる一人遣い（海名野型）と二人遣い（重寺型）が先行し、より発達した操り方の三人遣い（仁科型）が入ってきたという、三段階の伝承過程を推測する。

Ⅱ現在西伊豆町仁科に伝わる頭のほとんどが、駿府上横田町人形屋長兵衛の作であることから、同じ駿府にある簓《ささら》村が人形浄瑠璃を演じる芸能集団の村だったことと併せて考えると、仁科が長兵衛人形を導入すると同時に文楽様式の三人遣いが導入された可能性に言及している。

Ⅲ従来の人形三番叟の伝播ルートは、上方→東子浦→伊豆西海岸線と考えられていた。ところが榛原郡吉田町には三番神社が伝わり、吉田村にあった人形一座が伊豆西海岸の村で三番叟を上演した伝承が残されていることから、上方にルーツを求めるのではなく、駿河湾を挟んだ遠州とのつながりも考えられるとする。

Ⅳ西伊豆町海名野の神明神社には、仁科川の上流、天城山中から人形三番叟が伝えられたとする伝承があり、金山衆、山師が伝えたという経路が想定できるとしている。

Ⅴ鹿島踊りと他の芸能、三番叟と他の芸能は同じ村の祭りに一体化するのに、鹿島踊りと三番叟は一体化していないことから、この二つの芸能には共通性が高いとする。

Ⅵ東海岸と西海岸の人間三番叟を比較すると、東海岸の方が全体に三番叟の動きが躍動的で、動作も素早く、翁役は文字通り老人を写実的に演じる特色がある。こうしたものが人形振りを写したかどうかは問題で、翁能を基盤として謡や楽にその特色を残しつつも、舞振りに歌舞伎風を加えているとみられ、中でも東伊豆町や下田市のものなどは歌舞伎の影響が特に強いと主張する。

この『静岡県史』の想定した伝播ルートは、広域の実地調査に基づいていて、今日の伊豆半島の三番叟伝播論のひとつの到達点とみてよかろう。

この他に近年では、平成十五年（二〇〇三年）の松見正一《まつみしょういち》「伊豆半島の式三番叟考」（早稲田大学『アジア地域文化に関する共同研究』学術フロンティア推進事業研究報告書）が、神奈川県藤沢市の藤沢大神楽が、伊豆市牧之郷の牧之郷大神楽と伊豆の国市原木の原木大神楽とに深い関わりをもち、藤沢大神楽が伊豆の三番叟伝承に影響を与えたという論を主張している。

二、伊豆の三番叟伝播の検討

前節に紹介した伊豆の三番叟についての伝播論の多くは、半島外部からの伝播を考えるものであった。本節が目指すものは、半島に多くの伝承地が伝わるということを出発点にして、その伝播を考えることである。

筆者はかつて、民俗芸能を簡単には覚えられず伝播しにくい「見る型芸能」と、簡単に覚えられて伝播しやすい「踊る型芸能」とに分類して論じたことがある。[3] 本来、民俗芸能を伝承するムラは、進んで自らの芸能を他の地区に伝えようとするものではない。それが他の地区に伝わるには、とりわけ「見る型芸能」が伝播するには、いくつかの条件を想定してみなければならない。これは伊豆に限ることではないが、次の三つの条件が必要であると考えられる。

（1）回遊する芸能
（2）「教える／教わる」関係の成立
（3）伝承組織（伝承母体）の存在

（1）は、そもそも民俗芸能はムラ社会に定着して伝承されるわけで、それが伝播するには、外からムラ社会にやってくる芸能と芸能集団がなくてはならないということである。ごく限られた自然発生したようなものをのぞいて、そのように考えなければならないはずである。

（2）は、そのように外からやってくる芸能集団があったとしても、それが民俗芸能として定着するには、何らかの要因でその外からの芸能集団とムラ人との間に「教える／教わる」関係が成立しなければならないということである。
（3）は、そのようにして教わることができた芸能でも、それが長い年月伝承されてゆくには「伝承組織（伝承母体）の存在」がなければならないということである。
この三つの条件がそろって、民俗芸能は伝播定着するのであると筆者は考えるのである。では、次にこの（1）～（3）についての伊豆の事情をみてゆくことにする。

1、回遊する芸能

先に紹介した岸邊論文が指摘した風待ちの港としての子浦について、まず述べてみたい。『静岡県芸能史』は次のように子浦について記している。

江戸時代に於ける子浦の港は、下田の港と共に、伊豆における海上交通の要衝として、東は遠く蝦夷地の松前から千石船が頻繁に来往し、西は大阪の菱垣廻船、大阪および池田の樽廻船、更に赤穂、阿波の塩廻船などの寄港もあったことにより、江戸並びに上方の文化が流入したことが考えられる。(4)

また、特に人形三番叟の伝播についていわれているのは、子浦の冬の風待ち港としての機能である。これについては岸邊論文が次のように述べている。

子浦は西南海岸の最も僻地ではあるが、海を通じて外界、殊に西国との交渉が強かったところである。即ち、子浦及びその対岸の妻浦は西南海岸の嵐から待避するに絶好な内湾にあり、江戸時代には千石船がしばしば入港し、尾州、紀州、淡路、土佐、阿波などの舟宿があり、花街が栄え、絃歌の巷であった(5)。

中村羊一郎《なかむらよういちろう》は、東海以西の地名を名乗る船宿の名残を伝える屋号をもった家々が、子浦には今日でも伝わり、かつては船宿であったと思われる状況を詳細に報告している(6)。

一九〇四年東子浦生まれの関クニさんの話によると、風待ちになるとよく芝居や見せ物が行われたという。ここで芸能を演じたのは、特定の芸人集団ではなく、いろいろな人たちがやってきて見せ物をやり、クニさんの記憶によれば木戸銭は二銭であった。子浦の人たちは、それを「コジキ芝居」と呼んでよく見に行ったという。また、東子浦の若い衆組には、人形三番叟の三体の人形以外に多くの人形の頭が残されているが、これを祭礼の時の演芸の幕間に使って、幕の隙間から急に頭を突き出したりして観衆の笑いを誘ったことをクニさんは覚えていて、子供たちは「びっくり人形」だといって喜んだという。このように、子浦には外来の芸能集団が祭りや風待ちの間に芸能を演じていたということが伝えられており、おそらくこのことは伊豆半島において子浦に限ったことではないと思われる。

先に松見論文を紹介したが、伊豆の芸能と関わりをもっていた外の芸能として、神奈川県藤沢市の藤沢大神楽の動きも注目される。藤沢市を本拠地とする藤沢大神楽は、広く支流の大神楽を各地にもっていた。伊豆については、田方郡牧之郷に松下家を太夫とする牧之郷大神楽が、この藤沢大神楽の支流であったと伝えられている。また、西伊豆町野畑の天神社に伝わるミカグラ（獅子舞）は、伊豆の国市原木の人から伝授されたと伝えられ、この地には藤沢大神楽との関わりを伝える文書が残されている。この大神楽は獅子神楽を中心とした芸能集団である。これが三番叟を演目としてもっていたかどうかが、伊豆の民俗芸能としての三番叟との関わりを示すことになる。ちなみに原木と牧之郷には三番叟が伝承されている。今後この二つの民俗芸能と、芸能集団との関わりが明らかになっていくことが期待される。

この他にも伊豆以外の地から伊豆に訪れた芸能についての痕跡は、いろいろ指摘することができる。伊東市岡に伝わる神楽は、嘉永年間（一八四八〜一八五四年）の文書に「祭日は二月初午、九月中九日（節句祭なり）初午には年々獅子舞あり、岡の神楽というもの則是なり。村芝居は多く九月中九日に是迄致し来れり」とある。(7) この記録では、この葛見神社の何回かの祭礼には大神楽や村芝居の芸能集団が来ていたことが知られるが、三番叟をもっていたのは大神楽の芸能集団なのか、村芝居の一座なのか定かではない。しかし、この祭礼にいろいろな集団が、いろいろな芸能をもたらしたことが想像できるし、現実に葛見神社の祭礼には「三番叟」「鳥刺し」「才蔵」「神楽（獅子舞）」が伝わっていて、総称して「岡の神楽」と呼ばれている。また、興味深いのは伊豆市菅引と中原戸の芸能で、ここはもとは共通の氏神として水神社を祀っていた。しかし、水神社を分祠してそれぞれに祀るようになった時に、芸能も分けて中原戸が「鳥刺し」と「神楽（獅子舞）」、菅引が「三番叟」を伝承するようになったという。しかし、この三つの芸能は、先の「岡の神楽」に共通していて、あるいは同じ外からの芸能集団からの影響があったということなのかもしれない。

伊豆半島に回遊する芸能の、大正年間（一九一二〜一九二六年）の状況を伝えるものとして興味深い文献に、著名な川端康成『伊豆の踊子』がある。この小説については、ここで詳述する必要もないが、主人公が伊豆の旅行で知り合った芸能集団と一緒に旅をし、特にその中の若い踊り子とのふれあいを描いたものである。この小説が川端の実体験に基づいたというばかりでなく、その踊り子とのふれあいで彼自身の性格が大きく変わったことを、彼の親友であった鈴木彦次郎《すずきひこじろう》などが後に記している。この小説に描かれた旅芸人集団は、新派崩れの旅芸人をリーダーとする集団で、甲府出身の四人の一座であった。しかし、この小説の中の当時は伊豆大島に住み、大島でも芝居をし、東京にも踊りに行っていた。また、小説の中には同郷の旅芸人の宿なども、伊豆の各地にあったように記されている。

では、川端自身の旅と執筆がどうであったのかというと、川端の旅は大正七年（一九一八年）十月三十日〜十一月七日であった。ちなみにこの期間は、伊豆半島が秋の祭りで華やかな頃で、多くの旅芸人と行き合ったことが想像できる。また、執筆時期については、川端自身が同書の解説の中で「私は『伊豆の踊子』の前半を大正十四年の十二月の初めに湯ヶ島で書き、十二月三十一日から正月の二日まで南伊豆の旅も出かけ、やはり湯ヶ島で十日ごろまでに後半を書いたのであった。」と記していて、後半部を書いたのもまた正月という祭りの頃で、旅芸人との邂逅が想像される。つまり、川端の伊豆の旅の最初は大正七年であるが、その後たびたび伊豆に出かけ、伊豆の旅芸人の事情をよく知っていて、そうした体験や記憶をもとにこの小説を記していたということになる。このようなことからも、伊豆半島にはいろいろな外部からの芸能が往き来したということが確認できるのである。

2、「教える／教わる」関係の成立

先にも述べたように、前項で検討した外来の様々な芸能がやってきて、その芸能にムラの人々が大変興味をもったとしても、「見る型芸能」では簡単にそれが定着してそのムラの芸能となることはできない。

伊豆の国市寺家の三番叟の例は典型的で、実際は横瀬の師匠から伝授されたものを「見て身につけた」と伝えていると思われる。(8)伊豆半島でも多くの民俗芸能は、「村外不出」を守るために長男以外には伝授しないと伝えるところが多い。それがこうした伝承を生んだと考えられる。「見る型芸能」が伝わるには、明らかな「教える／教わる」関係が成立していないと起こらないといえよう。だとするならば、民俗芸能の伝播というものは、むしろ安定的に芸能が伝承されている時には起こりにくいものと考えるべきで、岩手の山伏神楽の例では「礼を尽くした免許皆伝」「非常時の御礼」といったことが伝播を引き起こしている。(9)「見る型芸能」の伝播が起こる時には、「共同体における安定した伝承に何らかの〈異変〉が起きた時」とすることさえ可能なように思われる。すなわち、民俗芸能の伝播の担い手とは、「何らかの理由」で共同体から離れて移動した演者といってもよいのではなかろうか。ここでいう「何らかの理由」とは、この岩手の山伏神楽のように「飢饉で食べるものがなくて世話になった」とか〈追放〉〈離脱〉あるいは〈拉致〉といったことも考えられる。このような言い方をするといかにも物騒な表現だが、旅芸人が興行先のムラの娘と恋に落ちて、一座を離れてムラに残り、芸能の担い手になることは一座からみれば〈離脱〉であり、それが許されない恋なら〈追放〉になる。(10)

3、伝承組織（伝承母体）の存在

かりに前項に述べたような事態が起きて民俗芸能が他のムラに伝えられたとしても、それが伝承されていくためには伝承するための組織が必要となる。そういう点からいうと、伊豆は早くから民俗芸能の伝承母体として若者組が指摘されてきた。しかも伊豆の若者組は、民俗芸能と切り離しても特色ある民俗として注目されてきた。注目点を整理すると次の通りである。

①若者条目が豊富に残されている。

②若者宿が発達していた。

③若者組が婚姻に大きく関わる（親やムラと対立して若い男女を保護する）。

①は若者組の統率力を高めるためにこうした自主規律を持ち、それを文書化していたということを示している。②は全員が合宿してある年齢期を過ごすということで、若者組に民俗芸能が伝えられていればこの要素は大きくその「伝承」に寄与していたと考えられる。また③は親が決めた婚姻があったとしても、本人たちに別に望む相手がいるなら親やムラと対立してでも若い男女を保護するという行動にしばしば出たということで、民俗芸能の伝承ではなく「伝播」に寄与することが多かったことを想像させる。

結び——これからの三番叟

ここまで伊豆半島に多く伝わる民俗芸能としての三番叟が、どのようにしてもたらされ、どのようにして伝承されるようになったのかということを検討してきた。最後に「これを伝承する意味はどこにあるのか」ということと、「かつての「地域社会」が崩壊する中で、三番叟をどう考えていくべきか」ということを述べてみたいと思う。

三番叟のような民俗芸能をたとえ外からもたらされたとはいえ、ムラの芸能として伝承してきた貴重な文化財だと考えることは、今日一般化している評価である。もう少し付け加えれば、これがなくなってもよいと思う考え方があるとしても、それは少数の考え方だといえよう。しかし、現実には多くの民俗芸能が伝承を継続してゆくことに苦しんでおり、例えばこれを文化財として指定してもらうことに活路を求めたり、行政の公的な行事とするなどの工夫をしたりといった試みが行われている。

しかし、改めて考えてみると、民俗芸能はムラの人々の生活の中から立ち上がった「豊かな生活」「安全な生活」を求めるカミへの祈りが、大きな推進力となって伝承されてきたということがいえる。ところが、人々の生活が貨幣経済に変わり、高学歴が求められ、給与所得による生活者が中心となった現代では、そうしたかつての推進力が薄れてしまったことは確かであろう。いや、薄れたどころではなく消えてしまった。そうであるとすると、そもそも民俗芸能のムラ社会の中での機能、必要とされていた意義が失われてしまったことになり、それにとってかわるイデオロギーとして「貴重な文化財」という概念が出てきたということになるのではなかろうか。

こうした民俗芸能に求められる意義の変化とともに、もう一つ深刻な問題がある。それは産業構造の変化がもたらす地方の過疎化ということである。要するに、伝承の後継者不足である。このことは伝承したくともムラに人がいないのだから、伝えようがないということになる。ただし、後継者がないのは、必ずしも人がいないのではないということも多い。後継者不足の伝承地に行くと、「近頃の若者は芸能に興味がない」という発言も聞かれる。これは全員参加の若者組で伝承され、やることが当たり前だった時代からすれば、若者たちの志向が多様になった現代についてそのようにみられても仕方がないということもいえよう。したがって、今日「老人と子供の芸能」にならざるを得ないところが多いのも事実である。

しかし、だからといって現代の若者たちは、民俗芸能・郷土芸能といった日本古来の芸能に興味がないのかというと決してそうではないようである。北海道の大学生が始めた「よさこいソーラン」は、様々にアレンジされて全国的に展開している。筆者の勤める盛岡大学は、八月初頭に行われる盛岡市の「盛岡さんさ踊り」に参加しているのだが、ほとんどクチコミの人集めだけで最も多い年で四百人を超える学生が集まっている。実に学生総数約二千人の五人に一人が参加する行事となっているのである。参加した学生は異口同音に、学友たちとさんさ踊りを練習し、これを演じることの喜びをいい、翌年も参加したいと語る。

ちょっと変わった視点で表現すれば、こうした若者たちは実際に演じてみた後でないと、今風のダンス・舞踊と民俗芸能とに差をつけてみられるほど、民俗芸能について知っているわけではないということが、彼等を民俗芸能から遠ざけている理由とも考えられる。少し前、時の内閣総理大臣が「戦後レジュームからの脱却」を唱え、第二次大戦後に構築された制度とその理念からの転換を主張されたが、とりわけ教育の中身に限ると、戦後どころか「維新レジューム」から脱却していないように思えてならない。明治政府は「文明開化」「富国強兵」といった理念で、どんどん欧米の文化を取り入れ、教育にもそれを反映させていったが、日本の伝統的音楽・芸能はまったくといっていいほど蚊帳の外におかれてしまった。加えて、民俗的な知識は、ほとんど学校教育では扱わないという事情が今日も続いている。したがって、例えば「三番叟」とか「神楽」といった本来生活の身近にあるものについては、どこでも教えてくれないという事態が今日にも続いているわけで、若者たちが距離を置くのも無理からぬことなのである。

また、筆者は三十年以上伊豆の祭りをみてきたが、特に婦人会を中心にした演芸会が年々盛んになっているように思われる。こうした現状を踏まえると、従来のような「男性の若者組が伝承する」ということにこだわればマイナスの要因ばかりなのであるが、もっと違う枠組みを模索することはできないものであろうか。何か別の枠組みに転換することで、民俗芸能の伝承の可能性があるようにも思われるのである。

近年、地域社会の再生が叫ばれることが多くなったが、筆者には言葉ばかりでむなしく響いてくる。なぜならば、多くの世帯は給与所得者によって生計が立てられていて、しかもそれぞれの仕事先も決して安穏としていられる時代ではないからである。早朝に家を出て、夜遅く帰る働き方も当たり前のようにある。必然的に多くの人々は、いわゆる「職場人間」になってしまう。仕事に腐心してやっと自宅に帰ってきた後に、話題を合わせることから始めなければならない隣人との付き合いは、本人が好むと好まざるとにかかわらず、消極的にならざるを得ないのである。それに加えて、休日には趣味やレジャーに出掛けるということになると、そもそも現代社会に旧来の地域社会を機能させることは極めて困難である。そうした時間をぬって民俗芸能の練習をする者が、どれだけいるのかということがそもそもの問題なのである。明らかに現代の人間を取り巻く社会構造は、「地域社会」から「職場社会」へとその中心を移しているのである。したがって、子供たちについても同じで、「昔は近所に叱ってくれる人がいて、そうした人が子供の教育に機能した」などということが脳天気にいわれたりするが、そもそも本人同士がまったく認知していない関係で、いきなり年寄りが他人の子供を叱ったりすれば、かえってよからぬ事件に発展することも想像される。そこには地域社会が機能しているからこそ、成り立ちうる信頼関係があったと考えるべきであろう。

「盛岡さんさ踊り」は、これが始まった時はムラ単位の参加団体が大勢を占め、老人と子供の芸能だった。しかし、現在は違うのである。参加団体のほとんどが事業所単位、学校単位となって、若者を中心としてあらゆる世代が参加するものに変貌を遂げている。

こうした事例は、今後の民俗芸能の伝承を考える上で重要な示唆を与えてくれるような気がしてならない。

注

(1) 折口信夫「民俗研究の意義」(『折口信夫全集』19、中央公論社、一九九六年、一九六頁)。
(2) 拙稿「伊豆半島の三番叟—研究史の整理と東子浦人形三番叟の復活—」(拙著『芸能の〈伝承現場〉論—若者たちの民俗的学びの共同体』、ひつじ書房、二〇〇七年)。
(3) 拙稿「民俗芸能の伝播」((2) の前掲書、一〇七〜一一一頁)。
(4) 田中勝雄『静岡県芸能史』(明善堂書店、一九六一年、八〇一頁)。
(5) 岸邊成雄「能と人形の結びついた伊豆の翁三番叟」(『観世』第二十二巻十号、一九五五年、三八頁)。
(6) 中村羊一郎「風待ち港の民俗」(静岡県民俗芸能研究会『静岡県・海の民俗誌—黒潮文化論—』、一九八八年)には、この屋号をもった家々の一覧とその伝承とが報告されている。
(7) 福木洋一「岡の神楽」(静岡県教育委員会『静岡県の民俗芸能—静岡県民俗芸能緊急調査報告—』、一九九六年)。
(8) (2) の前掲書、一〇七〜一一一頁。
(9) (2) の前掲書、一一一〜一一九頁。
(10) (2) の前掲書、九九〜一二四頁。

初出　原題「伊豆の三番叟を考える―田方地方を中心として―」(『静岡県民俗学会誌』26、二〇〇八年)。初出が講演録であったので、加筆修正した。

第六章　神社の祭礼としての花輪祭典

序

秋田県鹿角市花輪の通称「花輪ばやし」は、「日本三大囃子」と喧伝され、平成二十五年（二〇一三年）に重要無形民俗文化財に「花輪祭の屋台行事」として国からの指定を受けた。これを伝承する人たちは、屋台を運行してお囃子を演奏することに強い意識をもっている故に、「花輪ばやし」とこの行事を呼んでいる。しかし、これは花輪地区の産土《うぶすな》神として意識される幸稲荷《さきわいいなり》神社の例大祭に、花輪神明社の例大祭が併合して、広範囲の地域で五日間にわたって行われる祭り（以下、花輪祭典と呼ぶ）の一部なのである。また、「花輪祭典」は、八月上旬から九月にかけて行われる一連の祭りの中の一つという捉え方もできる。そうした祭り全体を捕捉して歴史的展開を合わせてみてゆくと、多くの民俗伝承が重なって捉えられるのである。

本章では、鹿角市花輪を中心にした「花輪祭典」の祭りとしての構造を明らかにし、重層する民俗伝承を解きほぐしてみたい。

一、花輪祭りの名称と行事の流れ

今日の幸稲荷神社の祭礼に伴った屋台行事は、「花輪ばやし」と呼ぶのが通称である。この呼称は、芸能を指す名称であることに議論の余地はない。このようになったのは、例えば文化財指定が芸能になされたのに対して、人々の意識は行事全体にあったということなど、いくつかの理由が考えられる。とはいえ、芸能を指す名称が行事全体の呼称となったのは、そんなに古いことではない。戦前からの新聞記事などを確認すると、八月十六日の神輿渡御から二十日までの行事は、「花輪祭典」と呼ばれていた。

一方で、今日における「花輪祭典」は、先に行われる「花輪ねぷた」と後に行われる「町踊り」、さらには祭典の直前に行われる「各家の盆行事」とも一体として意識されている。祭りを伝承する人々にとっては「ねぷた」から「町踊り」までの一ヶ月半の祭り期間の準備のために、一年の生活が展開しているといっても過言ではない。そして、この八〜九月の民俗行事全体を「花輪祭り」と呼んでいた。

もちろん、本来は別種であろう個々の祭りであるが、今日の現況を考えた場合、「花輪ばやし」「花輪祭典」と呼ばれる幸稲荷神社の祭礼だけを切り離して報告することは、現況を正確に捕捉することにならない。したがって、祭りの実際を記すにあたっては、行事自体が多岐にわたり、祭祀組織も単純ではないので、一括して祭りの流れとして花輪ねぷたから町踊りにいたる行事とそれらについての準備を説明するために、表にまとめたのが図表13である。なお、これは平成二十三年（二〇一一年）の祭りの実際を中心にまとめたものである。

図表13　祭りの経過と概要一覧

月日	行事名	概要
	花輪祭りの始動	祭典委員会及び若者頭協議会には、年の初めから広報などを中心にさまざまな動きがあるが、各町内では六月中旬から決起集会が行われ準備が始まる。
八月七・八日	花輪ねぷた	通称は「七夕」「ねぷた」である。各町内がねぷたを運行する行事で、第一日目には王将大灯籠十基とねぷた大太鼓十基がJR鹿角花輪駅前に勢揃いする「駅前行事」と、第二日目の米代川に架かる稲村橋橋上での「眠り流し行事」が中心となる。
八月九日頃	棒入れ	多くの町内では、ねぷたが終わると「棒入れ」と呼ぶ稽古始めの儀式を行って、花輪ばやしの稽古に入る。
八月十六日	神明社祭礼	神明社の例大祭が神社で行われ（午前十時）、その後神霊を遷した神輿が田代神社に移動し、午後からお渡りが始まる。この神明社の神輿は赤鳥居の前で幸稲荷神社の神輿を待ち、この神輿が合流するとこれを先導する形で町内を巡行する。幸稲荷神社の神輿が御旅所に収まるまで先導した後、神明社に還御する。
八月十六日	幸稲荷神社祭礼	幸稲荷神社の例大祭が神社で行われ（午前十一時）、行李に入れられたご神体は総代の代表に担がれて出御。かつては「御休堂」で神輿に遷されたが、現在は「沢小路」という場所で遷す。神輿は赤鳥居で神明社の神輿と合流して町内を渡御し、御旅所に奉安される。
八月十八日	全町祈願祭	午後二時に御旅所にて屋台を出す十町内の全町祈願祭が行われる。
八月十九日	御旅所詰め・駅前広場詰め	十二時に花輪ばやし子供パレードが行われる（小学校・中学校）。十七時三十分のノロシを合図に、各町内の屋台が上五町と下五町に分かれて御旅所を目指して出発。十八時三十五分、屋台が御旅所に集結し、拝礼。十九時、坂の上にて「子供太鼓コンクール」を行い、その後鹿角花輪駅前広場に向かう。十九時五十分、駅前行事（町内得意演目披露・コンクール表彰）。終了後、各町内へ帰る。

八月二十日	朝詰め	日付が改まる頃から、各町内の屋台が「桝形《ますがた》」と呼ばれる市街地の外れに向けて出発。一時半頃、神輿は御旅所を出て桝形へ向かう。桝形に着くと神輿を奉安し、祭りを行う。三時十五分頃から、各町内の屋台が桝形に順次到着し、得意曲を披露して拝礼。各町内に帰る。
八月二十日	門付け	十時より、各町内において芸能ショーなどの門付けを行う。
八月二十日	幸稲荷神社神輿還御	十三時に桝形を神輿が出発し、沢小路へ向かう。沢小路でご神体を神輿より行李に移し、総代が担いで神社に還御。十五時に神社で還御祭が行われる。
八月二十日	駅前広場詰め・赤鳥居詰め	十九時、各町内の屋台が駅前広場に向かう。二十時四十分駅前広場着。全体での行事終了後、赤鳥居に向かう。二十三時四十五分、赤鳥居に向かって（すなわち神社の方向に）拝礼。日付が変わった頃に解散して各町内に帰る。午前二時頃から上五町と下五町とに分かれて演芸大会を行い、午前五時の交通規制解除の前に、保管所である「あんとらあ」に屋台を移動。
八月二十一日頃	幕納め	各町内で、花輪ばやしの締めくくりのための儀式・慰労の幕納めを行う。
八月下旬から九月下旬にかけての土日など	町踊り	町踊りは、花輪ばやしが終わり、中秋の名月の頃までに開催される。平成二十三年（二〇一一年）は八月二十六日から九月八日までの間に開催された。町踊りの名称は、鹿角全域で踊られる盆踊り「大の坂」や「甚句」などと区別する意味から、周辺農村部からは町部の盆踊り「町踊り」と呼ばれ、今日の名称となっている。踊りの演目は、十五と多く、その特徴は手数が多く軽快でテンポの早い洗練された踊りである

現在、花輪ねぷたと花輪祭典に、ねぷたと屋台を出しているのは、上《かみ》五町（もしくは上五町内）と呼ばれる舟場元町《ふなばもとまち》・舟場町《ふなばまち》・新田町《しんでんまち》・六日町《むいかまち》・谷地田町《やちだまち》、下《しも》五町（もしくは下五町内）と呼ばれる大町《おおまち》・

旭《あさひちょう》町・新町《しんまち》・横丁《よこちょう》・組丁《くみちょう》の十町内である。ただし、このうち幸稲荷神社に氏子総代が出ているのが六日町・谷地田町・大町・旭町・新町・横丁で、これに加えて屋台を出さない上旭町《かみあさひちょう》の七町内である。また、屋台を出して総代を出さない舟場元町・舟場町・新田町・組丁の四町内は、花輪神明社の氏子とされている。

しかし、花輪神明社の祭礼も、今日では十六日に行われるわけであり、ここに記さなかった花輪神明社の他の氏子地区、また幸稲荷神社の神輿渡御には近隣地区（氏子ではなくウブコと呼んで区別している）から手伝いの人を出してもらうということもあって、花輪地区を中心とした周辺地域全体の祭りと位置づけることができる。また、各町内が出す屋台の運行には、近隣の氏子地区以外の人たちが個人的に十町内に組み込まれる形で関わっている。実際、屋台行事を運営する各町内の「若者会」も、少子化と住居地のドーナツ化現象の影響を受けて、町内に現在住む者だけでは運営できなくなっており、そういう意味でも周辺地域全体の祭りということができる。また、ここでいうところの町内とは、氏子地区に相当するものをそう呼んでいる。詳しくは別稿を参照されたいが(1)、町内は複数の自治会によって形成されていたりして単純ではない。

神社の祭礼については、神社と氏子総代会が中心となり、自治会が補佐する形で運営されている。一方、屋台行事は、屋台を出す十町内ごとの「若者会」がその運営母体であり、それを統括・調整する「花輪ばやし若者頭協議会」（以下、若者頭協議会）が組織され、屋台行事全体の円滑な運行がはかられる。この若者会と若者頭協議会が、ねぷたから町踊りまでを運営して取り仕切ることになる。

町内の若者会の諸役は、町内によって若干役の種類や人数に違いがあるが、おおよそ正頭《せいがしら》・内頭《うちがしら》・

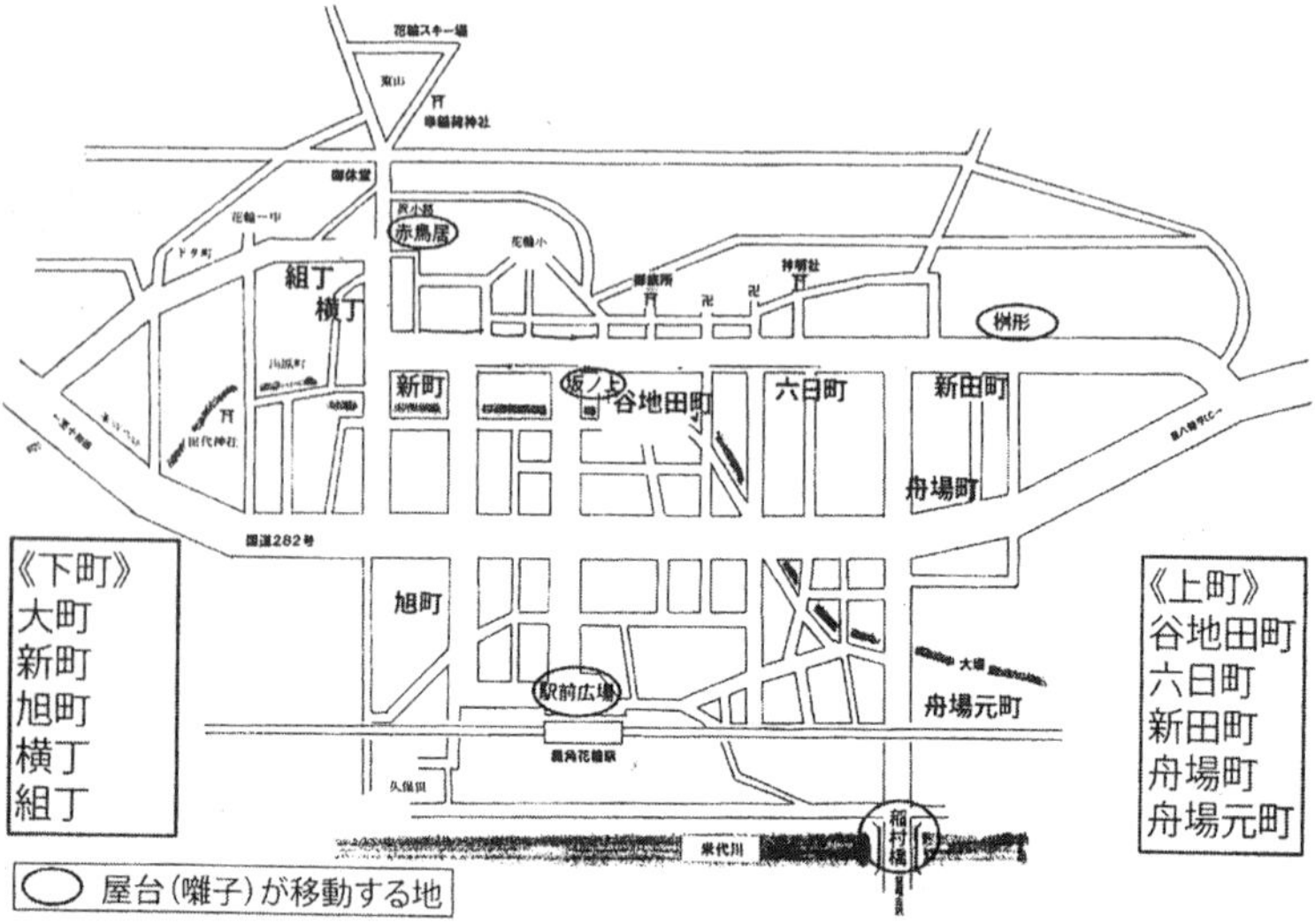

図表14　花輪祭典略地図(鹿角市教育委員会『花輪祭り』より転載)

外交長《がいこうちょう》・先頭外交《せんとうがいこう》・外交によって構成されている。正頭と内頭は町内の若者のリーダーとなる役で、町内外の祭り事に関して指示や対応を行い、町内のすべてを取り仕切る。外交長・先頭外交・外交は、花輪祭りのねぷた及び屋台巡行を司る役である。外交長は自町内の屋台運行の最高責任者で、屋台運行の全権限が与えられる。先頭外交は、若者頭協議会からの指示を伝達する役目を任される。したがって、ねぷたや花輪祭典の屋台巡行時に、先頭外交だけは町境や各町内の事務所を挨拶なしでも往来できる特権をもっている。先頭外交は、町境を通過する時のしきたりや挨拶を行う役となっている。外交は外交長の補佐的役割をしながら、町境の送りや駅前行事の整理などを行い、ねぷた・屋台の安全な巡行を行う。

さらに祭り全体を運営する組織として、「花輪ばやし祭典委員会」（以下、祭典委員会）が組織されている。若者会は、四十二歳の厄年の厄払いをもって退会となるという決まりがあり、これを退会した人々が若者頭協議会を補佐するような目的でこの祭典委員会が作られたようだが、今日では祭りが盛大になるにしたがって、祭典委員会が事務所に専従の職員を置いて、広報や交通整理等祭りに関わる諸事業を統括する組織となっている。

各町内で屋台と花輪ばやしを運営・伝承するのは若者会であり、前述のように広域の人たちが加わって運営・伝承されている。また、花輪ばやしには楽器に三味線と笛があるが、これを演奏するのは「芸人」と呼ばれる町外の人たちで、この芸人も祭りと芸能の伝承を担っている。

二、幸稲荷神社と花輪神明社の歴史と信仰

1、幸稲荷神社

鹿角市花輪字稲荷川原に鎮座する幸稲荷神社は、祭神として豊宇受姫命・猿田彦命・天受女命を祀る。この鎮座地は、自治会でいえば東山《ひがしやま》自治会の地にある。

創祀年代は不明だが、『秋田県の地名』(2)は『鹿角郡由来記』の「鹿角郡鎮守稲荷之事」の記述を根拠に、中世末期には存在したとする。また、社伝によると元久年間（一二〇四年～一二〇六年）に火災に遭ったとされ、その折に一切の記録を失ったという。その後、文明二年（一四七〇年）、天文二十三年（一五五四年）に社殿等を再建したと伝えられる。(3) 藩政期に入っても、十七世紀の記録のほとんどが社殿等の再建記録である。また、これらの記録は行政の文書であるので、こうした再建が藩主からの寄進

によるものであり、盛岡藩にとって重要な神社であったことが知られる。幸稲荷神社は、盛岡藩が支配のために設けた行政単位の三十三通の一つである「花輪通」の総鎮守として位置づけられていた。

現存する花輪祭典の記録の初出は、明和二年（一七六五年）の『御銅山御定目帳』に「花輪稲荷、毛馬内月山と隔年之祭礼也。尤花輪ハ七月廿日、毛馬内ハ六月四日なり」という記録である。祭礼についての内容を伝えるものとしては、享和二年（一八〇二年）の『南部藩家老席日記』に「花輪鎮守稲荷七月一四日より廿日迄神馬に付き当所若者共晴天　右草取り角力並びに芝居興行仕つりたき旨　御代官口上書をもつて申し出　廿三日（六月）願いの通り申しつくべき旨　御目付をもつて　之を申し渡す」（括弧内筆者）とあり、祭りには相撲と芝居も行われていたことがわかる。

鹿角市には、とりわけ稲荷神社が多く、全体の三分の一に近い数に上るという[4]。先にも述べたように、幸稲荷神社は花輪通四十八社の総鎮守として明治五年（一八七二年）に郷社に列格した。

幸稲荷神社は、花輪祭りを伝承する地域では「産土さん」と通称されている。しかし、このように意識するのは、幸稲荷神社の氏子地区とされる地区ばかりではなく、それ以外の地区でも同様に意識され、祭りに参加する地区も氏子地区ばかりではない。

幸稲荷神社の氏子地域は、氏子十二地区によって構成される。すなわち、六日町・谷地田町一区・谷地田町二区・坂ノ上・仲町・大町・新町・横丁・旭町一区・旭町二区・旭町三区・上旭町の十二地区で、これは地区というよりも組に相当する。いわゆる町内で表せば、六日町・谷地田町・大町・新町・横丁・旭町・上旭町の七町内である。このうち、上旭町のみは、花輪祭典に屋台を出していない。

氏子総代は前述の各組から一名ずつであるが、六日町、新町の二町内からは二名ずつであり、合計

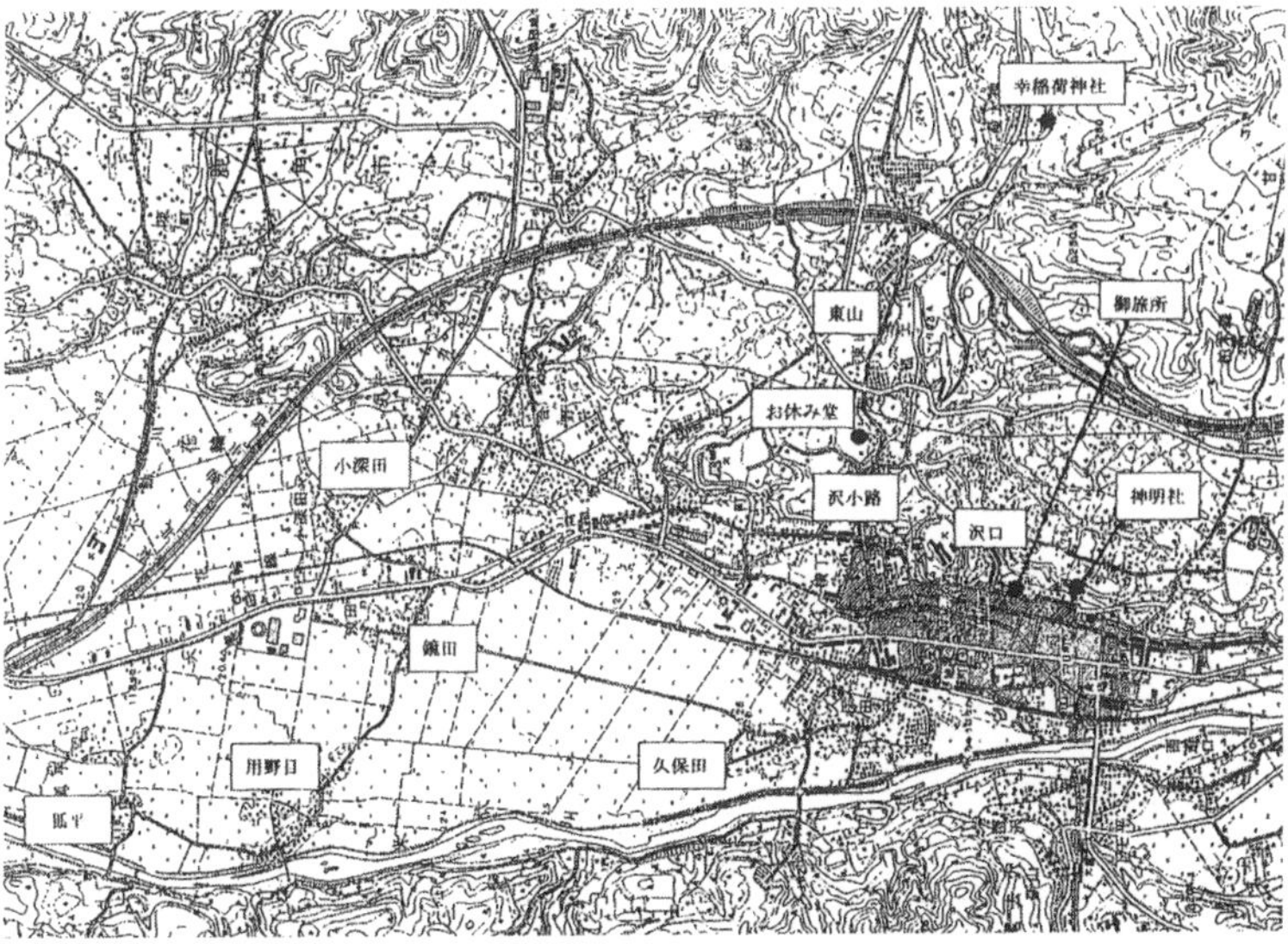

図表15　幸稲荷神社の神輿渡御に奉仕する集落
（鹿角市教育委員会『花輪祭り』より転載）

十四名の氏子総代で総代会が構成される。また、責任役員は宮司を含む六名で構成され、谷地田町・大町・新町・旭町・上旭町より一名ずつが選ばれている（平成二十三年度現在）。

　また、氏子地区とは別に、広範囲の地区をウブコと呼んでいて、神輿渡御の際には奉仕人を出している。ウブコ地区は、小深田《こぶかた》・鏡田《かがみだ》・用野目《ようのめ》・狐平《きつねたい》・久保田《くぼた》である。ただし、久保田の場合は、農家組合を形成する旧集落に属する人たちだけが参加しており、自治会全体の参加ではない。

　こうした氏子とウブコという二重の氏子地区の構成を幸稲荷神社がもつのは、この神社が郷社とされたことと、屋台を出す十町内の素封家（財産家）が周辺地域に広大な土地を所有し、その地を貸与していたという歴史が反映していると思われる。

加えて、幸稲荷神社の神輿渡御には、さらに東山・新田町農家《しんでんまちのうか》・川原町《かわらまち》・下夕町《したまち》・下堰向《したせきむかい》の若者会が太鼓を出して奉仕している。後述するが、この太鼓は幸稲荷神社の神を里に迎える(随伴する)役を担っており、祭りの中で重要な意味をもっていたと思われる。

幸稲荷神社の祭りは、八月十六〜二十日の花輪祭典以外には、正月一日の歳旦祭、四月二十四日の祈年祭、十月二十四日の新嘗祭が伝わる。これらの祭りは氏子総代が参列して行われている。

このほかに氏子が関わる祭りとして、二月初午の日を中心として神社に厄払いの祈願を行う厄年の厄払いがある。これは幸稲荷神社氏子の人生儀礼として最も大きな行事である。

この他には、御日待《おひまち》が各町内ごとに行われている。例えば大町では四月と十月に行われ、幸稲荷神社にお詣りして神酒を供える。現在では直会も簡素なものとなっているが、以前は一日中神社に参籠していたという。小深田では五月に行われ、決められた宿に男たちがお籠もりして精進し、翌日幸稲荷神社にお詣りしたという。現在は幸稲荷神社を分祀した神社で、三月と九月に祭礼を行っている。

2、花輪神明社

鹿角市花輪字上花輪に鎮座する花輪神明社(5)は、祭神として天照大神・大山祇命・金山彦命・訶遇智都命・猿田彦命・伊邪那岐命・底筒男命・天宇智女命・豊受姫命を祀る。神社の創建はわからないが、社殿修復についての記録が、万治二年(一六五九年)の記録をはじめとして、元禄二年(一六八九年)、享保五年(一七二〇年)などに伝わる。(6) また、文化五年(一八〇八年)に京都の美濃屋に神輿を注文したという記録があり、この頃には神輿渡御の祭りがあったことが知られる。

花輪神明社の氏子地区は、組の名称で記すと、戦前までは館盆坂《たてぼんさか》・沢口《さわぐち》・栗ノ木坂《くりのきざか》・新田町・舟場町・上堰向・中堰向・下堰向・横町袋丁《よこちょうふくろちょう》・川原町・下タ町であったが、現在では新田町農家・新田町町家・新田町三区・舟場町・舟場三区・上堰向・中堰向・下堰向・横町袋丁・沢口一区・沢口二区・館盆坂・上野馬場《うえのばば》・組丁・下タ町・川原町・沢小路・小坂・久保田となっており、多少の構成変遷がみられるものの、かつて農家集落であったと考えられる地域が多く含まれる特徴がみられる。実際、幸稲荷神社は町の人たちの神で、花輪神明社は農家の神だとする意識が強い。氏子総代会は十九人によって構成されている。また、責任役員は宮司を含め六名で構成され、組丁・新田町農家・沢口一区・川原町・中堰向から一名ずつ選出されている（平成二十三年度現在）。

花輪神明社の祭りは、五月十六日、八月十六日、十月二十四日の三回行われている。このうち、五月の祭りを「春祭り」、十月の祭りを「秋祭り」と呼び、これらは総代を中心に行われている。また、十月の祭りについては、幸稲荷神社の新嘗祭と祭日も一致するので、共同で祭りを行っている。

三、幸稲荷神社と花輪神明社の祭り変遷—二つの神幸祭の統合

鹿角市教育委員会編『花輪祭り』は、七夕から町踊りまでを一連の行事と捉え、そこには各家の先祖祭りである盆行事が関わることを指摘した(7)。このことは、花輪祭りが旧暦から新暦に移行することとも深く関わっており、その過程の中で本来別の氏子組織をもち、別の日に神幸祭を行っていた二つの祭りが同日に行われることになり、そのことが幸稲荷神社の神幸祭に際して花輪神明社のいくつかの氏子地

区の役割とも関係して、新しい祭りの形を生み出すことになった。本節ではそのことについて述べてゆきたい。

1、幸稲荷神社の祭礼日の変遷

先にも引用した明和二年（一七六五年）の『御銅山御定目帳』に「花輪稲荷、毛馬内月山と隔年之祭礼也。尤花輪ハ七月廿日、毛馬内ハ六月四日なり」とあって、幸稲荷神社の祭礼は毛馬内月山神社のそれと隔年と定められており、祭日は七月二十日と伝えられている。今日の祭日とは少し異なるが、これは神社の記録ではないので、七月十六〜二十日に祭礼が行われたということであろう。

毛馬内との隔年での祭りが、いつから毎年になったのかは不明であるが、明治二十二年（一八八九年）からは毎年幸稲荷神社の祭礼についての記録が確認でき、逆に明治二十年（一八八七年）以前は隔年よりも離れたサイクルでしか記録が確認できない。『花田家文書』に明治二十四年（一八九一年）に神輿を購入したという記録があり、この神輿購入が毎年祭りを行うようになったことと関わるのかもしれない。ただ、記録の中には、昭和九年（一九三四年）の『鹿角時報』第四八〇号に掲載された「二十八日は旧の十九日、花輪では今年お祭りのない年と云ふけれど、新町谷地田町六日町では舞台をかけたり屋台を出した。」という記述もあって、毎年行いながらも隔年の意識はもたれ続けたのかもしれない。

旧暦からの祭日の移動であるが、昭和三年（一九二八年）の『鹿角時報』第一七九号に「花輪町に於ける郷社幸稲荷神社祭典は例年旧八月十六日をもつて行はれたのであるが、新暦八月十六日と規定せられて居つたので今回も新暦をもつて行はれ、県よりも奉幣供進使が派遣された。」と記されている。この記録の「旧暦八月」は、前後の年の記録をみれば「旧暦七月」の誤りとみられるが、この年に月遅れの祭日に移行したことがわかる。しかし、この月遅れへの移行は定着しなかったようで、同じ『鹿角時報』の昭和六年（一九三一年）の第三七三号をみると、「花輪町郷社幸稲荷神社の祭典は例年通り旧二十日盆に盛大に行はれた。」とあり、同じく昭和八年（一九三三年）の第四五九号では「(九月）八、九日花輪のお祭り、人出多し。」と記されている。月遅れの日程に花輪祭り全体が移行するのは、第二次世界大戦後のことである。

花輪祭りの中で、最初に月遅れの日に固定するのが七夕である。昭和二十九年（一九五四年）に、旧七月六日（新八月四日）の祭日を二日繰り下げて旧七月八日（新八月六日）に行うことになった。これは新八月七日に十和田八幡平駅伝が行われることになり、駅伝参加者にねぷたをみせたいということになったからである。これを契機にして、翌年からは新八月五、六日に行われることになった。『鹿角時報』第三九一号（昭和三十年（一九五五年）七月十七日発行）は、このことを次のように伝えている。

公民館で過日各町の若衆連の参集を得て協議の結果左の原案を得たので、之を近日又各町代表者の協議会にかけ本年の侫武多の行事を正式に進める事となつた。

◎侫武多は折角金を掛けても一日では少な過る故之を二日の行事にすること。

◎始める時間も正確にし午後十時迄には切上る事。

◎店頭装飾のコンクールを催す事。

侫武多に関係あるものならそれにこした事はないが、そうでなくても人目を引く様な飾付けなら何でも歓迎する。

◎佞武多のお仕舞ねむり流しの代りに稲村橋付近に於て花火を打揚げ景気を添へる事。
但し之れは経費の関係でどの程度にするか協議に待つ。

この段階では、新八月五、六日に固定することは必ずしも決まっていなかったようである。しかし、この記事の内容をみると、ほぼ現在のねぷたの内容が盛り込まれていることがわかる。ちなみに、この年の幸稲荷神社の屋台行事は、新九月五、六日（旧七月十九、二十日）に行われている。

この新八月五、六日に固定した七夕が、現在の八月七、八日に移行して固定するのは昭和五十二年（一九七七年）のことである（ただし、現在までの間で別の日に行われた年も数年ある）。

幸稲荷神社の祭りが月遅れに移行するのは、昭和三十一年（一九五六年）からである。その経緯を『鹿角時報』第四五〇号（昭和三十一年（一九五六年）七月五日発行）は、次のように伝えている。

花輪町では七夕祭、お盆、祭典と沢山行事が行われているが今年はお盆を一月おくれの八月十三日から行うことが提唱されていたが二十九日午后二時から町内各種団体、氏子総代などが花輪公民館に参集お盆や祭典の行事を打合せ一と月おくれで八月十三日からお盆を行うことを申合せた。

—中略—

尤も此の申合せは未だ本決まりとは行かない様で□□□夫れは之れ迄も農家方面の都合で旧暦に行はれて来たものだが当日も部落方面に多少の意義があり、公民館では極力部落の了解を得る事になつた。町方面では全面的に此の案に賛成、社寺の方も格別異議もなかつたから本年から行はれる見通しが強い。

結局、この時の取り決めのように、月遅れの日程で七夕から盆行事を経て祭典まで執り行われるようになり、それが現在に至るまで固定して伝えられることとなった。

2、花輪神明社の祭礼日

先にも述べた通り、今日の花輪神明社の祭礼日の中で、神輿渡御を伴う例大祭が、幸稲荷神社の祭りと同じ八月十六日に行われている。前日の十五日の夕刻に総代と崇敬者が参列して宵宮の祭式が行われ、翌日の十六日には幸稲荷神社の例祭に先立って例祭が行われる。その後、神輿が下タ町に鎮座する田代神社に向かい、ここから神輿渡御行列が出発する。田代神社は、川原町・下堰向・下タ町・東山の農家の人たちが中心となって祀る神社で、八月七日（前日六日は宵宮）が例祭日である。この神社には昔から宮司がおらず、崇敬者が集まってその中からベットウサン（神職役の者）が選ばれて、祭りを行っていたという。現在この敷地内に川原町の会館が建てられている。花輪神明社の神輿がここに行くのは田代神社に関わるというよりも、この会館が集合場所・行列の諸役の準備場所として機能しており、この日には田代神社で祭りは行われない。

旧暦時代の花輪神明社は、六月十六日が例祭日であった。明治・大正期の記録はもちろんのこと、昭和九年（一九三四年）の記録でも、旧暦のままの日付で行われていた(8)。しかし、第二次世界大戦後の昭和二十五年（一九五〇年）七月二十三日発行の『鹿角時報』第一三六号には次のような記述がある。

花輪町の神明社祭典はもと県からの供進使等の関係で新暦で行はれたが農家行事とそぐわない実情あり今年からは昔通り旧六月十五日宵祭り十六日（七月三十日）祭典神輿渡御を行ふ。

これによれば、昭和九年（一九三四年）〜昭和二十四年（一九四九年）の十五年間に新暦移行が行われて、昭和二十四年（一九四九年）には固定していたことが知られる。管見では、この間の花輪神明社についての記録がみつからないので、いつから新暦に固定したかは不明である。ただ、先にも引用した昭和三年（一九二八年）の『鹿角時報』第一七九号にも、幸稲荷神社の祭礼が月遅れで行われたことと、県からの奉幣供進使の派遣の記述がみられるので、昭和の初年頃からの動きがあったのかもしれない。

しかし、この昭和二十五年（一九五〇年）の『鹿角時報』第一三六号の記録によれば、農事暦との関係によって花輪神明社の祭りは再び旧暦に戻されることになったのである。

先に述べたように、昭和三十一年（一九五六年）に幸稲荷神社の祭りは、七夕・盆行事とともに月遅れの祭日に固定された。旧暦で祭りが行われていた時代には、これらの祭りと花輪神明社の祭りが半月以上隔たっていたわけだが、片方が月遅れに固定されると順序が入れ替わる年も出てくることになる。そこで、この祭りも昭和三十二年（一九五七年）から月遅れの祭日に移行したようである。昭和三十一年（一九五六年）七月十七日発行の『鹿角時報』第四五二号は、次のように記している。

花輪神明社は来る廿三日（旧十六日）に例年の通り祭典を行い神輿の渡御がある。今年は仕度に間に合はない為旧暦によるが明年より月遅れの七月十六日に行う予定

こうして花輪神明社の祭日が月遅れとなったわけであるが、祭日変更はこれには定まらなかった。幸稲荷神社の祭りには屋台行事があって賑わっているのに対して、花輪神明社の祭りが廃れてきていることも影響して次には二つの祭りを統合したいとする考えが議論されることになる。

まず、昭和三十二年（一九五七年）六月十一日発行の『鹿角時報』第五〇六号に、次のような「お輿を二つ並らべて」と題した寄稿文が掲載される。

もう間もなく神明社の祭典も来る。又氏子と崇敬者と分けて寄附の募集が町内の各位に行く事と思う。余程前から話のあつた祭奠の合併がそろ〳〵行はれてもいゝ頃じやなかろうか。——中略——既に祭奠なるものか神様の行事を段々離れて町なり村なりの慰安（花輪の場合は所の繁昌）になつて居る。そう云う意味からも余り賑やかでない神明社御神輿渡御などは全く無意味の事だ。郷社を合併すれば一番世話はないがイロンナ面倒もあろうから夫は後日の事にして先づ祭奠にして神輿を二つ並べて合併としたらどんなものであろう。そうすれば経費は勿論才一に太鼓たゝきの諸君の迷惑を掛けずに済み内面から云えば生活改善の一つにもなる。次は祭奠の期日の事だが之は郷社の祭奠はお盆をかたとりで都合がいゝなら郷社の方に同調する事だ。

この後、同紙には第五〇九号（昭和三十二年（一九五七年）六月二十八日発行）に賛成する投書が載り、第五一一号（昭和三十二年（一九五七年）七月十一日発行）にはこうした意見を踏まえて花輪神明社の総代会で交わされた議論が、投書として次のように掲載されている。

神明社のお祭りは六月十六日である。昨年は旧暦で行つたのであるが本年からは一般の申し合わせに従つて一ヶ月遅にする事に約束があるので過日氏子総会が集まつて其の相談があつた。其の席上御紙の投書欄に見えた郷社の祭奠と合併す可しと云う説が出て誰れ一人反対がなく出席氏子総代の全部が賛成であつた。但しそうするには種々の手続きがあり才一に郷社の諒解を得る必要があるので、本年の祭典丈けは来る十六日に単独に行う事になつた。氏子の任期も近づいて居るそうで之を機会に改選する方がよかろうとの説も出た。祭典のみならず神社其のものを合併したらとの話も出た。産土神と云え神明さまと云え何うせ同じ処から出て而も目的は同じ処をお守り下さるのだからかまわぬだろうと一歩進んだ議論も出た。況や柴平を同併して居るのだから此際神明社を合併して郷社一本として柴平区の方にも氏子になつて貰い大に神威拡張する方が合理的じやなかろうかとの飛躍した考も出る（部落〳〵の神様は其儘とするも）要するに明年から少くもお祭りを一緒にしようとの決議になつた訳であるが只其の期日であるが之は郷社の方に従う事に異論はなかつた。神輿渡御の道筋なども多少変更は止む得まいが之れは神官にお任せするとし花輪町にとりどちらの神様は古いが分からぬけれども社格は一方は郷社であり一方は村社であつて見れば全面的には郷社の方に従うのは順序だろうとの事になり、当日出席した総代全員が郷社との折衝に当る事に決めて散会した。

このような議論を経て、実際に祭りが統合されるのは昭和三十五年（一九六〇年）のことである。いろいろな協議を経て取り決められた祭りの概要は、『広報はなわ』第三十一号（昭和三十五年（一九六〇年）八月二日発行）に掲載された。それは以下の通りである。

一、八月十五日午後八時より神明社前夜祭を執行
一、八月十六日午前九時半より神明社例祭を執行
一、同午前十一時より幸稲荷神社にて例祭を執行、同日午後一時より神明社神輿を下タ町御休所に移し又同時に幸稲荷神社神輿は御休堂に移す。
一、午後二時両神輿は御休堂及び下タ町御休所より同時に出発す。
一、両神輿は組丁赤鳥居前で合併横丁新町、大町を通り新田町桝形に至り引返し船場町を廻り旭町に出て湯瀬化学広場にて小憩し駅前より新町に出て再び大町を通り幸稲荷神社神輿は御旅所に入

り神明社神輿は神明社に還り渡御を終了致します。

ここに定められた八月十五、六日の新しい祭りの流れは、基本的には今日に至っても大きな変化はない。

3、幸稲荷神社の神輿を先導する花輪神明社の神輿

先に紹介した昭和三十五年（一九六〇年）の『広報はなわ』第三十一号には記載されていないが、統合した際に当然取り決められたはずの行事のあり方の中に、幸稲荷神社と花輪神明社の神への意識を考えるうえで重要なことがある。それは、組丁の赤鳥居前で、花輪神明社の神輿が幸稲荷神社の神輿の到着を迎えるようにして待ち、これを先導するように先に立って巡行する順序をとることである。神社の格からいえば、郷社と村社であるので、郷社の神を村社の神が迎えるというのは理にかなっているように思われるが、そればかりが理由ではないだろう。

一つには、花輪神明社の神幸行列にはそもそも「テングさん」と呼ばれる猿田彦命が先導役でついており、そのまま行列を崩さずに先導するようになっているということが理由として挙げられる。あるいはかつては、幸稲荷神社の神輿を先導する役として横丁の大神楽があったということも、里に祀られる花輪神明社の神輿が先導役を務めることに不自然がなかった理由であるのかもしれない。

加えて、次節で述べるように、もともと幸稲荷神社の祭礼には、「山に鎮座する産土神を里に迎える」という意識が強くみられる。したがって、里にもともと鎮座する花輪神明社の神輿がこれを迎え、導くという形をとっているということも考えられる。これも次節で述べることだが、幸稲荷神社の神幸祭に際しては、氏子以外の地区、すなわち花輪神明社の氏子地区が太鼓でこの神を迎える。しかもいくつか

の地区では、日付が変わった時から競争して御休堂《おやすみどう》に向かっていた。早い順に神の近く（神輿の近く）で太鼓が叩けるというのが競争する理由で、御休堂に着いた後はまだ神がおりてきていないのに神社の方に向かって、夜通し太鼓を叩き続けるのだという。このように、幸稲荷神社の氏子が神を守って里に運び、それを花輪神明社の氏子が太鼓で迎えるという構造が形成されているのである。そのことが、花輪神明社の神輿が幸稲荷神社の神輿を迎えるということにも影響しているのであろう。このような形は、昭和三十五年（一九六〇年）に生まれた新しいものであるが、花輪の人びとの意識をよく表しているといえよう。

四、幸稲荷神社の祭りの構造—御休堂と朝詰め行事

幸稲荷神社の例大祭である神輿渡御の祭りは、氏子地域から離れて通常は鎮座している産土神が、里の氏子地区に訪れて五日間にわたって里宮と意識されている御旅所に留まる、ということを核にしている。そして、その中の十九日と二十日に、十町内の屋台行事が伝わる。賑やかな囃子屋台の運行は、多くの参詣者を集める。しかし、この祭りには、神輿が氏子地区に入る時と氏子地区から神社に還る時にも重要な儀礼が伝えられる。この儀礼こそが、氏子たちの神を迎え送る意識の強さを明確に表現するものとみることができるのである。そして、この儀礼を中心として、前節に述べたような統合された花輪神明社の祭りも、その枠組みが設定されているのであり、そのことは屋台行事においても指摘できる。

花輪祭典の現在の流れについては冒頭に記した通りであるが、かつては御休堂において神輿への御霊

遷しが行われていたことによって、今と異なる部分が少なからずある。そして、その部分は、神幸祭にみられる祭祀の構造を象徴的に表していると思われる。ここでは、聞き書きによってたどれる昭和三十年代の流れを盛り込みながらたどってみたい。

1、祭礼の前日―お籠もりと迎えの太鼓

今日、幸稲荷神社の鎮座する周辺地域は、東山自治会に属しているが、元は「産土」と呼ばれる十二戸で構成される集落であった。旧産土集落は、幸稲荷神社の神輿の渡御に際して特別な役割を担っていたために、今日でも神幸祭において中心的役割を果たしている。

幸稲荷神社の祭式としては、この例大祭に宵宮を伝えていない。しかし、産土集落の人は、宵宮にあたる八月十五日に各家で翌日の朝に終わるお盆の片付けの準備をしてから、お爺さんお婆さんを中心に家で作ったいろいろの食べ物を持って神社に行った。そして、お爺さんたちは拝殿に、お婆さんたちはナガトコという建物に一晩お籠もりをした。食事はみんな一緒にナガトコで摂り、男たちは拝殿で酒を飲んで夜を明かしたという。そして、朝になってから家に帰ってお盆の飾り物・供え物を流して、午前中は休んで午後の渡御に備えた。また、このお籠もりの際には、境内で盆踊りを踊ったりしたという。そして、このお籠もりには、神社総代は関わらなかったという。

現在、幸稲荷神社の神が神社を出御する時には、東山と新田町農家（新田町の農家で形成する自治組織の略称）の太鼓がこれに付き従う形で沢小路まで渡御している。それ以外の諸役（狐と錦旗）は、東山の人が務める。太鼓は新田町農家が先に立ち、後に東山のそれが続く。現在は新田町農家が太鼓を出

しているが、以前この役は沢口が務めていた。そして、この沢口の太鼓は、御旅所まで代わることなく神輿に最も近い位置に並んでいたという。これは、幸稲荷神社の御旅所の鎮座するのが沢口であるという理由からであるという。沢口に若者がいなくなり、十六日と二十日の渡御の際に太鼓を出すことができなくなったために、用いていた太鼓とそれを叩く権利を新田町農家に譲ったのだという。

現在は赤鳥居まで、以前（特に花輪神明社と祭りが統合されるまで）は御休堂まで、神に付き従うのは新田町農家（元は沢口）と東山の太鼓である。しかし、沢小路（御休堂）からは、川原町と下タ町の太鼓がこの行列に加わっており、以前はもっと多かったという。

御休堂に神輿が奉安され、ここで神霊を遷していた時代のことであるが、十六日の零時を期して川原町・下タ町・下堰向の三町内が先を競って御休堂に向かった。この先を争う理由は、着いた順に神輿渡御の際に神輿に近い位置で太鼓が叩けるからであるという。そして、夜が明けるまで三町内の太鼓は、御休堂で神を迎えるために太鼓を叩き続けたという。今日では、この御休堂での御霊遷しは沢小路で行われ、迎えの太鼓はここで空《から》の神輿とともに神を迎えている。

昭和四十三年（一九六八年）八月十七日発行の『鹿角時報』第一一三六号に掲載された高瀬吉一郎氏の「お祭り雑感」という記事が、御休堂と太鼓の様子を次のように伝えている。

昭和二十六、七年頃ここに住みついた頃と、今の模様とを比較してみれば、矢張り花輪の場合もだんだん変って来ているような気がしてならない。

お休み堂で十五日の夜から夜通し太鼓をたたいておみこしさんをお迎えする気分をもりあげていたその太鼓の音は全くきかれなくなってしまった。

お休堂の近所に住む者にとっては太鼓の音がないので静かでよいものの、お祭りの前夜がひっそりではあまりいい気分でもないものである。翌日のおみこしさんの下る行列にしてもそうだ。あまり簡略な行列では何となくさびしい気がする。

いつの年であったか、お迎えの太鼓が二十も揃って下り、しかもあのお迎えの太鼓のバチが揃って一様な太鼓のとどろきをあげて降る様は如何にも神事だなと感激したことを覚えている。

2、朝詰め行事

八月二十日の零時を過ぎると、各町内の屋台は花輪通りの南の外れに位置する「桝形《ますがた》」に奉安された神輿に参詣するために、各町内を出発する。各町境で町内通過のあいさつを繰り返しながら、下五町内は上町内へ向かい、途中稲村橋にいったん全屋台が集合した後（「稲村橋詰め」と呼ばれる）、朝詰め行事が執り行われる桝形をめざす。

二十日午前零時に、十町から二名ずつ選ばれた若者が御旅所に集合する。そして、若者頭協議会総務部長が点呼をとる。これに新田町農家の若者も加わり、拝礼を行う。その後、御神体を神輿に遷し、一時三十分頃御旅所より出御する。行列が進行する間は、随伴する新田町農家の若者は太鼓を打ち続ける。神幸行列は、およそ一時間かけて桝形へ到着する。神輿は桝形の南西の角に街の方向に向かって榊、稲荷（狐）一対と賽銭箱を据えて奉安される。ここにおいて、全十町内の屋台が決められた順序に従って、奉納演奏を行う。すべての演奏が終了すると、若者頭協議会会長の音頭で、桝形での手締めのサンサ（この地特有の締めの所作）を行い、朝詰め行事が終わる。

二十日正午過ぎ、桝形の神輿前に宮司、禰宜、氏子総代、供奉の関係集落の者たちが参集する。神社祭式による拝礼を行った後、十三時過ぎ頃に神輿は新田町の桝形を出発する。還御の道順は、花輪通りをまっすぐに進み、赤鳥居をくぐり、沢小路に到る。ここで御神体は、氏子総代に担われ、待機していた自動車に神職と氏子総代が乗って、幸稲荷神社まで還御する。この沢小路での御霊移しは、以前は御休堂で行われていたのであり、これ以降の還御も自動車を用いなかった。十五時頃、御神体が幸稲荷神社に到着し、神社祭式による祭式が執り行われ、本殿に御神体が奉安されて遷御祭が終わる。

結び―花輪祭典の信仰的特徴

花輪の屋台行事に対して、夜通し屋台を運行し、太鼓を叩き続けることが注目される。このことにはこの祭りにおける時間認識が深く関わっている。改めて、花輪祭典における夜に関わる時間の推移を追ってみると、次のようになる。

◎八月十五日　神社によるお籠もり（夜～朝）
◎八月十六日　御休堂での迎えの太鼓（午前零時～朝）
◎八月二十日　朝詰め出発（午前零時～朝）
　　　　　　赤鳥居詰め（～二十日二十四時前）

このように確認すると、一日の切り替わりの時間が特に強く意識されていることが分かる。神を迎える太鼓は、神が出御する十六日が始まる時に打ち始められる。また、神が里から還御する二十日についても、屋台を始動させるのが午前零時である。加えて、神を送る赤鳥居詰めは、日が入れ替わる二十四時より前に終えなければならないと決められている。つまり、この日の屋台行事と花輪ばやしの演奏は、二十四時間を超えてはならないと決められているのである。

そして、この時間認識は、神の移動する時間に対して意識されているものではない。祭式が行われる時間や神が移動する時間は、決してこうした時間認識によって定められてはいないのである。つまり、祭祀する人間側の行動が、こうした時間認識に支えられているということになる。すなわち、十六日に切り替わる時から神が里に来臨する時間が訪れ、二十一日になる時から里は日常の時間に還るのである。その時間の中に、神は祀られ、渡御するのである。このことは祭りを行う人びとが、〈祭祀の時間〉と〈日常の時間〉の切り替えを明確に意識して作り上げたあり方なのであろう。加えて、その〈祭祀の時間〉を迎えるためのお籠もりが神社で行われ、迎え太鼓が夜通し御休堂で叩かれ、〈日常の時間〉に還るための準備時間である二十一日の明け方までの時間に演芸大会が行われるというのも、日本の祭りの時間的構造の典型が花輪祭典にあらわれており、それが実践されているといえるのである。

花輪祭典において、祭祀もしくは信仰的な動きがみられる場所は、沢小路（御休堂）、赤鳥居、御旅所、桝形である（幸稲荷神社・花輪神明社は除く）。沢小路（御休堂）と赤鳥居は、花輪通りを中心とした市街地の北の外れにあたり、幸稲荷神社への道及び市街地の入り口にあたる。今日、赤鳥居が市街地の入り口として認識されているが、この鳥居の設置位置は動いており、沢小路を含めて里（市街地）の入り口と考えるべきであろう。一方、桝形は花輪通りの南端で、里（市街地）の南の外れに位置する。すなわち、この二つの場所が、里と外との境の地となっているのである。花輪祭典では、この北の境の沢小路（御休堂）・赤鳥居と南の境の桝形が祭祀の場所として重視されている。

御休堂では、神が渡ってくる日の午前零時から夜が明けるまで迎えの太鼓が叩き続けられていた。そして、幸稲荷神社を出御した神は、この御休堂で初めて神輿に遷されていた。このことは、御休堂が使えなくなった現在でも同じであり、沢小路で神輿に遷されている。一般的な祭りでは、神霊は神社で神輿に遷されるわけであるが、花輪祭典ではそのような形をとらない。市街地の入り口の境までは、氏子総代によって担われてくるのである。このことは、単に山から神輿を運ぶ負担を軽減したといったような理由によるのかもしれない。しかし、仮にそうであったとしても、そのことによってまだ神を迎えていない空《から》の神輿に対して、一晩迎えの太鼓を叩き続け、神の来臨を願うという信仰的な行為を生んだといえるであろう。

十六日における赤鳥居は、元は横丁の大神楽が、今は花輪神明社の神輿が、幸稲荷神社の神輿を迎える場となっており、ここもやはり神迎えの場となっている。そして、二十日において赤鳥居は、すでに半日前に還ってしまっている神を十町内の屋台が囃子で送る場となっている。そして、ここでの祭祀には、十町内すべての屋台が詰めて囃子を奉納するのである。

桝形は、四日間にわたって里宮である御旅所にいた神が、還御の前に移動して祀られる。ここは里の南の外れであり、ここで祀られることによって産土神が里の市街地すべてに渡られたことを意味しているのであろう。

一台ずつの屋台が、得意とする囃子を神に対して直接そばで奉納するのは桝形の朝詰めに限られるのであり、そういう意味でも重要な儀礼である。これに宗教学的な解釈を加えれば、この祭祀が行われることによって、氏子地域のすべてが始原に還るということになるのである。

このように、花輪祭典における北と南の境界にあたる沢小路（御休堂）・赤鳥居と、桝形とは、重要な祭祀の場と位置づけられているのであり、それは里と外との境界の地なのであった。

次に、花輪祭典に関わる人びとを、町内（地区）で分けて分析してみる。

◎神社から沢小路（御休堂）
―東山・沢口（今は新田町農家）と氏子総代

◎御休堂での迎えと神輿の町内渡御
―太鼓での迎えは川原町・下タ町・下堰向
神輿の担ぎ手として久保田・小深田・鏡田・用野目・狐平

◎屋台行事―十町内

◎朝詰めの渡御―十町内の若者会・沢口（今は新田町農家）

◎神輿の還御（沢小路まで）
―往路と同じ

◎沢小路（御休堂）から神社
―往路と同じ

これをまとめたのが、図表16である。

里に入る前の沢小路（御休堂）までは、幸稲荷神社の膝元である旧産土集落を中心とした東山地区と氏子総代によって行事が執り行われている。そして、沢小路（御休堂）からの神輿の渡御、また桝形か

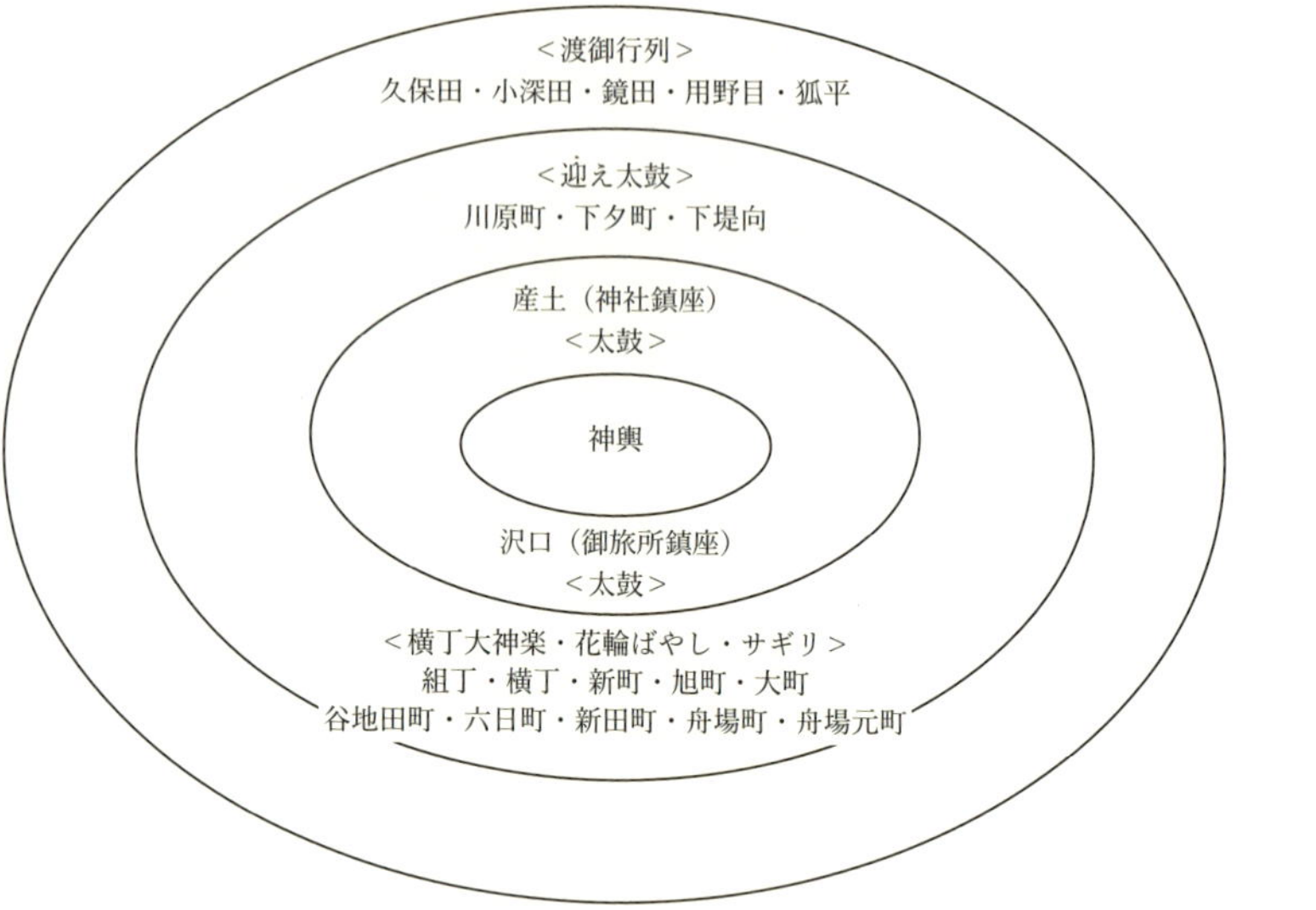

図表16　花輪祭典の空間構造と役割

ら沢小路（御休堂）までの還御については、氏子地区である十町内以外の地区が奉仕している。また、これらの中で特に沢口は、御旅所の鎮座地であるということから、神輿の最も近くで太鼓を叩いて神輿渡御に供奉していた。これ以外にも太鼓で迎えに出る町内も氏子地区ではなく、花輪神明社の氏子地区である。そして、屋台行事は十町内によって行われており、この十町内のうち、氏子地区は六町内であって、それ以外は氏子地区に編入されていない。

　このように整理してみると、花輪祭典は、単に氏子の祭りということに留まらず、花輪神明社の氏子地区に加え、さらに広範囲の地区の人びとも関わった祭りとなっている。そして、それぞれの地区が、それぞれの役割を担って運営されていることが分かる（図表16参照）。神への空間的距離が役割の違いとなっており、その役割は芸能の違いとして象徴的にあらわれているといえる。

とりわけ花輪神明社の氏子地区である地区は、太鼓によって幸稲荷神社の神の迎えに出ていたということもあって、花輪神明社の祭りが統合された時に花輪神明社の神輿が先導するということが自然に行われることとなったのであろう。

注

(1) 拙稿「町内の諸相」(『花輪祭り』(鹿角市文化財調査資料第一〇五集)、鹿角市教育委員会、二〇一三年)。

(2) 平凡社編『秋田県の地名』(日本歴史地名大系5)一九八〇年。

(3) 宮城一杉『花輪町史』、花輪町史刊行会、一九五七年。

(4) 鹿角市『鹿角市史』第四巻、一九九六年。

(5) 今日では、単に神明社と呼んでいるが、藩政期の文献には「花輪神明社」と記されているので、ここでは花輪神明社と記す。

(6) この花輪神明社の記録は、社家である黒沢氏の記録『手鏡記録書』による。この記録は万治二年(一六五九年)に始まるが、現存するものは後年の写書である。

(7) (1)の前掲書。

(8) 『鹿角時報』第四七八号(昭和九年(一九三四年)八月一日発行)。

初出　原題「神社の祭礼としての花輪祭典」(『花輪祭り』(鹿角市文化財調査資料第一〇五集)、鹿角市教育委員会、二〇一三年)に、祭りの概要の部分を加筆した。

第二編　祭りの「現代と後継者」

第七章　イベントと民俗芸能

序

ここでいうところの〈イベント〉とは、行政や経済団体などが主催するものを指している。それは民俗行事として始まったものを指さないが、民俗行事であったものにも後に行政や経済団体などが主催するものとなったものもある。

近年の祭り研究では、祭礼〈ritual〉と祝祭〈festival〉に大別する考え方がある。前者はカミに対する信仰心に支えられる宗教性に力点が置かれた神事儀礼をいい、後者は宗教性より娯楽性に力点が置かれた〈カミなき祭り〉ともいえるようなものを指している。要するに、〈イベント〉は後者の〈カミなき祭り〉に入るわけであるが、祭りというものは本来この二つに大別できるものではなく、二種の祭りが二項対立的に存在しているものでもない。この〈祭礼的要素〉と〈祝祭的要素〉は、すべての祭りの中に本来的に共存する要素であって、薗田稔は「二つの相反する要素が複合して初めて祭りの超越的な表象力が発揮される」と述べている[1]。つまり、本来は民俗行事である祭りにおいても〈祝祭的要素〉が強いものがあり、それに参加する人々にとっては〈イベント〉と変わらないものがあることを意味している。

また、筆者はかつて民俗芸能の〈神事性〉と〈娯楽性〉を論じたことがあったが[2]、民俗芸能の性格を表すものとしても、祭りにおける〈祭礼的要素〉と〈祝祭的要素〉と同様の要素は存在する。したがって、民俗芸能が上演される〈イベント〉を、民俗行事ではないものに限定して論じることはあまり意味をもたない。民俗行事としての祭りとそこに伝承される民俗芸能は、それを伝承する人々の論理によって伝承されてきたものである。〈イベント〉のように伝承者の論理というよりも伝承者以外の論理によって行われるようになったものにおいてこれが上演されるのだとしても、それが伝承する人々の内的な理由と合致しなければ長く伝承されることはないのである。

すなわち、ここで論じてみたいのは、生活の内的な理由とはあまり関わらない契機によって行われるようになったイベントや、もともと宗教的な意味をもっていた祭りがイベントとほとんど同様に変化している例、またそのハイブリットな形態の例をも含めて検討しながら、あわせて民俗芸能がどのように行われているかということである。改めて祭りと民俗芸能の史的展開を振り返ってみても、必ずしもそれが始まった時には伝承する人々の内的な理由によらなかったものはいくつも例として挙げられる。それが伝承されていく中で内的な理由が喚起され、再解釈されていったのである。

本章では、岩手県の祭りと民俗芸能の例を中心に東北全般の例に目を配りながら、ここに述べてきた〈イベント〉と民俗芸能を論じてゆくことにしたい。

一、イベント化する祭り—チャグチャグ馬コ

1、チャグチャグ馬コの背景

岩手県滝沢市鵜飼大平《おおだい》の鬼越蒼前《おにこしそうぜん》神社（現在の鬼越駒形神社）には、「蒼前詣り（土地の表現では「オソデまいり」）」という信仰行事が伝わる。これは、農家が鬼越蒼前神社の祭りの日に、飼い馬の健康を祈願して、これを着飾らせて詣でるというものであった。通称「チャグチャグ馬コ」と呼ばれる行事であるが、今日では本来の祭りの意義であった「蒼前詣り」という要素はあまり意識されず、着飾った馬のパレードが強調されるようになった。まして、農耕の機械化とともに農家が馬を必要としなくなってきたので、信仰行事とはいえなくなってきた。実際、現在のこの行事の推進母体は、保存会を称しながらも行政と観光協会、商工会が主体であり、観光行事となっている。明らかに民俗行事が観光行事に展開したものなのであるが、後述するように信仰行事であった時代の「チャグチャグ馬コ」にもイベント化してゆく要素が認められる。以下、大きな変化があった昭和五年（一九三〇年）以前の「蒼前詣り」の様子を捉えるとともに、その後の展開をみてゆくことにする。なお、昭和五年（一九三〇年）以前の「蒼前詣り」については門屋光昭《かどやみつあき》の論文があり、[3]本節はそれによるところが大きいことをお断りしておきたい。

岩手県地方は、馬産地として古くから全国に名高い。それとともに農耕にとって馬は、かけがえのない労働力を提供してくれる存在として大切にされてきたことが、県内各地の馬の信仰として伝えられて

いる。その代表的なものが〈蒼前信仰〉で、東北のみならず関東・中部地方でも信仰される馬の守護神の蒼前神を祀るものである。蒼前とは、葦毛四白（葦毛で膝から下が白い馬）を指し、長じると白馬になるので霊異ある馬としての信仰を集めたという。県内では、これ以外にも駒形神、馬櫪神、馬頭観音などの馬のカミが信仰を集めている。(4) 当該の滝沢市の鬼越駒形神社は、「鬼越の蒼前《オソデ》さま」と呼ばれている。

滝沢市の鬼越駒形神社には、死んだ馬の供養として祀られたという死馬供養による祭祀起源伝承が伝えられている。そして、この鬼越駒形神社の例祭の日に、近郊地域の馬を飼う農家は農作業を休みにして馬を着飾らせて参詣し、馬の健康と安全を祈願した。これが「蒼前詣り」の信仰的な意味である。馬の首につるした鳴輪と装束に付けた鈴とが歩くたびに音を出し、それが「チャグチャグ」と聞こえることによって「チャグチャグ馬コ」と呼ばれるようになったという。この馬の「蒼前詣り」の信仰は、鬼越駒形神社に限られるものではなく、かつては盛岡市玉山区の芋田《いもだ》駒形神社にも伝えられていた。芋田駒形神社は「芋田の蒼前さま」と呼ぶのが普通で、芋田駒形神社は旧六月十七日、鬼越駒形神社は旧五月五日が例祭日であった。

盛岡市周辺地域では、旧五月五日、すなわち端午の節供の日には「マンガン（馬鍬）を吊せ」といい、農作業を休み、後述するような様々な行事が行われていた。特に馬を飼う家は、一頭とは限らず数頭の馬を曳き、鬼越蒼前様にお詣りしたのである。

2、昭和初期までのチャグチャグ馬コ—宮澤賢治の見たチャグチャグ馬コ

宮澤賢治は、盛岡高等農林学校在学中に同人誌『アザリア』第一号（大正六年（一九一七年）七月発行）に、八首連作の「チャグチャグ馬コ」をよんだ短歌を載せている。これらの短歌には、方言色豊かに「チャグチャグ馬コ」を見物する人々の心情と馬の様子がよく描かれている。これらの短歌では、下の橋（盛岡市街を流れる中津川に架かる橋）のそばに夜のうちから見物客が群がり、夜が明けると「ちゃんがちゃんがうまこ」が走ってくる姿が描かれている。よまれている場所が盛岡市内の下の橋なので、鬼越駒形神社の「蒼前詣り」の様子であり、発行月からみて賢治が見たのはこの年の「チャグチャグ馬コ」であろう。この日、すなわち大正六年（一九一七年）旧暦五月五日は、新暦六月二十三日であった。この翌日の盛岡の地方新聞『岩手毎日新聞』には、次のように記されている。

●端午の御節句　▽チャグチャグ馬で賑ふ

昨日は端午の御節句だつたので、近在では早朝から例のチャグチャグ馬が御蒼前詣り出蒐けた。何んでも先を争ふものの由で、一番馬は午前二時といふに、鈴高勇ましく闇を駆けて行つた。二番三番と夜が明放れて行くに従つて次第に着飾つた馬が見えて来る。下の橋一帯から大澤川原に掛け、又夕顔瀬橋の町外づれには人山が築かれて一ト朝動揺めいて居た。當日は露踏みの習慣があるので、岩手公園には未明から健康を希ふ婦人連の子供を連れ立つた者が多く、惜しげもなく白い脛を青草の上に見せて、宿つた露の玉を踏んだり、未だ影の差さない風露草を採つたりして居た。鯉幟は一昨あたりから樹てられ、街の銭湯では菖蒲湯をたてる。笹餅は其處其處に贈答された。

見物客の様子は賢治の短歌と同じで、一番馬は午前二時にやってきて、それ以降夜が明けるまで歓声が

響いていたことが記されている。また、見物客は馬を見に来るばかりではなく、別の端午の行事のために早朝から外出していた。端午の節供の行事として「露踏み」「風露草採り」「鯉のぼり」「菖蒲湯」「笹餅の贈答」が、記事には記されている。

また、賢治の後輩で直木賞作家の森荘已池《もりそういち》は、この日の賢治の見物の様子を、ずっと後になって「下宿の近くの『馬コ』往復」という文章で回想している。(5)

今の盛岡営林署の向かいあたり、下の橋のたもとから、道が二つに分かれた、その三角型の住宅地の中の一軒、路地を入った所に、玉井さん宅があった。主人は稗貫郡視学・盛中・盛農などの書記をした人。

そこに高農生の賢治と、清六さん、宮沢安太郎さん、二人の盛中一年生、岩田磯吉さんら、いとこ同士（盛岡農一年生）の四人が下宿していた。盛岡中学校は内丸の今の日赤の場所にあった。

そのころ、下の橋際には、夜も明けないうちから、ちゃぐちゃぐ馬コを見る人たちが、黒山のように集まるのであった。

町の人たちよりも、近郷近在の農家の人びとの方が多かった。北上川の両岸の村むらから、ゆきとかえりのチャグチャグ馬コを見る一番で唯ひとつの場所だった。

チャグチャグ馬コは、むかしは、往還ともに、集団で行くのではなく、一頭ずつ、まだ明けないうちから、暁闇《ぎょうあん》をついて来るので、かなり早くここに来ていないと、見られなかったということだ。そしてそこに玉井家はあったのだ。

帰りのチャグチャグ馬コは、ここにくると、いろいろな走り方をして見せ、大観衆にこたえる習わしだった。

夜あけの行きのときは、飾りなしの馬が来ると、

「ただの馬ッコだあ―」

と、がっかりし、立派な馬が来ると、鈴の音いろも、全くちがってにぎやかなので、こう目の前に来ないうちに、

「来た、来た――」

と、歓声があがるものだった。

宮澤賢治の短歌がよまれた当日の『岩手毎日新聞』の記事と、森の回想とをあわせて考察してみると次のようになる。大正六年（一九一七年）当時の「チャグチャグ馬コ」は、「チャグチャグ馬コ」の「蒼前詣り」と意識されていて、行事自体が「チャグチャグ馬コ」と意識されているわけではなかったようである。ちなみに石川啄木は、『渋民日記』に明治三十九年（一九〇六年）八月六日の芋田駒形神社の蒼前詣りの様子を記しており、そこには「六日は陰暦の六月十七日で芋田にある村社駒形神社の祭典、所謂「お蒼前さま」であつた。」と記され、「チャグチャグ馬コ」の呼称は登場しない(6)。

「蒼前詣り」当日の盛岡市内の下の橋の周辺には、往還の「チャグチャグ馬コ」を見物する人が群がった。そして、その人々は、盛岡市内よりも近隣の農家の人が多かったという。当時の「チャグチャグ馬コ」は行列を組んで行くのではなく、三々五々暁暗をついてやってきて、それを「一番馬」「二番馬」などと呼んでいた。また、帰りの「チャグチャグ馬コ」は、いろいろな走り方をしてみせ、大観衆にこたえる習わしだったという。

3、蒼前詣りとパレード―石川啄木が見た蒼前詣り

こうした三々五々の「蒼前詣り」がパレードをするようになるのは、昭和五年（一九三〇年）のことである。この年の旧五月五日の祭りの日は、ちょうど秩父宮殿下が盛岡に来る日と重なり、帰路の「蒼前詣り」の馬を盛岡八幡宮の神前馬場に集めて馬揃いさせてパレードし、新馬町の馬検場で殿下の台覧の栄に浴したのである。これを契機にして、翌年から「蒼前詣り」の帰路はパレードするのが恒例化したという。(7) 今日の「チャグチャグ馬コ」のパレードは整然と進むが、昭和五十六年（一九八一年）盛岡市教育委員会発行の『「チャグチャグ馬コ」調査報告書』に掲載された昭和七年（一九三二年）前後の写真を見ると、パレード化する以前の名残が見られ、行列を成しながらも下の橋を駆けてゆく馬が写っている。

昭和五年（一九三〇年）以降に恒例化したパレードは、軍馬ブームの昭和十年代になると三、〇〇〇頭が参加したというが、この時代には装束は着けず裸馬か鞍馬の行列であった。この行事は戦時中も昭和十九年（一九四四年）まで続き、さすがに二年間中断したものの昭和二十二年（一九四七年）には復活し、昭和二十五年（一九五〇年）には盛岡市農林課に保存会事務局が置かれた。これ以降、鬼越駒形神社参拝後、列を組んで盛岡の市街に入り、中津川の河原で馬の足を洗う「洗足の儀」を行い、盛岡八幡宮神前馬場においても功労者を表彰して解散するという様式が定められ、これが定着している。(8)

また、盛岡藩時代、農民たちは参勤交代に馬でもって進物品の運搬に奉仕し、その時の装束である「小荷駄《こにだ》装束」は農民に貸し下げられ、農民はこれを大切に扱った。この装束は、盛岡市周辺の農民には正装とも意識されるものであり、これを用いて「蒼前詣り」に参加する者がいた。それを昭和二十六

年（一九五一年）に全体の衣装として採用し、今日では定着している。やがて、これに加えて紺の着物に菅笠姿の「あねっこ」（若い女性）や、祭り袢纏を着た子供を馬に乗せてパレードするようになった。

前掲した写真では、男性たちが馬に乗って馬を走らせていたが、衣装は農作業着が主でバラバラである。石川啄木の『渋民日記』には、芋田駒形神社の蒼前詣りの様子ではあるが、参詣する人々の様子が次のように記されている。

夜の明けぬうちから近郷の若者が馬を駆って参詣をする。昔の戦絵にある様な、紫、紅、朱、……様々の美しい飾を着た馬が鈴の音、嘶きの声、勇ましく跑を踏んで暁の村路を急ぐ様は、さながら幾十年の歴史を逆上りしたかのやうに感ぜられる。乗手は、或はコサアク兵の様な立派な若者。或は十二三の児の初乗、或は二八、二九の少女である。若者は皆自分の馬の立派なのや、乗方の熟練などをいと誇らかに見せて行く。駄馬に乗った恥かしさ腹立しさに、無暗に鞭を加へて人中を走りぬけて行くのもある。日に焼けた顔に得意の笑を浮ぶる我が児の初乗に、あやまちあらせじと気を揉んで馬の跡追ふ農家の父、新らしい単衣着て、紅白粉つけた新婦を乗せて、鈴の音清しく手綱とり行く若き夫《をつと》、いづれは皆「みちのくの詩」である。此日かゝる馬は駒形の社前に幾百となく集って来るのである。(9)

様々な装飾品を飾った馬と、思い思いの衣装と乗り方をした老若男女とが神社に参詣する様子を、啄木は「いづれは皆「みちのくの詩」である」と表現している。

要するに、三々五々の参詣であるから衣装もバラバラであったのが、パレードによって衣装も整えられたのである。また、馬に乗るのも持ち主・飼い主の男性であったものが、それらの人は馬を曳く役に回って、乗り役は見物客受けする女性や子供に変わってきたとみることができる。

4、チャグチャグ馬コの蒼前詣りからパレードの行事へ

昭和二十五年（一九五〇年）に盛岡市農林課に保存会事務局が置かれたことを前述したが、この保存会は「チャグチャグ馬コ保存会」という名称で、昭和三十六年（一九六一年）六月には盛岡市長をはじめとする周辺地域の首長、観光協会など市町村の関係者五十名ほどの組織に改められ、事務局長及び事務職員は関係市町村職員が兼務する形で運営されている。この保存会の業務として、「参加馬の確保と奨励援助」「行進順路及び予定通過時刻の設定」「会場の設営」「前祝祭の実施」などが行われている。また、昭和五十六年（一九八一年）四月には、「行事の振興に関すること」「寄付金の協賛に関すること」「宣伝に関すること」などを事業内容とする「チャグチャグ馬コ振興協賛会」という組織もできている。

一方、行事に参加する人々は、出頭数を確保して行事を続けていくために昭和四十二年（一九六七年）四月に「チャグチャグ馬コ同好会」を結成した。この同好会は、参加馬の確保と装束の保存を主たる目的として活動し、特に功労があった人に感謝状を贈り、参加の連続年数、通算年数などが顕著な者を表彰するなどを行って振興に努めている。

祭日も、旧暦五月五日は新暦では固定されないので、昭和三十三年（一九五八年）から新暦六月十五日に定め、さらに参加者・観覧者の利便を図るために平成十三年（二〇〇一年）から六月第二土曜日となった。

このようにいわゆる「チャグチャグ馬コ」という行事は、元は全国にみられる田植え月の農休みに定

着していた「蒼前詣り」という農家それぞれが行う農耕馬の安全祈願の信仰行事であった。それが現在では、行政や経済界が主導する観光行事となっている。しかし、このような形になるのは、そもそも「チャグチャグ馬コ」自体が祝祭的な要素をもっていたことにも原因がある。

昭和五年（一九三〇年）以前の「蒼前詣り」当日の盛岡市内の下の橋の周辺には、往還の「チャグチャグ馬コ」を見物する人が群がった。その人々には、盛岡市内よりも近隣の農家の人がわざわざこれを見に来る人が多かったという。夜も暗いうちから一頭ずつ暁暗をついてやって来る馬を「一番馬」「二番馬」などと呼び、加えて帰りの「チャグチャグ馬コ」はいろいろな走り方をして見せ、大観衆にこたえる習わしだったという。このように「蒼前詣り」に参加する「チャグチャグ馬コ」には、馬を曳く人たちにも観客に〈見せる〉意識が強くあったということなのである。

早くに柳田國男は、次のように述べている。

日本の祭の最も重要な一つの変り目は何だつたか。一言でいふと見物と称する群の発生、即ち祭の参加者の中に、信仰を共にせざる人々、言はゞたゞ審美的の立場から、この行事を観望する者の現はれたことであらう。それが都会の生活を花やかにもすれば、我々の幼ない日の記念を楽しくもしたと共に、神社を中核とした信仰の統一はやゝ毀れ、しまひには村に住みながらも祭はたゞ眺めるものと、考へるやうな気風をも養つたのである。この気風は無論近世に始まつたものでない。従つて既に明治以前からも、村里の生活にも浸潤して居た。村の経済の豊かな年には、農民はいつもこの「見られる祭」を美しくしようと心掛けつゝ、しかも一方には彼等伝来の感覚、神様と祖先以来の御約束を、新たにしたいといふ願ひを棄てなかつた故に、勢ひ新旧の儀式の色々の組合せが起り、マツリには最も大規模なる祭礼を始めとして、大小幾つと無き階段を生ずることになり、一つの名を以て総括するのも無理なほど、さまぐ＼の行事が含まれることになつたのである。[10]

柳田は、祭りが変わってゆく重要な要素として、信仰を共にしない群れを成した見物客が現れることだとする。そのようになると、見られる方も美しくしようとしながら旧来の感覚との様々な組合せが起こってくるとする。そして、それが始まったのは、決して近世に始まったものではなく、明治以前から村里の生活に浸潤していたとする。この議論は、先に述べた〈祭礼〉と〈祝祭〉との対比と、その要素の共存性を述べたことと同様のものである。そして、柳田はこうした信仰行事からの展開を近代化の問題とはせずに、信仰行事に〈見られる／見せる〉感覚が生じた時に必然的に起こる展開と説明しているのである。

「チャグチャグ馬コ」の場合、三々五々の「蒼前詣り」から大きく転換するきっかけとなったのは、昭和五年（一九三〇年）の秩父宮殿下の台覧の栄に浴したということから、帰路に「チャグチャグ馬コ」のパレードが行われるようになったことである。しかし、それが恒例化するのは、多くの見物客とその前でパフォーマンスを見せることがそもそも行われていたということと無関係ではないはずである。つまり、パレード化する以前から、すでに「チャグチャグ馬コ」には〈見られる／見せる〉感覚が強く存していたのであった。この点、柳田の議論からいえば、これが恒例化するのは必然的なことであったということができる。

ただ、一方で「蒼前詣り」の帰路がパレードとなったことと、運営に行政・経済界が関わるようになったことが、「チャグチャグ馬コ」行事自体が現在まで伝承される理由ともなったのである。第二次世界大戦後、道路の整備が確実に進み、交通量が増えた。そのことで馬を自由に公道を歩ませることが困難となり、「蒼前詣り」の往路は馬運トラックを利用するようになっている。前述した「蒼前詣り」が行われていた芋田駒形神社は、秋田県鹿角市や青森県十和田市三本木などからも参詣する馬があり、「蒼前詣り」の馬を見物する観客のために臨時列車が運行され、好摩駅から神社までの約一キロの道は人の波となっていたという。しかし、芋田駒形神社の「蒼前詣り」は国道四号線を通るので、交通事情の悪化とともに国道に馬を通すことが禁じられ、この行事が行われなくなってしまった。もちろん、理由は交通事情だけではない。農耕の機械化と肥料の化学肥料化が進み、農家に農耕馬が必要とされなくなったということもある。こうした事情によって、信仰的な意味の「蒼前詣り」が必要とされなくなったのである。

そういう中で鬼越駒形神社の「チャグチャグ馬コ」が今日まで伝承できているのは、帰路がパレード化し、運営に行政・経済界が関与して観光行事化されるようになったことによるといえよう。

こうした信仰行事「蒼前詣り」と観光イベント「チャグチャグ馬コ」との関係は、決して特殊なものということはできない。例えば、青森市と弘前市の「ねぶた」を例にとれば、藩政期からのねぶたの変遷をみると、角形灯籠から人形（組）ねぶたとなり、弘前ではさらに扇灯籠となっている[11]。こうした変化は、「チャグチャグ馬コ」の〈見られる／見せる〉の論理と同様に展開されたものである。「ねぶた」という行事は、青森県から秋田県に広く地域の行事として伝承されているが、青森市・弘前市・五所川原市などの「ねぶた」は明らかに観光イベントとなっている。

植《うえ》木《き》行宣《ゆきのぶ》は、都市の祭りの変遷を「近世都市の祭礼は神輿の巡幸する御旅所祭礼が基本である。地域の典型となった山・鉾・屋台の祭りは神幸に随う練物《ねりもの》としてはじまり、それを母胎に発展したもの」とする。[12]これは神輿の渡御に供奉する練物が山・鉾・屋台へと展開することを述べたものだが、これも〈見られる／見せる〉の論理によって祭りが展開するあり方と同様の論理である。

二、イベントとしての祭り―盛岡さんさ踊り

1、「盛岡さんさ踊り」前史

〈東北五大まつり〉の一つと喧伝される「盛岡さんさ踊り」は、盛岡さんさ踊り実行委員会（会長は盛岡市長）が企画・運営している。この委員会を主導しているのは盛岡市商工会議所で、その他には市・青年会議所・観光協会が参画して運営されている。ただし、委員会は常設ではないので、過去の見直しの経緯をたどると商工会議所内の観光委員会が中心となっていた。まさに〈観光〉イベントとしての視線が注がれる中で、創られ、見直しが行われてきたイベントである。筆者はかつて「盛岡さんさ踊り」について検討したことがあったが、ここでも「盛岡さんさ踊り」を取り上げてみたい。なお、詳細については旧稿を参照されたい。[13]

「盛岡さんさ踊り」は、昭和五十三年（一九七八年）に第一回が行われた（当時の名称は「盛岡夏まつり・さんさ踊り」で現在の名称となるのは第五回から）。しかし、その前史とみられる時期がある。昭和四十六年（一九七一年）に始まった「盛岡川まつり」がそれである。

この「盛岡川まつり」の内容は、盛岡の街の象徴である〈川〉を前面に押し出して、北上川公園・北

上川・中津川をメイン会場とし、飾り船の競作による水上カーニバル・花火の打ち上げなどが主行事であった。「盛岡川まつり」の当初は、明らかに〈観るまつり〉というコンセプトで運営されていた。しかし、川の合流点の水流が早く、舟が流されて花火をゆっくりみられないばかりか、たびたび転覆することすらあったという問題があった。したがって、川まつりを続けながらも、祭りの中心を徐々に地上での会場に移し、その過程の中でさんさ踊りに脚光があたるようになったのだという。

「盛岡川まつり」は、昭和五十二年（一九七七年）まで七回行われた。そして、第四回に祭りのコンセプトが、〈観るまつり〉から〈参加するまつり〉へと大きく方向転換するようにはかられた。そして、一般市民の参加による「民謡まつり」「からめ踊り」「さんさ踊り」が行われる。こうした「盛岡川まつり」の〈参加するまつり〉への転換に、呼応するように別の動きがあった。昭和五十年（一九七五年）に「さんさ踊り委員会」というものができ、北上川と中津川の合流点で川まつりに付随するように、さんさ踊りを披露した。これが大変好評で、翌昭和五十一年（一九七六年）には、岩手公園にステージを作って披露した。これがさらに好評をよんで、この年の九月に二十一の芸能団体が集まって、「盛岡さんさ踊り振興協議会」が設置されることになったのである。

一方の「盛岡川まつり」であるが、抜本的な見直しが商工会議所観光委員会に一任され、委員会では祭りの中心をさんさ踊りにすることに決め、「花笠まつり（山形）」「阿波踊り（徳島）」「北上みちのく芸能まつり（岩手）」などの視察も併せて行い、さんさ踊りのパレードを大通（市内最大の繁華街）で行うことを計画した。

しかし、ここで大きな課題に突き当たる。さんさ踊りは伝承団体によって芸態が異なることと、テンポが速くて一般に普及させるには困難だったということである。そこでそれについての検討を「盛岡さんさ踊り振興協議会」に依頼して完成したのが、創作踊り「統合さんさ」という踊りである。この「統合さんさ」は、各地区に伝承されるさんさ踊りの芸態を検討して作り上げた創作踊りで、これ以降いくつかの「統合さんさ」が作られ、「盛岡さんさ」の踊りの中心は「統合さんさ」となるのである。そして、「盛岡川まつり」は第七回で幕を閉じ、「盛岡さんさ踊り」へと引き継がれることになる。

2、「盛岡さんさ踊り」の定着

ここで、そもそもの民俗芸能としての「さんさ踊り」に触れておきたい。「さんさ踊り」は、旧盛岡藩内の代表的な盆踊りである。盛岡市周辺地域に分布（盛岡市内に十六保存会）しており、旧仙台藩領内・県北地域には分布しない。この踊りは、盆やその前後に行われる神社の祭りに踊られる。踊られる場所は、神社境内・広場・家の庭・町流しなどである。太鼓、笛、鉦《かね》という楽器を用い、花笠、浴衣《ゆかた》という出立ちで踊られる。太鼓を先頭にして右回りの円陣を作りながら、揃いの浴衣に襷《たすき》がけ、牡丹をかたどった花笠（以前は蓮）といった扮装の踊り子が踊り、笛と歌がけは輪の外に立つのが一般的である。演目には「流し」「五拍子」「七拍子」「キイキイカッコ」「七夕くずし」「神楽くずし」「長者の山」「田植えくずし」「礼踊り」などがあるが、二十数演目をもつものもあり、多いところでは三十三曲あったと伝えて、これを名の由来と説明する伝承もある。

「さんさ踊り」は、小形信夫《おがたのぶお》によると次の三つの型に分類されるという。すなわち、①神社や寺など場所を固定して踊るタイプ②花笠をつけた踊り手が家々を回って踊るタイプ③周辺地域から盛岡の市街地に集まってきて門付けして歩く街流しタイプの三つのタイプである。[14] このように盛岡周辺の「さんさ踊り」は、伝承する地域内で踊るというだけではなく、家々を回ったり、盛岡市街地を門付けしたりということを行っていた。つまり、「さんさ踊り」は、「盛岡さんさ踊り」ができる前から、盛岡市周辺の市民に最も親しまれた民俗芸能であったということがいえよう。

しかし、「さんさ踊り」は市民に親しみがあるといっても、新しく創作された「統合さんさ」は別物である。したがって、これを定着させるための活動が必要となった。当初は参加団体が少なく、しかも消極的で苦労したという。そこで、指導員制をしいて、「統合さんさ」を指導できる指導員を養成し、その指導員が各参加団体に「統合さんさ」を教えるという方法をとった。また、小中学校に対し、運動会等で「統合さんさ」を取り入れてもらうよう働きかけ、積極的に指導員を派遣した。加えて、指導員の意識を高めるために、実力者の選考や認定証の交付をした結果、指導員派遣依頼が振興協議会に殺到するようになって、急速に「統合さんさ」は定着していった。現在までに創られた「統合さんさ」は、「甚句踊り」(一九七七年)、「七夕くずし」(一九八七年)、「栄夜差《えやさ》踊り」(一九九〇年)、「福呼《ふっこ》踊り」(二〇〇六年)である。「盛岡さんさ踊り振興協議会」会長を務めた藤原仁右衛門さんは、「統合さんさ」を創りだした時のことを次のように語っている。

会場を肴町と大通に移し、そして中央通に移したわけですが、そこでどこの踊りを主流にするかとなった。二十一団体の中でいざこざが起こらないように、県公会堂でそれぞれの地区に伝わるさんさ踊りを披露して、その中から難しくもなく賑やかな踊りをミックスして「七夕くずし」「甚句踊り」が生まれました。[15]

このように「盛岡さんさ踊り」は、伝統的なさんさ踊りへの配慮もしながら、誰もが踊りやすく賑やかな「統合さんさ」を創作して、それを踊って市街の目抜き通りをパレードする「盛岡さんさ踊り」への参加者を募っていったのである。

このように「盛岡さんさ踊り」の一つの特徴として、さんさ踊りという民俗芸能を用いながら独自の踊りを創作したということが挙げられる。そこにはこのイベントの推進母体のコンセプトがあった。すなわち、商工会議所観光委員会が打ち出したのが、「さんさ踊り」を主体にした〈市民総参加〉というコンセプトであった。そのためにあえて伝統的な芸態を捨て、〈誰もが簡単に踊れて、パレードに相応しい統合さんさ〉を創り出したのであった。加えて、団体に属していない個人の市民も参加できるように「輪踊り会場」を生み出し、先に述べた「統合さんさ」を定着させるためのを指導員制をとる。指導員は参加団体のみならず、小中学校の運動会等にも「統合さんさ」を行うことに一役買ったので、市民の中で「統合さんさ」に触れた経験をもつ者は相当の数にのぼるのである。この他にも「笛の講習会」、「若衆太鼓」の創設など、これを定着させるためのさまざまな試みを行った。

また、もう一つ特筆しておきたいのは、実行委員会は参加団体の創意工夫を推奨したことである。代表的なものは仮装と屋台である。しかも「統合さんさ」の芸態そのものに創意工夫することについても否定的ではなく、毎年表彰されるような参加団体は独自のアレンジを施しているものが多い。

3、「盛岡さんさ踊り」の参加形態

次に、「盛岡さんさ踊り」の市民への浸透を伝える文章を引用してみよう。

市民が参加する祭りのスタートは、地域のコミュニティにも変化を与えた。スタート当初の参加者はわずかに千五百人。しかし、年々その規模が拡大し、知名度が高まるにつれて、市民の町内会や事業所に「みんなでさんさ踊りに参加しよう」という気運が高まっていった。

盛岡さんさ踊り実行委員会も巧みに手を打っていく。市内の町内会や学校などに指導員を派遣し、さんさ踊りの普及をはかり、町内の祭りや学校行事にさんさ踊りが踊られるようになっていった。学校で踊りの楽しさを覚えた子どもたちは、家庭に戻るとさんさ踊りの啓蒙者となり、町内の祭りでさんさ踊りを踊った大人たちは、その言葉にうなずく。知らず知らずのうちに、世代を超えた共通の、夏の楽しみが生まれていった。

職場内でも噂が広がった。「さんさ踊りは楽しいらしい」とか「あの会社も参加した」など、やがて職場の共通の話題となる。街に響く太鼓の音が大きくなっていくにつれ、祭りへの関心も自然と高まっていった。

実行委員会ではこれまでの動きを、「各事業所や町内会単位での参加は、構成する人々の連帯感の深まりにつながっている。祭りの準備や練習などを通じて、これまで疎遠だったお隣さんや、仕事上の付き合いしかなかった職場の人々とのふれあい、コミュニケーションの機会が増え、協力し合う、より緊密な関係が生まれてきているのではないか。また、参加することによって目的の達成感という個人にとってのプラス面も大きいものがある」と分析している(16)。

ここでは「盛岡さんさ踊り」が浸透していく母体として、「町内会」「事業所」「学校」が挙げられている。実際、「盛岡さんさ踊り」の参加団体は、主にこの三つによって構成されている。

まず、「町内会」だが、これはそのまま「伝統さんさ」の伝承母体と一致する。ここでいわれている「祭りの準備や練習などを通じて、これまで疎遠だったお隣さんや、仕事上の付き合いしかなかった職場の人々とのふれあいコミュニケーションの機会が増え、協力し合う、より緊密な関係が生まれてきているのではないか。」という理由ならば、それは「伝統さんさ」でも可能な効能のはずである。それがそうならないのはなぜか。一、〇〇〇を超える芸能保存団体が存在する岩手県では、社寺の祭りに奉納することよりも、市町村等公共団体の民俗芸能大会や北上みちのく芸能まつりなどのイベントを、最も重要な上演機会として本音では意識している団体が多い。氏神などへの信仰心が薄れた、ということも理由であろうが、そればかりではあるまい。芸能は民俗芸能であっても、本質的には〈踊る楽しさ〉に加え〈見られる喜び〉が演じる者の意識に大きく働いている。要するに、観客が多い上演機会の方が、上演する者にとっては望まれる機会なのである。つまり、上演機会として地域の祭りは、市内のメイン通りである中央通をパレードする「盛岡さんさ踊り」には勝てないということなのである。かつては地域の人の生活に切実な祈りとしての氏神の信仰があり、また人々の意識は地域社会に強く向いていた。それが失われている地域では、華やかな上演機会の方が望まれる機会なのである。

次に「事業所」であるが、先の引用文章にも並列して述べられているように、現代ではその性格が地域社会と類似した存在になっている。要するに〈地域社会〉に代わって〈職場社会〉が生活の中心になり、これが芸能の伝承母体となっていると考えられないか。日本人の職業が第一次産業中心であった時代には、地域社会は職業にとっても大きな関連性があった。しかし、多くが給与所得者となった現在においては、地域社会と職業との関わりは薄くなっている。先に記したような〈連帯感〉とか〈コミュニケーション〉といったものが生まれ、また必要とされるのは、〈地域社会〉ではなく〈職場社会〉であり、学生であれば「学校」ということがいえよう。〈平日に遅くまで職場や学校で仕事や勉強をした後に地域の公民館に集まって練習する〉〈休日個人的な趣味や娯楽を捨てて地域の人々と練習する〉ということが困難になっているのである。仕事の後そのまま職場で練習する、あるいは放課後や授業の合間に校庭で練習する方が容易であるし、そこに集まっている人の方が喜楽をともにすべき人となっているのである。

このように「盛岡さんさ踊り」は、現代の都市の生活に適合したこと、また出自は地域の民俗芸能でありながら創造性を拒まなかったことが、多くの参加者を得られる祭りとなったということがいえる。この創造性を拒まないということは、〈民俗芸能の風流化〉を積極的に認めることである。そして、芸能の展開には、この創造性を支える第三者の目があることはすでに多く論じられてきたところである。(17)

山形県の尾花沢市と山形市には、「花笠踊り」が伝わる。前者は諏訪神社の祭りの奉納芸能として伝承されてきたもの、後者は一九六三年(昭和三十八年)に開催された「蔵王夏まつり」に起源をもつ創られた祭りである。しかし、前者は諏訪神社への信仰、後者は蔵王大権現への信仰が現在でも意識されている中で行われているものであり、その点が「盛岡さんさ踊り」とは大きく異なる。しかし、参加者の創造性がみられるところなど、「盛岡さんさ踊り」に共通するところも多いという。(18)

結び―よさこい系踊りのイベントの行方

本章では、「蒼前詣り」という信仰行事が今日ではイベント化している「チャグチャグ馬コ」、盛岡周辺に伝承された「さんさ踊り」をイベントとして創り上げた「盛岡さんさ踊り」の展開を考察してきた。この二つの祭りのあり方は、民俗の論理と無縁のものではなく、都市の祭りの変遷のあり方や民俗芸能の特性として説明できるものであった。そして、それは東北の他の都市に展開する祭りにも共通する。

しかし、一方で東北の各地にも、日本全国で流行している〈よさこい系踊り〉とそれを中心としたイベントが行われるようになってきている。[19] この〈よさこい系踊り〉というのは、昭和二十九年（一九五四年）に高知で始まった「よさこい祭り」が出発点である。高知商工会議所は、街の活性化を目指して隣県の徳島県徳島市の「阿波踊り」を手本とし、座敷の民謡踊りであった「よさこい節」を簡単に踊れるように改良して創り出したものであった。これが「盛岡さんさ踊り」同様、創造性を柔軟に受け入れたことによって成功した。

さらに平成四年（一九九二年）には、「よさこい祭り」の要素と北海道民謡「ソーラン節」を組み合わせる「YOSAKOI ソーラン祭り」が札幌で始まった。この祭りのルールは、「よさこい踊り」の要素を取りつつソーラン節を組み合わせるというもので、衣装・内容についてはそれぞれの団体の創造性に任せるというものであった。この〈「よさこい踊り」とその地の民俗芸能を組み合わせるということだけを条件に、衣装・芸態を参加団体の創造性に任せるという形式〉、いわば〈よさこい系踊り〉が各地に伝播して各地のイベントとして行われるようになり、その数はすでに二二〇以上にのぼる。

東北では、平成十年（一九九八年）に秋田市で「ヤートセ秋田祭」、仙台市で「みちのくYOSAKOIまつり」が行われるようになった。「ヤートセ秋田祭」を分析した平辰彦《たいらたつひこ》は、〈幅広い年齢層〉〈YOSAKOIソーラン祭りよりもさらに制約の少ないオープン性〉〈秋田民謡をアレンジした曲を用いるローカル性〉をこの祭りの特徴として指摘した上で、「みんなで踊ることによって「都市」の希薄になった新たなつながりが生まれ、地域を越えたさまざまな老若男女の出会いの場を創造している」としている。[20] 仙台市の「みちのくYOSAKOIまつり」は、その名称が表しているように宮城・仙台という地域ではなく東北全体からの参加団体を招くことが目的で、東北各地からそれぞれの地域の民謡と踊りを披露する団体が集まり、平成十九年（二〇〇七年）には二五〇団体八、五〇〇人の踊り手が参加した。

こうした〈よさこい系踊り〉とイベントは、「チャグチャグ馬コ」のような伝統的な祭りが展開したものとも、その地域になじんでいた民俗芸能を用いてイベントを創り出した「盛岡さんさ踊り」とも異なっている。おそらく今後、全国各地のイベントごとに消長が起こるであろうし、そうなった理由を見据えながら、見守ってゆきたいものである。

注

（1）薗田稔『祭りの現象学』、弘文堂、一九九〇年、六〇頁。
（2）拙稿「芸能の生成をめぐって」（『芸能の〈伝承現場〉論―若者たちの民俗的学びの共同体』、ひつじ書房、二〇〇七年）。
（3）門屋光昭「賢治と啄木とチャグチャグ馬コ」（『東北文学の世界』第六号、一九九八年）。

（4）岩手県立博物館編『岩手民間信仰事典』、岩手県文化振興事業団、一九九一年。
（5）森荘已池『宮澤賢治　ふれあいの人々』（森荘已池ノート）、熊谷印刷、一九八八年、四頁。
（6）石川啄木『渋民日記』（『石川啄木全集』第五巻（日記Ⅰ）、筑摩書房、一九七八年、一〇七頁）。
（7）盛岡市教育委員会編『「チャグチャグ馬コ」調査報告書』（盛岡市文化財報告書第二二集）、盛岡市教育委員会、一九八一年。
（8）（7）の前掲書。
（9）（6）の前掲書。
（10）柳田國男『日本の祭』、弘文堂書房（引用は『柳田國男全集』第十三巻、筑摩書房、一九九八年、三八二・三頁によった）、一九四二年。
（11）藤田本太郎『ねぶたの歴史』、弘前図書館後援会、一九七六年。
（12）植木行宣『山・鉾・屋台の祭り―風流の開花』、白水社、二〇〇一年、一九二頁。
（13）拙稿「「盛岡さんさ踊り」考―イベント祭りと民俗芸能―」（（2）の前掲書）。
（14）盛岡市教育委員会編『さんさ踊り調査報告書』（盛岡市文化財報告書第二八集）、盛岡市教育委員会、一九九一年。
（15）盛岡さんさ踊り実行委員会編『盛岡さんさ物語』、一九九八年、七三頁。
（16）（15）の前掲書、一一～二頁。
（17）（12）の前掲書。
（18）菊地和博「花笠踊りの歴史民俗と大衆性」（第二十七回東北地方民俗学合同研究会実行委員会編『民俗から現代群舞を考える―盆踊りからよさこいソーランまで―』、二〇〇九年）。
（19）内田忠賢編『よさこい／YOSAKOI 学リーディングス』、開成出版、二〇〇三年。
（20）平辰彦「都市民俗学から見たヤートセ秋田祭の〈祝祭性〉―融合文化の事例研究―」（『融合文化研究』第一四号、四一頁、二〇一〇年）。

初出　原題「イベントと民俗芸能」（『講座東北の歴史』第5巻、清文堂、二〇一四年）。

第八章　祭りを支える外来の人々——津軽半島上磯の祭りと民俗芸能

序

津軽地方の民俗芸能について、昭和六十一年（一九八六年）三月刊行の『青森県の民俗芸能』（青森県教育委員会）では、

津軽一帯の各集落には、必ずといってよいほど一人立ち三匹獅子の獅子踊が伝承されており、現在、同地方の代表的な民俗芸能となっている。また、次章で詳細に紹介するが、藩政中期に藩主が江戸や上方から伝習させたという津軽神楽が、代々領内各神社の社家によって伝承され現在に至っている。そのほか、年中行事の虫送り行列に従った荒馬や太刀振りが、近年独自の芸能として行われ、その保存会が結成されたりしている。(1)

と記され、津軽地方を特徴づける民俗芸能として「三匹獅子踊」「津軽神楽」「荒馬《あらま》」「太刀振り」が挙げられている。

津軽半島の中でも上磯（カミソといい、津軽半島の津軽海峡及び陸奥湾沿岸を指す総称）という地域には、「荒馬」「太刀振り」が多く分布している。これらは『青森県の民俗芸能』では、虫送り行列に従っ

たものから近年独自の芸能として行われるようになったと記されるが、現状では「ネブタ祭り」に伴って行われている。このうち「荒馬」は、早くに全国的に有名になり、「民族舞踊」愛好者に親しまれている民俗芸能である。ところがこれを伝承する地区では、深刻な過疎化問題を抱えており、「荒馬」を伝承する上で特殊な事情が発生している。

本章では、「荒馬」が本来の祭りの場で行われている状況を詳述して、現在の伝承のあり方について述べてみたい。

一、荒馬と太刀振り

前掲した『青森県の民俗芸能』では、今別町《いまべつ》今別、大川平《おおかわだい》、大川平字二股《ふたまた》、浜名、関口字鍋田《かまだ》、村元、平舘村野田（現外ヶ浜町）、三厩《みんまや》村増川（同）、金木《かなぎ》町金木（現五所川原市）に荒馬の伝承があることが報告されている。また、平成八年（一九九六年）三月刊行の『青森県民俗芸能緊急調査報告書』（青森県教育委員会）の悉皆調査の一覧票には、今別町今別、大川平、大川平字二股、平舘村野田、三厩村増川、金木町金木の荒馬が名称として挙げられている。(2) このほかに、今別町大泊・三厩村の太刀振り、木造《きづくり》町出来島《できしま》（現つがる市）の虫送り、稲垣村千年《ちとせ》（同）の虫送り、市浦村相内《あいうち》（現五所川原市）の相内太刀振り、尾上《おのえ》町八幡崎《やわたざき》（現平川市）の八幡町疫ノ神《ぼうのかみ》送りのそれぞれの備考欄に、荒馬を各行事に伴って伝承しているとする記述がある。

太刀振りの伝承地については、前者には今別町袰月《ほろづき》、今別町山崎、今別町大泊、今別町砂ヶ森、今別町奥平部、今別町大川平、三厩村六条間が挙げられている。後者の悉皆調査の一覧票には平内町内童《ひらないまちうちどう》子《じ》、今別町大泊、三厩村の六条と竜飛間の九地区、市浦村相内、小泊村漆流（現中泊町）に太刀振りが名称として上げられるほか、三厩村増川の荒馬、五所川原市岩木町の虫送り、木造町出来島の虫送り、稲垣村千年の虫送り、金木町金木のさなぶり荒馬踊、尾上町八幡崎の八幡町疫ノ神送りのそれぞれの備考欄に、太刀振りを各行事に伴って伝承していることを伝える記述がある。このように荒馬と太刀振りは、それを両方伝承する地区は多く、これらの芸能を特色づける性格といえる。

本章の基盤となる調査では、これらの先行報告書に報告された地区全部に対して調査を行うことはできなかったので、今別町を中心に記述していくことにする。

二、今別町の荒馬

現在、今別町内では、今別町今別、同八幡町、大川平の三カ所で荒馬が行われている。しかし、今別・八幡町の二カ所は、本来は伝承母体が一つの団体、すなわち今別町の青年団であったものが、その後の経緯を経て二つに分かれたものである。したがって、無形民俗文化財としての青森県の指定も、今別と大川平の二カ所となっている。この三カ所の荒馬は、伝承者から聞き取ると芸態が異なるというが、それ以外の要素には大きく異なるものは少ないので、本節の記述にあたっては地区ごとではなく三カ所をまとめて述べることにする。

1、荒馬の概要

荒馬の呼び方は、「アラマ」と発音されている。現在の今別町の荒馬は、いずれも八月五～七日（八幡町は六日まで）の「ネブタ祭り」に伴って伝承されている。ネブタは旧暦時代は七月七日の七夕行事で、今でも「ナノカビ」という呼び方は強く意識されている。しかし、荒馬については、一時的に月遅れ盆の時期に行ったこともあるという。また、現在の伝承者たちが、明治から大正初期までの伝承として古老から聞いた話では、田植え後のサナブリの行事に行われていたという。このことは、昭和四十二年（一九六七年）刊行の『今別町史』にも次のように記されている。

　この踊りは田植えが終わり、田の神が天に昇るとき、農民が神に加護と感謝のため催される、神送り、サナブリの行事である。一体、津軽地方のサナブリはボーの神とよばれる男女二体の藁人形を先頭に、太刀振り、傘鉾、サラ《ママ（ササラか）》、荒馬の順序で、笛、太鼓のはやしに送られて村中をねり歩き、のち鎮守の森の木に藁人形をかけて帰るのである。近年これが簡略され、太刀振りと荒馬になりつつある。[3]

このサナブリと荒馬の関係は、前掲した『青森県の民俗芸能』には伝承されている各地の荒馬の本来的なあり方として報告され、後述する金木町などでは今日も確認できるが、現在の今別の場合にはどこもネブタ祭りと深く関わって行われている。

　もともと荒馬を伝承していたのは、今別・一本木・大川平・二股・浜名地区の青年団で、このうち現在では今別が今別（本町と通称）と八幡町に分かれて行っている。これらの地区ではネブタ祭りの一環として、各地区でネブタとともに荒馬・太刀振りの行列が巡行するとともに、集落を出て今別の市街地

（いわゆる本町）に「ナノカビ」を中心に集まってきたという。かつては、遠い地区からは船にネブタを載せて今別にやってきて、上磯地区全体が今別本町に集まるような祭りがこのネブタ祭りであったという。現在荒馬を伝承している地区では、それぞれ日と時間を違えて、地区内の巡行と今別市街地の巡行を行っている。

各地区内の巡行は、順路が定められており、最後には地区内の外れの川に行き、ここでネブタを川に流したかつての名残をとどめた順路となっている。地区内を巡行するときには、鳴り物を鳴らして曲を奏し、各家からハナ（祝儀）を集めながら、しばしば巡行の歩をとどめて荒馬を踊る。かつては、祝儀をもらった家の中まで荒馬が入って踊ったというが現在は行っていない。

ネブタと荒馬の巡行には、今別では巡行の時に奏する「歩き」、荒馬を踊る時の「踊り」、ネブタを流して帰る時の「バタラ」の三種類の曲がある。これは大川平でも同様で、巡行時の「歩き節」、荒馬を踊る時の「荒馬」、ネブタを流して帰る時の「もどり節」である。

荒馬は、馬（一人・男）、手綱取り（一人・女）が一組となって踊られ、手綱取りが暴れる馬を御するような芸態の芸能である。そして、跳ね人《はと》が荒馬を囲むような輪になって踊る。また、大川平だけには太刀振りが一緒に踊られる。この太刀振りは、荒馬を伝えない地区にも伝承されている。大川平はその両方を伝承する特殊な地区なのか、本来は両方あったのに大川平だけがそれをとどめているのかは明確ではない。太刀振りは木の棒で作った太刀を持った役の者が二人一組となり、太刀をぶつけ合うような所作をする芸能である

これらの踊り役に加えて、囃子を担当する笛と太鼓があり、笛役は歩きながら笛を吹き、太鼓は山車

に載せられており、これをたたきながら巡行する。ただし、太鼓については、以前は山車に載せるものではなく、歩きながらたたいたともいう。また、近年になって手平鉦が加わっている。

衣装は馬が半纏・マタワリ（下衣）・鉢巻・白足袋・草鞋、手綱取りが花笠・襦袢・半纏・襷・手甲・しごき（帯）・白足袋・草鞋・扇子、跳ね人が花笠・襦袢・浴衣・襷・しごき・白足袋・草鞋、笛などの囃子方が半纏・マタワリ・鉢巻き・白足袋・草鞋といった出で立ちである。しかし、かつてはこのような衣装ではなく、男は白い半袖シャツ（下着）に桃色の股引、女は浴衣に腰巻というのが定番だったという。大川平では、青森県の芸能大会に最初に出演した際に、衣装が貧弱だという理由で落選したことを契機にこれを改めたという。

荒馬の道具は、木で作った頭部を水道のビニールパイプを楕円形に丸めたものにつけ、これに幕をつける。馬役の者はこの楕円の輪の中に入って、肩にかける紐によって楕円パイプを腰のあたりに下げるような格好となる。馬の頭部にはテープや紐で作ったたてがみがつけられ、尾も楕円パイプにつけられる。昔はこの毛に馬の毛を使ったともいう。同じく頭部には長い手綱がつけられ、これを手綱取りが持つことになる。かつては楕円形の水道ビニールパイプではなく、竹が用いられ、幕の材質も人絹が使われていたので、今よりずっと軽くて踊りやすく、そのためか踊りも荒々しかったという。大川平だけに伝承される太刀振りの太刀は、かつては毎年新調していたという。太刀にする棒は、木を山から伐ってきてこれを乾燥させて作る。この棒は、一年おくとぶつけた時に鳴る音が悪くなるということで、毎年練習始めの日であった七月一日に伐ってきて、一ヶ月乾燥させて太刀を作ったという。

行列の構成は、荒馬、跳ね人、太鼓、笛、鉦、ネブタというのが一般的で、大川平は跳ね人・太刀振りが荒馬の前につく。それぞれの役に配される人数は、後述する理由から現状とかつてのあり方が大きく異なっている。ここではかつてのあり方を大川平を中心に記述しておく。大川平も今別も、荒馬とネブタ祭り全体を行うのは青年団であった。大川平では七月一日から練習が始まり、その時には女子も含めた青年団全員が参加して行われ、最終的に青年団長が役を決めた。青年団時代の馬の数は、地区と年によって二〜八頭の幅があったようであるが、二頭であれば男女二人ずつの四人のみが馬と手綱取り役になることになる。大川平の場合には、これに選ばれなかった場合にはほとんどが太刀振り役となり、今別では跳ね人となった。大川平で跳ね人になるのは、踊りの上手い人が選ばれて跳ね人になったという。大川平では、太鼓と笛役は青年団がやるのではなく、区の中に愛好者がいてその人たちが行ってきた。今でも、大川平の中に、太鼓については三つの流派、笛については二つの流派があって競い合って奏している。

2、起源伝承

冒頭述べたように『青森県の民俗芸能』には、荒馬と太刀振りの起源としてサナブリと虫送りにかかわるという伝承が、いくつかの地区で記されている。また、『今別町史』にも同様の伝承が紹介されている。しかし、上磯に伝承される荒馬と太刀振りは、現状ではすべての荒馬と太刀振りがネブタ祭りの中で行われている。ただし、現在の伝承者たちには経験がないというが、かつてはサナブリ行事に行っていたという伝承がある。

現在、サナブリ行事に荒馬を伝えているのが、旧金木町の「金木さなぶり荒馬」である。旧金木町のサナブリは青年団の行事であった。田植えが終わると、藁で蛇体を作り、これを集落の入り口に立てかけておき、馬役一人と手綱取り役二人（計三人）の「荒馬踊り」、太鼓と笛、鳴り鉦役が列を作って集落の各戸を門付けして回った。回った先では荒馬踊りを踊り、祝儀をいただく。そして、集落をまわり終えると、村外れの林に藁製蛇体を投げ捨てて帰ってきたのだという。これが元の形であるが、現保存会長の徳田長弘さん（昭和二十二年（一九四七年）生）が青年団を引き継いだ時に、この地区には別に太刀振りと獅子踊りが伝わっていたので、これをアレンジして三つの芸能を組み合わせた新しい芸能を創り出して行列に加えた。すなわち、太刀振り・獅子踊り・荒馬踊りが、この門付けで行われることになったのである。このサナブリ行事は、平成十五、六年（二〇〇三、四年）頃まで毎年六月上旬に行われていた。また、「金木さなぶり荒馬」には、津軽藩四代目藩主津軽信政にまつわる伝承があり、それに因んだ橋の作り物を用いる芸態と「三縞こぎん」（こぎん刺しの一種）という衣装を伝えている。

この金木のある津軽平野と今別地方は、江戸初期に津軽地方からの開墾者を受け入れたという歴史があり、今日でも人的交流は盛んにある。そのことを根拠とすれば、今別の荒馬のサナブリ起源説も説得力をもつ。

また、北海道南部の伝承との関わりを指摘する説もある。昭和四十年（一九六五年）刊行の弘前大学民俗研究部発行『津軽』創刊号には、次のような記述がある。

松前郡福島町字白符は五百余年前の文安四年陸奥の国の白符馬之助が渡道ニシン漁を行い白符村を開いたところにこの荒馬踊りが始まつた。今から二九三年前の寛文六年白符大神宮が建ち同時に荒神神社も建立された。

荒神様は「スサノオノ命」をお祭りしたもので天照大神の弟神で性格が荒く生馬の皮をはいで姉神の天照大神に投げつけた荒神で、後に賊を平定したが白符の人々はこの荒神様の信仰からして荒馬踊りを行つた。これが白符の荒馬踊りのはじまりである。後に松前藩が「エゾ」を征伐した際に盛んに踊られた。

この踊りは荒馬だけではなく、棒振りと云う戦の様を表わした勇ましい踊りが数十名によつて行われ、後に戦勝を祝う扇の踊りが行われる。

（中略）北海道本州航路は主に松前〜三厩（東津軽郡三厩）が用いられ荒馬踊りは、この経路で伝達されたのだろうと推測される。(4)

現在、今別の荒馬の衣装に記されている紋は、松前藩との関わりがあるという伝承もあり、この北海道から渡ってきたという説も有力である。

3、荒馬とネブタ祭りの担い手の変化

荒馬もそれを行っているネブタ祭りも、かつてはすべて青年団が執り行うものであった。今日の演者が経験した行為として確認できるのは、荒馬はネブタ祭りの芸能の一つとして行われていたということである。その青年団の役割は、ネブタ祭りのような祭り事のほか、花見であるとか演芸会、交流会といった地区の行事を取り仕切るということであった。青年団は今別・大川平で一つずつあった。今別町全体では、このほかに一本木、二股、浜名の青年団があり、それぞれにネブタ祭りをやっていた。今別では、荒馬について昭和三十八年（一九六三年）には保存会ができ、ネブタ祭りを行う青年団の中にこ

れができたような形だが、大川平では青年団が人数の減少によって維持できなくなった後の昭和五十五年（一九八〇年）に作られた。今別と大川平では異なる経緯で担い手が変化するので、以下に分けて記述する。

今別では青年団がネブタを運営しているころから、最初に子供会が、次に町内会が独自にネブタを作って参加するようになった。もともと今別の青年団のネブタは立ちネブタで、人形ネブタだったが、子供会と町内会のものは扇ネブタだった。平成三、四年（一九九一、二年）頃、青年団が団員の減少によってなくなり、ネブタ祭りは青年団OB（三十～四十歳代）によって結成された「今別ネブタ愛好会」によって行われるようになった。しかし、これは三、四年で行き詰まり、行えなくなった。青年団OBだけでは、人数的に無理があったからである。ところが、ここで年配者も含まれた荒馬保存会の人たちが、何とかネブタも含めてこれを行いたいとはたらきかけて、子供会・町内会も一緒にして平成九年（一九九七年）に「今別ねぶた実行委員会」を組織し、ネブタ祭りを運営することになった。しかし、現状では子供たちも減少し、町内のあらゆる人たちを加えてもネブタ祭りを行うことが困難になっている状態で、多くの外からの人を受け入れて芸能を演じてもらい、今別の人は祭りの下支えにまわっている。

大川平では、青年団が祭りを取り仕切っている時代から、小学校四～六年生は独自に荒馬とネブタをやっていた。さらに保育所が集落内にできると、保育所でも荒馬とネブタをやるようになって、三つの団体がそれぞれにネブタ祭りを行うことになった。そして、八月四～七日の祭りの時に、時間帯を別にしてこれらが集落内を巡行して、ハナ（祝儀）を集めてまわっていた。昭和五十年代（一九七五年～）

に入って青年団の人数が減少し、青年団のみでの祭りの運営が厳しくなってきたので、昭和五十五年（一九八〇年）に青年団ＯＢを集めて「大川平荒馬保存会」を結成した。大川平ではあくまでネブタと荒馬が切り離されるのではなく、荒馬保存会が青年団に代わって、行事全体を取り仕切ることになったのである。保存会を主体にした時代でも、しばらくは保育所・小学校の荒馬も行われていたが、少子化の影響で行うことができなくなった。現在この保存会に所属しているのは七十二人で、内二人は仕事の関係で外に出ている。中心は五十歳代の人であるが、後述する理由から現在は保存会のメンバーで馬を演じる者はほとんどなく、交通整理や食事の支度など祭りの下支えを行っている。

今別・大川平と、今別から分かれて独自にネブタと荒馬を行っている八幡町を加えた三カ所の伝承地は、いずれも高齢化と過疎化の問題を抱えて荒馬などの演者を集落外の人たちに依存しているような状況である。この問題は、荒馬という民俗芸能がたどってきた特殊事情によるところが大きい。言い換えれば、この特殊事情がなければ、現在は廃絶してしまっていた可能性がある。次にはその事情について記述する。

4、全国に知れ渡った荒馬とその影響

荒馬という芸能は、民俗学や文化行政が対象とする〈民俗芸能〉としてではなく、昭和三十年代（一九五五年〜）半ばから別の存在として全国的に有名になった。日本共産党の文化工作隊という性格を帯びて、昭和二十六年（一九五一年）に労働者たちに民謡や演劇をみせる「楽団海つばめ」が東京で結成され、昭和二十八年（一九五三年）にこれが拠点を秋田に移して「わらび座」として活動を始める。

そして、わらび座は、昭和三十七年（一九六二年）には今別を訪れ、荒馬を土地の人に習って舞台化し、日本各地で公演するほかに、翌年には中国・朝鮮・ベトナムでも公演演目に加えていた。また、この後に日本全国にわらび座と関わりをもつ民族歌舞団が次々と誕生し、それぞれ独自に民謡や民俗芸能を取り込む活動を行っていた。一方で、これらの歌舞団の相互の交流も盛んで、津軽半島の民俗芸能であった荒馬がわらび座を通じて全国の民族歌舞団に広がり、〈民族舞踊〉としての「荒馬踊り」が定着することになるのである。

こうした「荒馬踊り」は、次には〈民舞教育〉という文脈でさらなる展開をみせる。転機となったのは、宮城教育大学の中森孜郎《なかもりしろう》が中心となり、昭和四十三年（一九六八年）に開催された「第一回民族舞踊を学ぶ会」である。この会は「日本の子どもに日本の踊りを」というコンセプトで、主な対象を学校の教員としていた。この会にはわらび座が協力し、以降宮城教育大学の中森ゼミは、教師を目指す学生たちにわらび座とほうねん座の協力のもとで民族舞踊や太鼓を学ばせていく。この中森の活動に影響を受けた教育者たちが、民族舞踊を取り入れた教育〈民舞教育〉を様々に実践していき、その主な芸能の一つが「荒馬踊り」だったのである。また、わらび座の研修を受けた教員が中心となり、昭和六十三年（一九八八年）に東京民族舞踊教育研究会が結成され、さらなる展開を遂げることになる。

こうした外での動きは、必然的に伝承地にも影響を与えることになる。今別町以外で荒馬踊りを習った者が、本場の荒馬を見てみようと今別町を訪れ、その違いに驚いて今別町の荒馬を習いたいと思う者が多く出てきたのである。一方で、外で荒馬を学んだ人たちが、今別町で荒馬を伝承している人たちを招くというような機会も増えることになる。特にネブタ祭りに合わせて訪れる外からの人には荒馬を教えるとともに、担い手の減少に伴って祭りの中で荒馬を演じてもらうことが積極的に行われるようになる。こうした交流の積み重ねが、それぞれの伝承地との中で培われていくことになっていったのでる。

今別で一番多くの参加者となっているのが、東京大学教育学部附属中学高等学校それぞれの三年生たちである。この学校では、当該学年の「総合的な学習の時間」にいくつかプログラムを提供して、それを選択して学ばせている。その一つが今別の荒馬であり、それを学校で学ぶとともに体験学習としてネブタ祭りの時に今別町を訪れ、実行委員会の人に荒馬を教わり、実際に祭りに参加しているのである。平成二十年（二〇〇八年）のネブタ祭りには、二十五人ほどの生徒と教員たちが参加した。これ以外にも、この学校の卒業生や全国から毎年のように訪れる人たちや、北海道教育大学の学生なども参加している。また、今別と特に関わりが深いのは町田市の和光鶴川小学校で、毎年九月にこの学校に実行委員会の人が赴き、小学生に荒馬を教えて町内をパレードするのだという。

大川平には大学生が多く参加している。ちなみに平成二十年（二〇〇八年）の例を挙げると、一番人数が多いのは立命館大学の民舞サークル「和太鼓ドン」でOBを併せて三十五人、同じ立命館大学に関係する「BATI・HOLIC」というサークルが八人、立命館アジア大学のサークル「荒馬緒」が八人、そのほかに名古屋大学の学生など十五人ほどで総勢約七十人が参加した。このような大学生の参加は、平成十六年(二〇〇四年)から急激に増え始め、現在では参加する学生たちが八月に入ると三々五々集まってきて、大川平の公民館である大川平文化会館に泊まり込んで練習し、祭りに参加する。毎年なじみになっている学生（卒業生）は、「ただいま」といってやってきて、大川平の人々も「おかえりなさい」といって迎えるような関係になっているという。また、大川平に十年以上前によく来ていたのは、北海道教育大学の学生と函館のこぶし座（わらび座と同種の歌舞団）の人たちだった。これら以外に長く交流があるのは、埼玉のさくら幼稚園の教員と父兄だという。

八幡町のネブタ祭りには、宮城教育大学の民舞サークル「びっきー」とその卒業生が参加している。特にこの「びっきー」の卒業生は、日本全国で教員をやっている者が多く、学校の夏休みを利用してネブタ祭りにやってくる。平成二十一年（二〇〇九年）は、現役学生が八人、卒業生が十人参加していた。この年は、このほかに札幌の「翼荒馬衆」というサークルから三人が参加していた。「びっきー」は、中森とわらび座からの流れをくむほうねん座の影響を受けている民舞サークルである。

このように現在荒馬を伝承している地区には、多くの外部からの荒馬の演者が参加している。というよりも、保存会員七十人を数える大川平を除くと、こういう外部からの人がいなければ成り立たないということもいえるのである（ただし、大川平の保存会員も現在は外部に居住している人が含まれている）。しかし、一方で外部の人を受け入れることで、行列の構成などにも変化が起きている。すなわち、外からやってくる人たちは荒馬踊りを習い、それに魅せられてやってくるのだから、荒馬をやらせないわけにはいかなくなり、馬と手綱取り役ばかりが非常に多くなっているということである。先に述べたように、馬と手綱取りは二〜八組で、大川平などでは全員練習の中から踊りの上手い者だけが選ばれていたのにそうはいかなくなったのである。ちなみに、今別では平成二十年（二〇〇八年）は、荒馬が十四頭になり、跳ね人も十二人が参加した。このことによって、地元の人は先にも述べたように踊り役ではない下支えの役を務めることになっている。

結び

今日、日本全国どこでも民俗芸能の多くが、後継者不足の問題を抱えている。東日本大震災後の被災地の民俗芸能をみればわかるように、人々が心の支えとし、伝承されることに対して熱い眼差《まなざ》しを送っているのに、これを継承する人がいない。どこにこの問題の本質があるのだろうか。

後継者不足は人口減少の影響によるのではなく、民俗芸能を伝承してきた地域から人が移動してしまったことを示している。産業構造の変化が、民俗芸能の伝承に影響しているわけだ。このことは民俗芸能自体に問題があるわけではなく、これからの国のあり方の問題ともいえる。

また、「人はいるのに伝承者になってくれない」という問題もある。しかし、このことは、後継者たる現代の若者が、必ずしも民俗芸能に無関心であることを示しているのではない。例えば、高知市の「よさこい祭り」を出発点に、「よさこい踊り」に各地の踊りを組み合わせた踊りを創り出し、それをメインとするイベントに熱狂する若者は、日本全国にあふれている。

また、筆者の勤務する盛岡大学では、学生が自主的に「東北五大祭り」の一つとされる「盛岡さんさ踊り」に毎年参加している。参加者は、口コミだけで多い年は四〇〇人にのぼる。練習も真剣そのもので、六年連続で「盛岡さんさ踊り」の最優秀賞を受賞したこともある。

こうしたイベントに若者が熱中するのは、「よさこい踊り」や「さんさ踊り」が特に優れた芸能であることを示しているわけではないだろう。彼らをひきつける魅力を探り、若者と民俗芸能を遠ざけている要因を考えることが、民俗芸能の継承問題の鍵となるのではないだろうか。

今別町の「荒馬」を演じに来る学生が全国から訪れ、それを受け入れているのにも事情がある。この地域は、青函トンネル工事終了後に急速に転出者が増え、町内集落のほとんどが限界集落となりつつある。祭りを維持する人がほとんどいなくなった時に、自分たちが知らないところで「荒馬」を習っていた学生たちがやってきたのである。

「荒馬」は、民舞愛好家には有名な民俗芸能で、早くに学校教育に取り入れられてきた。学校で「荒馬」を習った学生たちが、本来の伝承地を訪れてその現状を知り、祭りに参加するようになったというわけだ。地域と関わりのない人たちが奉納する荒馬は、第三者的にいえば民俗芸能とは呼べないといいたくなる。しかし、それを承知の上で、地域の人たちは学生を受け入れているのである。

あらためて問うてみたい。地域にとって〈民俗芸能を伝承する〉ということの意味は何なのか。何を伝えなければならないのか。地域社会があまり変化しなかった時代には、このような問いは必要なかった。しかし、今こそ、それぞれの地域の中で、真剣にそれを考えることが求められているのである。

注

（1）青森県教育委員会『青森県の民俗芸能』、一九八六年、三頁。
（2）青森県教育委員会『青森県民俗芸能緊急調査報告書』、一九九六年。
（3）今別町『今別町史』、一九六七年、五〇五頁。
（4）弘前大学民俗研究部『津軽』創刊号、一九六五年、五・七頁。

付記　民族舞踊としての荒馬について、筆者の調査当時に立命館大学大学院生で、大川平の祭りに参加していた西嶋一泰氏に多くの御教示をいただいた。記して謝意を表する次第である。

初出　原題「外ケ浜の民俗芸能」（『西浜と外ケ浜の民俗』、青森県、二〇一〇年）。初出が外ケ浜全体の民俗芸能を扱うものであったので、大幅に加筆修正した。

第九章　〈地域〉と民俗芸能―伝承のあり方を考える

序

本章は「〈地域〉と民俗芸能―伝承のあり方を考える」と題したが、近年こうしたテーマで考える機会も多く、またそうした話を求められることも多かった。本章はそれを整理したものと位置づけられたい[1]。

「〈地域〉と民俗芸能」と掲げたが、出発点はどこにあるのか。かつては、民俗芸能を豊かに伝承していた地域社会というものがあった。その地域社会の人口が減少して、伝承者不足という問題に悩んでいるという現状がある。ただ、この問題は、日本社会が少子化に向かい、人口減少の時代になったということとは必ずしも同じものではない。人口が減少しているとはいえ、人口が大幅に減ったわけではない。では民俗芸能を伝承している地域社会の人口が減少しているとはどういうことなのかというと、社会構造が大きく変化して、かつては第一次産業従事者が多くを占めていた地域に伝承されていた民俗芸能が、産業構造が変わることによって人々が都市に移動してしまい、伝承者を大きく減少させているということなのである。まず、そういう地域社会の中で民俗芸能や祭りをどのように伝承してゆくのか、ということに、この章でとり上げる問題の出発点がある。ところが一方で、自分のふるさとを離れて都会に出た人々が、同じ地方から出てきた人たちと故郷の芸能を都会でやるということが、頻繁に長きにわたって、あたかも元々の伝承地で行うように行われるようになった。そして、ここ二十年ほど前から、そうした動きに注目するような研究も出てきた。例えば、奄美大島でいえば「八月踊り」、沖縄本島でいえば「エイサー」というような芸能に対しての研究である。

また、都市というものはそもそも〈雑居的社会〉であるから、地方から人々が集まって形成されているという性格がある。したがって、都市では古くから伝承されているような芸能をもっていないことも多い。そこで都市に住む人が、地方に芸能を習いに行くというような動きもある。このような問題を民俗芸能の問題として考えるということは、今まではあまりなかったのだが、近年はそれを視野に入れた研究も多く出されてきている。

さて、「民俗芸能とは何なのか」ということについての私見を、予め提示しておきたい。「民俗芸能というものは民俗社会に生きる人々の〈祈り〉と〈喜び〉を表現するものとして伝承されてきたもの」とおおむねいうことができると思う。こうした理解は、民俗芸能学会の設立趣旨に記されている。このように発言すると、「現在の伝承現場では、〈祈り〉を表現するなどというようなものは看取することができない」と反論されそうだが、筆者はこの認識は決して消え去ったものではなく内在している、あるいは有形無形に影響している、と思っている。また、民俗芸能はそれぞれの地域で創作されたものではないが、外から伝わったものであるとしても、それを伝承するそれぞれの地域の人の〈民俗の知〉が加えられて、伝承されてきたものといえるだろう。つまり、民俗芸能は、地域の〈知〉と〈感性〉の結晶といえる〈文化〉なのである。もちろん、今日の民俗芸能をみる限り、「そんな脳天気なものではない」ということは周知のことであり、筆者自身もそのように述べてきたが、その本質的なところはそこから出ていることは確かであろう。

したがって、こうした民俗芸能を、ほとんどの人が「なくなってもよい」とは考えないだろう。しかし、それを伝承する地域の人々は、伝承する人々が少なくなったという理由から、それを力強く伝承する力がなくなっているという現状がある。ではこれから民俗芸能はどうなっていくのか。こういう状況の中で、地域社会の変貌と民俗芸能をどうやって考えていけばよいのか。本章で述べてみたいのは、そのことについてなのである。

一、民俗芸能をめぐる眼差しと対応

こうした民俗芸能を「なくなってもよい」とは考えないと述べたが、そういうことから様々な立場からの眼差しが注がれることになる。まず、ここではそれを整理しておきたい。

最初に挙げたいのが、「文化財行政」である。国・都道府県・市町村が、民俗芸能を無形文化財として指定する。そのようにして文化的価値を認めて、何とか続けさせていこうということである。しかし、それぞれの地域で伝承していることに対しては、指定をしても伝承の後押しが必ずしも特段にできているわけではないということが実状である。そして、このことについて様々な角度から言及がなされてきた。

次に挙げたいのが、学校教育との関わりである。特に近年では、学校教育の中に民俗芸能を何らかの形で取り入れようという動きが目立っている。明治時代に国の施策で学校が作られ、教育が行われるようになった時には、世界の列強に早くに追いつこうという国策の下、列強に並び立てる人材を養成することが教育の目的であった。したがって、西洋の教育を輸入することになった。結果として、日本の伝統文化であるところの民俗芸能は、本来ならば音楽教育とか体育教育の中心に位置づけられてもいいようなものであるはずだが、そうした教育の目的にはそぐわなかったので、音楽は西洋の五線譜の楽譜と楽器を用いたものが中心となった。体育も同様で、象徴的な例を挙げると、アメリカの教会の日曜学校などが代表的な披露の場であった「フォークダンス」（まさに和訳すれば「民俗舞踊」だが）を習って、体育祭で披露するようなことになってしまった。西洋のものを学校教育で扱って、日本の伝統的なものはほとんど扱わなかったことが、ようやく反省されて遅ればせながら学校教育が取り入れていこうということは、まことに当然のことである。

具体的には、近年「総合的な学習の時間」の中に取り入れることは多く試みられている。岩手県の場合ではかなり早くからこのことに取り組んでいて、小学校の六割強、中学校の三割強が[2]「総合的な学習の時間」が始まる前からこれを行っており、加えて高等学校では部活動として民俗芸能を行っているところも少なからずある。しかし、こうした取り組みが民俗芸能の伝承に役立っているのかというと、必ずしもそうなっていない。学校で習ったのだから、大人になって地域に残って伝承者になっているのかといえば、必ずしもそうなっていないのが実状である。

次に述べておきたいのは研究者の問題である。研究が進んで〈民俗芸能の正体〉が明らかになってくるわけであるが、そうなると今やっている民俗芸能が本来的にはどういう意味で行われているのか、それがいつどういうふうにしてそこで行われるようになったのかということが、明らかにされるわけである。そうなると、口承で伝えられていただけの情報が、様々な研究方法で捉え直されるようになる。あるいは文書として伝えられていたものであっても、現代の伝承者には読めないような字体になっていた。それを研究者が読み解いてくれることによって、その実態が明らかになるということがおきるわけである。このことは研究にとっては当然のことであって、そもそも研究が目指していることである。しかし、研究者が意図していなくとも、このことは別の問題を引き起こすことになる。例えばAムラとBムラで同じ芸能を伝承していたとして、それがどちらが古いとかどちらが本家だというようなことはわからなかったのであるが、それが研究の成果によって明らかになってしまう。それは仕方のないことととしても、それによって「どちらが文化的に貴重だ」というような意識が生まれて、古くからやっている方が貴重であるということになってしまいやすい。やっている人たちにとっては、古かろうが新しかろうが一所懸命にやっているのだが、そうした意識を与えてしまうことになるのである。例えば、藤原秀衡ゆかりの芸能と伝えていたものが、近世期を遡れないことがわかってしまうのである。

また、民俗芸能大会が多く行われるようになった。発表の機会が増えるわけであるから結構なように思えるが、実は民俗芸能の形にも影響を与えている。例えば、芸能大会では、七十分で行っている演目を、二十分で上演しなければならないというような制約が出てくる。ところがこの二十分のバージョンは、繰り返しを省いたり、冗長な部分を除いたりしてできるものなので、この方が無駄がなくて普段演じるのもこちらの方がいいというような考え方が生じたりする。結果として、本来の七十分の演目はやらなくなるというようなことがしばしば起きている。このように、民俗芸能大会に出たことが、通常の伝承に影響を与える事態が起きているのである。

それから、一九九二年に、通称「おまつり法」というものが国交省・経産省が主導して出てきた時に、民俗芸能研究者たちが問題にしたことがある。(3) この法律は、民俗芸能を観光資源として利用しようという意図をもったものである。今日では、観光と民俗芸能を関わらせる取り組みについては当たり前になりつつあるが、当時は大反発を招いたのである。要するに、「金儲けのために民俗芸能を使うなんてけしからん」という考えであり、「文化財としては許せるけれども、金儲けの材料にすることは許せない」という論理である。確かに、民俗芸能とその伝承者に対する深い愛情をもって、それを保存したいという考え方で行う文化庁などの催しと、全国から多くの観光客を集めてお金を集めたいという目的で客寄せのために行う企画とは、根本的に違うように思われる。しかし、改めて冷静に考えれば、文化行政としてやっている民俗芸能大会と、「おまつり法」の扱い方とのどこが違うのかということを、芸能と伝承者の立場に立って考えてみなければならない。ムラの祭りなどで伝承している民俗芸能を、離れたところの舞台に乗せて演じさせるということではこの両者に違いはないわけで、企画の意図と伝承者への影響は別物なのである。そしてこれ以降、各省が競うようにプランを出して来たようにもみえる。もちろん、それぞれの目的と趣旨は異なる。しかし、地域の祭りなどに、地域の人たちの生活の延長として伝承されてきたものに対して、国の施策が様々な立場から関与して影響を及ぼすということが起きてきたのである。例えば、平成十三年（二〇〇一年）に始まった文化庁の「ふるさと文化再興事業」、総務省が始めた「地域創造補助事業」というようなものが挙げられるだろう。もちろんそれぞれの企画の趣旨は異なっており、地域活性化や民俗芸能の伝承に寄与している例も多い。こうして外部の企画に民俗芸能が用いられ、民俗芸能に対する外部からの様々な影響は次第に増していると思われる。

このように現在では、様々な角度から地域の民俗芸能に対する眼差しが注がれている。しかし、それらの眼差しが、伝承にどういう影響を与えているのか、役に立っているのか、ということを改めて検証してみなければならないであろう。

二、伝承を妨げるもの

前述したように、伝承の妨げになっている最大の理由は「人がいない」ということである。ここでは「人がいない」ということを改めて考えてみたい。

「人がいなくなる」ということは、もちろん民俗芸能を伝承する人がいなくなるということで、多くはかつて青壮年層の人たちが伝承していたものが、その層の人がいなくなって、老人や子供が伝承するような形になって現れてくる。このことは何を表すのかといえば、冒頭述べたように「民俗芸能を伝承する地域に人がいなくなった」ということを意味している。ただし、よくいわれる「少子高齢化」が、この民俗芸能の担い手がいなくなったということを説明する理由に、少なくとも現状ではなっていない。やはり一番大きい理由は、産業構造が変化して第一次産業が減少し、高学歴化したということがその理由であろう。つまり、高学歴を子供たちに与えるには、お金を稼がなければならない。お金を稼ぐためには都市に出た方がいい、ということになり、民俗芸能を伝承していた地域から人々が都市へと移動してしまったということになったわけである。これはあまりにも一面的な事例だが、象徴的なものとして捉えられるだろう。

また、「人がいない」ということについて、もう一つ大きな原因がある。それは「地域には人がいるのに伝承者になってくれない」という現象である。これにもいくつかの理由が考えられるが、例えば交通インフラが整備されたということが挙げられる。このことは生活を楽にしたが、民俗芸能の伝承にはいい影響をもたらさなかった。すなわち、広域通勤ができるようになり、ますますサラリーマン、とりわけその中でも「仕事人間」と呼ばれるような人が増加して、日々会社のために夜遅くまで働いてから帰る。だから、その後公民館に集まれといってもとてもできない。では土日はどうだ、土日ぐらいは寝かせてくれということになって、結局のところ昔からやっているあの芸能はすばらしいのだけれど、今の生活ではとてもその伝承活動をやってる時間はない、というようになっているのである。それから、個々の家が核家族化して、祖父母が一緒に住まない、すると子育ての時には夫が妻にかなり協力しないと子供が育てられなくなり、芸能をやっている余裕がなくなるということもある。いわゆるマイホーム人間の増加ということなのだが、家族にとってはいいことだが、民俗芸能の伝承については障害となっているのである。こういう状況が、人がたくさんいる地域でも起きており、民俗芸能をやりたくともできないという状況が生まれてきているというわけである。

もう一ついえるのが、〈意識の乖離〉ということである。すなわち、地域の中で民俗芸能をやっている人とそうでない人との間に、意識の差ができてしまっているのである。民俗芸能を伝承している人たちは、地域で昔からやっているものゆえに、できるだけそのまま伝えてゆきたいと考える。変化が激しい社会情勢の中で、ますますそういう意識は高まっているようにみえる。ところがこのことは、新しく芸能の担い手になろうとする人たちで、先輩たちの伝えたものを体感していない人たちには共感できず、すぐに「昔はこうやった」「今の若い者は…」ということをいわれると、せっかくやろうとしている人たちも芽を摘まれたような気分になる。また、民俗芸能が奉納される祭りに対して、〈信仰行事として守ろうとする意識〉と、仕事も違うのだから同じ地域に住んでいてもなかなか交流することができないから、〈全員参加型の地域交流の場にしようという意識〉がぶつかることがある。かつて、神楽殿で神楽が奉納されている時に、カラオケやビンゴ大会をやってしまう、という光景を見たことがある。神楽を上演している人たちは、昔からこの地域に住む老齢の人が中心になって形成されている保存会に属する人たちで、カラオケ大会は青壮年の人たちがやっていた。神楽の人たちは、「昔からこの祭りにはこういう演目をこれだけやってきたから」といって、それを譲らず長い時間神楽を奉納する。したがって、カラオケ大会の人たちも、しかたがないので同時にやるしかないのだという意識でこれを行っているのである。そのことについてインタビューすると、「神楽の人たちは自分たちの主張を譲ろうとせず、ムラの行事に協力してくれようとせずに好き勝手にやっているのだ」といった話を聞くことになる。この両者には、今指摘したような明らかな意識の違いがあるのである。

それから、筆者が教えている学生たちから寄せられた声で驚いていることがある。それは、「民俗芸能は老人と子供のもの」という意識が定着しているということである。筆者はどちらかというと、若い人たちがやっている芸能ばかり追いかけているということもあり、特に驚いているのかもしれないが、民俗芸能を何らかの形で経験している学生も「老人と子供がやるもの」という認識を強くもっているのである。

ここで挙げてきたような事例は、筆者の見聞したごくわずかの事例である。実際にはそれぞれの事情でもっと様々な状況があるのであろう。

三、地域とは何か――早池峰・黒森・鵜鳥神楽は〈どこ〉の芸能か？

民俗芸能研究では、例えば〇〇神楽というような一つの民俗芸能に対して、ある地域の神社の祭りにおいて氏子の人たちによって伝承されているものをイメージして考えてきた。しかし、そういう概念にあてはまらないものもある。次に、岩手県のそうした例を挙げて考えてみる。

早池峰《はやちね》神楽は、花巻市大迫《おおはざま》町の岳《たけ》と大償《おおつぐない》両集落に伝承される神楽である。しかし、この神楽は二つの集落の人々によってのみ支えられてきたわけではない。この二つの神楽が早池峰神楽と呼ばれ、そう納得される一つの理由は、「廻り神楽」「通り神楽」と称して周辺地域を廻って歩いて神楽を演じていたということが挙げられる。なぜ、そういうことが成り立っていたのかというと、岳と大償とでは少し異なる部分もあるが、この周辺地域の人々の強い信仰の対象であるところの早池峰山の神楽として意識されていたということがその理由である。遠く仰ぎ見ながら強く信仰している早池峰山、その神楽が自分のムラに来てくれるというところに、単純に旅芸人を迎えているのとはわけが違う論理があったのである。そして、この両神楽が廻っていた地域には、両神楽のいわば免許皆伝を受けた弟子神楽と称する神楽がたくさん生まれている。こうした現象を生んだのは、両神楽の技芸が非常に優れていたということがいえるであろうが、その基盤には強い早池峰信仰があるのである。

この早池峰両神楽は現在では廻村巡業をしていないが、三陸沿岸に伝承される黒森神楽（宮古市の黒森山の権現を奉じる）と鵜鳥《うのとり》神楽（普代村の卯子酉《うねとり》山の権現を奉じる）は、現在でも廻村巡業をしている。その様子をみると、神楽宿で神楽を演じることはもちろんだが、不幸があった家、年忌の年にあたる家などでは、この神楽衆を迎え入れて「神楽念仏」と称することをしてもらう。迎えられた神楽衆は、仏前に権現頭を奉安して、念仏を唱える「神楽念仏」を行うのである。つまり、黒森神楽や鵜鳥神楽を迎える人たちからは、神楽衆は檀家が菩提寺の僧侶を迎える如く、宗教者として迎えられていることになる。このような事例をみると、早池峰神楽や黒森・鵜鳥神楽は、大迫とか宮古・普代といったような狭い地域の芸能だというように考えることはできない。早池峰神楽でいえば、早池峰信仰圏全体の神楽ということもできるのではなかろうか。そのように考えれば、逆に先に述べた弟子神楽もすべて早池峰神楽だということもできる。

黒森神楽では、このことはもっと顕著に現れている。黒森神楽はいわゆる〈ドリームチーム〉なのである。黒森神楽を結成する時になると、その信仰圏にあるいろいろな芸能の名人が寄り集まって、ドリームチームが結成されるのである。そして、その信仰圏を廻村巡業して歩くということになる。決して、近年伝承者が減ってこのような形式になったのではない(4)。つまり、黒森神楽では、演者がそもそもその信仰圏に散らばっているわけで、まさに信仰圏全体の民俗芸能であるということができるのである。

このようにしてみてきた事例は、行政区画上の〈地域〉とはまったく異なった〈地域〉が民俗芸能には存在していることを示している。極論をいえば、岳と大償に人がいなくなって伝承が困難となっても、黒森神楽の論理を適応させれば弟子神楽の演者が寄り集まればよいということになり、存続できるということになる。

次に北上・和賀地方に伝承される大乗《だいじょう》神楽について述べてみたい。大乗神楽は、この地方の寺院の「大乗会」という法会に行われたものらしく、神仏混淆の色合いが濃い法会であったらしい。この地方の貴徳院（北上市煤孫《すすまご》）、明泉院（同市二子《ふたご》）、大福院（同市更木《さらき》）、自性院（同市江釣子《えづりこ》）という寺院に大乗神楽が伝承されており、かなり廃れてしまったものもあるが、現在まで伝承されている。これらの神楽が明治八年（一八七五年）には、江釣子で合同の大乗会を行っている。これは今日の神楽大会のようなものと考えられる。こういう神楽大会のようなものをこのように早い時期からやっていたということは、この地方ではそれぞれの伝承母体を超えて協力し合って伝承することに抵抗感をもっていないということを示しており、ある程度アイデンティティーを共有する〈地域を超えた地方〉が芸能を伝承するということを示しているのではないかと思われる。もちろん、基本的にはもっとも強い結びつきをもっているのは一つの集落であり、そこに住む人々が民俗芸能を伝承するということなのであるが、それだけではない枠組みの伝承母体をもった民俗芸能をここであえて挙げてみたのである。

四、何を伝承するのか

民俗芸能というものがあり、それを研究する研究者という存在がある。しかし、同じ研究者でも、それぞれに芸能に対して注ぐ眼差しが異なっている。筆者は民俗芸能に対して民俗的な部分に興味があるが、芸能の部分に強い関心をもっている研究者もいる。また、芸能に関心があるといっても、舞踊に強い関心をもつ者もいれば、歌に関心がある者、音楽に関心がある者など実に様々である。では、これを伝承している人たちは何を伝承しよう、何を伝えようと思っているのか、〈民俗芸能というものはそもそも何を伝承しようというのか〉ということを、ここでは考えてみたい。

先に〈文化財に指定する〉ということを述べたが、文化財に指定すると何が残っていくのであろうか。先に「民俗芸能は、民俗社会に生きる人々の〈祈り〉と〈喜び〉を表現するものとして伝承されてきた」とする民俗芸能学会の設立趣旨などに記された意識を指摘したが、文化財になるとそれが保持できるのであろうか。すなわち、ここでいいたいのは、「人々の〈祈り〉と〈喜び〉」というようなものを文化財に指定できるのだろうかということである。「人々の〈祈り〉と〈喜び〉」とは心の問題であるが、文化財に指定するのは何を指定しているのか、ということを考えてみなければならないということになる。

例えば、生活のあり方がまったく異なる室町時代の人と現代の人とが、同じ〈祈り〉と〈喜び〉をもつとは考えられないであろう。祭りの目的として〈五穀豊穣〉という言葉がよく語られるが、では今この目的で祭りが支えられるのかというと、祭りを行っている人たちにはなかなか実感できないという時代になっている。こうした現象は、無形文化財に限定されるのかというとそうではなく、有形文化財にもいえることなのである。例えば、甲冑というものは、美術工芸品としての有形文化財として誰にも認知されている。しかし、これは本来は防具で、敵に斬られた時または刺された時に生きていられるように体を守れるか、また戦うためにはいかに軽くできるか、という相反する条件を組み合わせながら作られたものである。ところがこれが江戸の泰平の時代になると、〈武士の魂の表象〉として飾るものになった。そして、今の時代になれば武士もいないわけであるから、博物館・美術館に展示される美術品になったのである。このように有形文化財も、元の意味とはまったく違うものに現代ではなっているのである。

次に取り上げてみたいのは、沖縄の久高島《くだか》である。この島は琉球王府の神話が生きている島で、島民が神と一緒に生活していることを意識している島である。この島では、島で生まれて島の男性に嫁いだ女性は、全員が「イザイホー」という十二年に一度の祭りを経て、「ミコ（神人《カミンチュ》）」になり、主だったもので年間百余回にも及ぶ祭りに奉仕することになるといっている。ところが、そのイザイホーが平成二年（一九九〇年）に行われなくなってしまった。島の人にとってこれが行われなくなるということは、祭りが行えなくなるわけで、困った事態となったわけである。しかし、イザイホーが中止されたのは、島の人たちが自分たちが設定している条件を満たすことができなかったということがその理由である。この条件とは、イザイホーでミコになる女性が、「島で生まれて島の男性に嫁いだ女性」であるということである。実際にはもう少し信仰的な意味が本当の理由で、祖母から「ウプティシジ」という霊力を継承している既婚者ということになる。結局、その条件を満たす者がいなくなってしまったので行えなくなったというわけである。このイザイホーが行えなくなった祭りの日に、筆者も久高島にいたのであるが、本当に断腸の思いで島の人々は祭りの執行を断念したのであった。つまり、久高島の人々は祭りが行えなくなるのは困るのだが、信仰的な条件を変えてまでこれを行うということを選ばなかったということになる。信仰的な意味を守るためなら、祭りを行えないこともやむを得ないと考えたのである。

島を出て行った人でもいい、あとから島に入ってきた人でもいい、とにかく形だけでもイザイホーを残そうとすれば残せた。しかし、島の人たちはそれを選ばなかったのである。では、どうしてそういう条件を守れなくなったかというと、貨幣経済と高学歴社会という問題である。お金を稼がなければ子供を学校に行かせることができない。したがって、仕事を求めて島を出て行く人が多くなったのである。また、かつては南西諸島を席巻した先進的な漁業技術をもっていたのだが、それが時代遅れになり、久高島の漁法ではとても豊かには生活できなくなってしまったということもいえるであろう。

本節で述べた二つのことを踏まえて、千葉徳爾《ちばとくじ》の提言を紹介してみたい。千葉は次のようなことを述べている。

新らしい分野をひらいて地域社会の基礎構造に芸能が定着するか、またはその事象本来の機能を果す場合のみに、それは生き残りうるのである。したがって、本来の機能をも果しえず、新らしい分野をひらいて社会の構造変化に適応することもできないとなれば、民俗芸能の消滅は、惜しくてもやむを得ないことである。(5)

千葉は通常とは逆の順序で述べている。本来の意味を果たすというよりも「新らしい分野をひらいて地域社会の基礎構造に芸能が定着する」方を前段に出して、それがなしえなければ芸能は残り得ないと述べる。そして、それが達成されなければ「民俗芸能の消滅は、惜しくてもやむを得ないこと」といっているのである。久高島の場合は、まさにそれがあてはまったということになる。(6)

では、この新しい時代に適応していった例というものを、いくつか挙げてみたい。

千葉県松戸市の三箇所の三匹獅子舞の伝承方法(7)をまず取り上げる。この松戸市は東京のベットタウンとして、一九六〇年代に人口が急増した地域である。筆者の郷里で松戸市に隣接する船橋市などは、同じ一九六〇年代はじめには三十万人に満たなかった人口が、十年間で五十万人近くまで急増してしまった。この三箇所の獅子舞は、まずそういうところに伝承されているのである。

まず、和名ヶ谷《わなや》という地域である。ここは新入者がたくさんあっても、伝承者には入れないという方法を取っていた。古くからの氏子の親族を頼って、とにかく適当な年齢の若者三人を探して説得し、一度演者になったら十数年はやってもらうというやり方をとっていた。こういうやり方を取っているので、獅子舞はごく一部の人たちだけでやっているという印象でみられていた。しかし、三人の演者がいればとにかくできるわけで、それで維持していたわけである。

次は上本郷《かみほんごう》という地域である。ここは和名ヶ谷とは対照的に、誰でも希望すれば演者になることができる。ただし、祭りの前の一週間は獅子舞漬けになって、祭りに関わる人たちが老若男女たくさん集まって夜遅くまで練習をして仕上げるのである。演者は子供なのであるが、ムラの人が総出で伝承に協力しているといった印象である。そして、厳格な年齢階梯制が敷かれていて、一つの役は数年で終えて次々と代わっていくという方法がとられていた。したがって、同じ役を長いこと演じるのではなくて、子供たちは次々と別の役を演じていくことになる。

三箇所目は大橋という地域であるが、筆者がちょうど調査に行った時には、トラブルがあって青壮年層の人がみんなやめてしまったという後で、ここは新しい人も入れるのであるが演者がみんな六十歳過ぎという状況の時であった。あることがきっかけで、かつての伝承者が演者にもどってしまったという例である。同じ松戸市に属しているわけだが、このようにまったく異なった形で現代社会の中で伝承されている例である。

次に取り上げたいのは、岩手県北上市の「北上みちのく芸能まつり」である。この祭りは、北上市を中心にした周辺地域の民俗芸能を市の中心に集めて、その上演を様々な形で行うイベント祭りである。始まったのが昭和三十七年（一九六二年）のことであるから、もう五十年以上も行われている。長い年数行われてきたこともそうだが、このイベント祭りが民俗芸能に及ぼした影響は決して小さいものではない。北上市には一三三団体にのぼる民俗芸能の保存会があるが、そのうちの約八割にあたる一〇八団体がほとんど疲弊していて伝承が困難になりつつあったのに、「北上みちのく芸能まつり」が始まって、のちに「復活」したといわれている。(8) この祭りが伝承に大きな影響を与えたのは、〈ハレの場で演じられる〉ということだったのである。もちろん、それぞれのムラの祭りも民俗学からいえば〈ハレの場〉なのであるが、先に紹介したように多くの人が興味をもってみてくれるような上演の場とはなっていないことが多くなっている。そのことが、伝承者のモチベーションを著しく下げているということは否めない。この「北上みちのく芸能まつり」は、そういう理由で疲弊していた民俗芸能に非常に大きな活力を与えたのである。ただし、問題はあるわけで、本来の上演機会とは異なった上演の場になるので、演目や時間の制限が出てきて、先に述べたような芸能大会と同様の弊害がもたらされることになるのである。

「盛岡さんさ踊り」も、ぜひ取り上げておきたい事例の一つである。これについては、別稿を参照されたいが、(9)「盛岡さんさ踊り」というイベント祭りは、これまで最も多い参加者参加団体があった時には参加者三万五千人、参加団体一六〇にのぼった。盛岡近郊の人口に比して十分の一が参加する一大イベントである。このようになったのは、民俗芸能であるさんさ踊りを、その本来の芸態にとらわれず、パレード用にうまく改良してそれを普及させることに努力をしたこと、参加母体が地域コミュニティではなく事業所や学校などになったことが挙げられる。そして、盛岡近郊の大学の学生たちが、これに熱狂しているということがこのような形をよく表わしている。

研究者がみると、「これはもはや民俗芸能ではない」と思えるようなものを含めて、ここまで従来とは異なる形ながら新しい捉え方で伝承されている芸能の例を紹介してきた。最後に、最も驚いた前章でも記した青森県の事例を紹介しておきたい。津軽半島の先端近くに今別町《いまべつ》がある。ここに伝承される「荒馬《あらま》」という芸能を、三箇所で調査した。

最初は八幡町というところの荒馬だったが、ここのものをみている時には「比較的若い人も多いんだな。中高生をうまく取り込んでやってるのかな」と思っただけであった。ところがこの夜に大川平《おおかわだい》というところに行って驚くことになる。二十歳代と思しき若者が、六十人以上いるのである。こんな農村部に、しかも近隣には限界集落が多いと聞いていたので、「どうしてこんな若者が多くいるのか」ということに驚いたのである。しかし、この驚きは、みているうちにもっと強くなっていった。驚いたことに若者の中には青い目の外国人もいたのである。彼等に話を聞いて、その実態がようやくわかってきた。そこにいる六十人以上の若者たちは、京都の立命館大学、大分の立命館アジア太平洋大学の学生が中心で、それ以外にも愛知などの学生が混じっていた。二つの立命館大学の学生は民舞サークルを作っていて、荒馬の他にもいくつかの民俗芸能を習って活動している。荒馬は八月四～八日まで行われるのだが、彼等は八月に入ると公民館に泊まり込んで、荒馬を現地の人に改めて習い、実際の祭りの時に演じていたのである。では、祭りの時にムラの人はどこにいるのかというと、下支えの役をやっていて、演じ手の多くは遠方の大学生だったのである。私は「こんな祭りが、民俗芸能が、あっていいのか」と正直に思った。

その翌日に、今度は今別町の中心地域である今別の荒馬をみた。早くに行って始まるのを待っていたところ、バスが乗りつけられて中高生がぞろぞろと降りてくる光景を見ることになった。この人たちは何だろうと思って聞いてみたところ、東京大学教育学部附属中学と高校の三年生で、「総合的な学習の時間」の一環として荒馬を習っていて、その実践経験として今別に演じにやってきているということなのである。ここでもこのようになっているのかと驚いたわけであるが、事情がだんだんとわかってきた。

詳しくは、前章で述べているのでそちらを参照されたいが、この荒馬という民俗芸能は、ずいぶん早くから全国に知れわたっていた芸能である。秋田県の民俗芸能を扱う芸能集団である「わらび座」が、ここに注目したのは昭和三十年代の中頃で、昭和三十七年（一九六二年）には日本全国や中国で荒馬を公演している。また、全国には民俗芸能を習って教育現場に活かそうという教員たちの活動があり、その活動の中では早くから荒馬を取り入れていた。このように全国的に有名になっていった荒馬だが、伝承する地域では過疎化による後継者不足に悩んでいた。今別ではもともと若い衆の芸能だったので、青年団がその担い手であった。しかし、青年団に所属する年齢層が減少して担い手が少なくなったので、年齢層を拡大させて保存会を結成した。それでも難しくなったので、今度は逆に子供たちにも参加できるように町内会を伝承母体にした。ところが地域に住む人そのものが大きく減少してしまったので、外から参加したいという人を加えるために、実行委員会を作り出して、これを伝承・運営の母体とするという経緯をたどることとなった。このようにして、「外の習いたい人は祭りの日に来て頂ければ演じさせてあげますよ」というような形にして現状に至っているわけなのである。外の人たちが来るようになったら、「せっかく来てくれるのだったら気持ちよく踊らせて帰ってもらおう」という気持ちになり、地域の人たちは踊らずに下支えだけをやるといった形になってきているのである。実際、今の大川平も今別も、多くの馬と口取り役が出ていて、みていて壮観なイメージだが、元はこの回りを跳ねる「跳《は》ね人《と》」の方が多かったという。つまり、以前は馬と口取り役の数を絞って、上手い者だけに演じさせていたのだった。しかし、外から来る人は、当然のことながら馬と口取りを演じたがるわけなのでそれを制限するわけにもいかず、現在のようにたくさんの馬と口取り、少ない跳ね人というような構成になって、全体の芸態に影響を与えることになってしまっているのである。

こうした改変は、もはや「民俗芸能とはいえない」ものだと研究者がいうのは簡単である。しかし、限界集落へ転じていくような極端な過疎化を迎えている地域にとって、民俗芸能を伝承するために様々な工夫を凝らした結果であるということは、忘れてはならないであろう。

結び

さて、様々な例を挙げて「何を伝承するのか」ということを考えるきっかけを示してきた。最後にこうした例を踏まえて、「何を守るのか、何を変えるのか」ということを述べておきたいと思う。

冒頭述べたように、人々の生活が大きく変わったので、それに基づいたものとして民俗芸能を考えれば、これが変わらないということはあり得ないわけである。そういう中で祭りと民俗芸能の何を残していくのかといった時に、仮に民俗とか生活ということは捨て置いて、身体技法としての舞踊を、また音楽を、昔の通り残してゆくのだとする。しかし、そうであるなら先に述べたようなわらび座というようなところでやってもらえばいいということになる。しかし、民俗芸能の民俗芸能たる所以は、それを伝承してきた地域の人々の生活の中に定着しているということであると考えると、それぞれに地域の中で民俗芸能を正視して、それを伝承する意味をしっかり捉え直してゆく時に、初めて何を残すかということがみえてくるのだと思う。

例えば、信仰を守るということを重視した久高島はイザイホーを中止し、それに伴ったさまざまな芸能は行われなくなってしまった。今別町の荒馬は、地域ではもはやこれを伝承する人がいないので、外からこの芸能をすばらしいものと評価する人たちを受け入れて伝承している。これはそれぞれの地域が選択したあり方であり、今後の民俗芸能を考える上で重要な視座を示してくれているのではなかろうか。また、北上市の大乗神楽は、百年以上前から同じ芸能を伝承する人たちで神楽大会を行い、モチベーションを高めてきた。早池峰神楽は弟子神楽のあり方からみれば、単なる岳と大償集落の神楽ではなく、早池峰信仰圏全体を伝承する地域と考えてよいようなあり方を示している。もし、岳と大償集落の過疎化が進んで伝承者がいなくなれば、こうした信仰圏の中の神楽衆が集まって一つの早池峰神楽が伝承されるという時代が来るかもしれないということを、黒森神楽のあり方が示しているともいえるかもしれない。

いずれにしても、本章で述べたかったのは、「祭りと民俗芸能はそれを伝承する地域とともにあるのだ」ということを前提に、その伝承のあり方を地域の枠組みや外からの価値観に影響されずに考えていくことが大切だということである。

注

(1) 拙稿「老人と過疎―民俗芸能の継承から」(『国文学解釈と鑑賞』第七十三巻八号、至文堂、二〇〇八年)、「過疎と民俗芸能」(神田より子・俵木悟編『民俗小事典　神事と芸能』吉川弘文館、二〇一〇年)を参照されたい。
(2) 平成十三年度の岩手県教委調べ。
(3) 拙稿「民俗芸能と民俗芸能研究」(『日本民俗学』二一三号、一九九八年)。
(4) 新井恒易「芸能集団」(『日本民俗学大系』3、平凡社、一九五八年)に報告されている。
(5) 千葉徳爾『民俗と地域形成』(風間書房、一九六六年、三八頁)。
(6) 畠山篤氏より「久高島は、物質的にも精神的にも琉球王府の庇護の元にあったので、それがなくなったということはそれが行えなくなることは当然で、むしろそれが近年まで続いたことの方が不思議なことともいえる。」というコメントをいただいた。傾聴すべき見解で、それを存続させた心意こそ解明すべき民俗学の課題かもしれない。
(7) 拙稿「若者の民俗としての三匹獅子舞」(拙著『芸能の〈伝承現場〉論―若者たちの民俗的学びの共同体』、ひつじ書房、二〇〇七年)。
(8) 加藤俊夫「「みちのく芸能まつり」の企画について」(東京国立文化財研究所芸能部編『第七回民俗芸能研究協議会報告書―民俗芸能の公開をめぐって―』、二〇〇五年、二五頁)。
(9) 本書第二編第一章、拙稿「「盛岡さんさ踊り」考―イベント祭りと民俗芸能―」((7)の前掲書)。

初出　原題「〈地域〉と民俗芸能―伝承のあり方を考える」(弘前学院大学地域総合文化研究編『地域学』7巻、二〇〇九年)。初出が講演録であったので、加筆修正した。

参考文献一覧

＊ここに掲載したものは、本書に収録した論文に引用、もしくは注を付けてその学説を紹介したもの、執筆に際して直接参照したもののみである。
＊資料として紹介したもの、事典類は省いた。
＊執筆者氏名の五十音順に並べ、同一執筆者によるものは発行年順とした。

青森県教育委員会『青森県の民俗芸能』、一九八六年。

――『青森県民俗芸能緊急調査報告書』、一九九六年。

新井恒易「芸能集団」（『日本民俗学大系』3、平凡社、一九五八年）。

伊藤高雄「信仰伝承―分水嶺の神々―」（櫻井満・大石泰夫編『葛城山の祭りと伝承』、桜楓社、一九九二年）。

今別町『今別町史』、一九六七年。

岩手県教育委員会『岩手県の民俗芸能』、一九九七年。

植木行宣『山・鉾・屋台の祭り―風流の開花』、白水社、二〇〇一年。

内田忠賢編『よさこい／YOSAKOI学リーディングス』、開成出版、二〇〇三年。

大石泰夫「民俗芸能と民俗芸能研究」（『日本民俗学』二一三号、一九九八年）。

――『芸能の〈伝承現場〉論―若者たちの民俗的学びの共同体』、ひつじ書房、二〇〇七年。

――「老人と過疎―民俗芸能の継承から」（『国文学解釈と鑑賞』第七十三巻八号、至文堂、二〇〇八年）。

――「民俗芸能における「実践」の研究とは何か」(『日本民俗学』第二六二号、二〇一〇年)。

――「過疎と民俗芸能」(神田より子・俵木悟編『民俗小事典　神事と芸能』、吉川弘文館、二〇一〇年)。

大槌町『大槌町史』上巻、一九六六年。

――『おらほのまち　おおつち』(町制施行一〇〇周年記念)、一九九〇年。

大槌町漁業協同組合『大槌町漁業史』、一九八三年。

大船渡市『大船渡市史』第四巻、一九七九年。

大船市立博物館『気仙の民俗芸能』、一九八八年。

小田基彦「宇太水分神社　惣社水分神社」(谷川健一編『日本の神々　4大和』、白水社、一九八五年)。

小野寺武志『小野寺氏の源流と興亡史』、東洋書院、一九八八年。

折口信夫「万葉集の解題」(一九二六年の講演筆記、『折口信夫全集』1、中央公論社、一九九五年)。

――「民俗研究の意義」(一九三五年の講演筆記。『折口信夫全集』19、中央公論社、一九九六年)。

景山春樹「自然神道から社殿神道へ」(『月刊歴史手帖』十二巻六号、一九八四年)。

樫尾直樹「祭りの「幸せ」」(『共同生活と人間形成』三・四号合併号、一九九二年)。

葛上村『葛上村史』、葛上村、一九五八年。

鹿角市『鹿角市史』第四巻、一九九六年。

鹿角市教育委員会『花輪祭り』(鹿角市文化財調査資料第一〇五集)、二〇一三年。

加藤俊夫「「みちのく芸能まつり」の企画について」(東京国立文化財研究所芸能部編『第七回民俗芸能研究協議会報告書
―民俗芸能の公開をめぐって―』、二〇〇五年)。

門屋光昭「賢治と啄木とチャグチャグ馬コ」(『東北文学の世界』第六号、一九九八年)。

釜石市『釜石市誌』鵜住居小史資料編、一九六六年。

――――『釜石市誌』唐丹小史資料編、一九七四年。

――――『釜石市誌』通史、一九七七年。

――――『釜石市誌』甲子小史資料編、一九八六年。

神田より子「日本の虎舞と虎文化」(『自然と文化』五〇、日本ナショナルトラスト、一九九五年)。

菊地和博「花笠踊りの歴史民俗と大衆性」(第二十七回東北地方民俗学合同研究会実行委員会編『民俗から現代群舞を考える―盆踊りからよさこいソーランまで―』、二〇〇九年)。

岸邊成雄「能と人形の結びついた伊豆の翁三番叟」(『観世』第二十二巻十号、一九五五年)。

御所市史編纂委員会『御所市史』、御所市、一九六五年。

後藤恒允「東北の小町伝説」(『白い国の詩』、一九九三年二月号)。

小林茂美『小野小町攷』、桜楓社、一九八一年。

近藤直也編『座　それぞれの民俗学的視点』人文書院、一九九一年。

櫻井満「万葉集の成立基盤―大和の六御県をめぐって―」(『國學院大學紀要』十一号、一九七三年)。

――――「伝説のこころ」(『伝説のふるさと』、日本書籍、一九七九年)。

――――・岩下均編『吉野の祭りと伝承』、桜楓社、一九九〇年。

――――「葛城山の風土」(櫻井・大石編『葛城山の祭りと伝承』、桜楓社、一九九二年)。

笹原亮二「記された語りが意味するもの」(須藤健一編『フィールドワークを歩く―文系研究者の知識と経験―』、嵯峨野書院、一九六九年)。

佐藤敏彦編著『全国虎舞考』、釜石市地域活性化プロジェクト推進本部、一九九二年。

式内社研究会編『式内社調査報告』第三巻、皇學館大学、一九八二年。

静岡県『静岡県史　別編1民俗文化史』、一九九五年。

城﨑陽子「吉野水分神社御田植祭」（櫻井満・岩下均編『吉野の祭りと伝承』、桜楓社、一九九〇年）。

瀬尾満「宇陀の風土」（櫻井満・瀬尾満編『宇陀の祭りと伝承』、おうふう、一九九五年）。

――・横山聡「宇太水分神社の秋祭り」（櫻井満・瀬尾満編『宇陀の祭りと伝承』、おうふう、一九九五年）。

薗田稔「祭り―原空間の民俗」（『暦と祭事＝日本人の季節感覚＝』日本民俗文化大系第九巻、小学館、一九八四年）。

――『祭りの現象学』、弘文堂、一九九〇年。

平辰彦「都市民俗学から見たヤートセ秋田祭の〈祝祭性〉―融合文化の事例研究―」（『融合文化研究』第十四号、二〇一〇年）。

高牧實『宮座と村落の史的研究』、吉川弘文館、一九八六年。

田中勝雄『静岡県芸能史』、明善堂書店、一九六一年。

千葉徳爾『民俗と地域形成』、風間書房、一九六六年。

中村羊一郎「風待ち港の民俗」（静岡県民俗芸能研究会『静岡県・海の民俗誌―黒潮文化論―』、一九八八年）。

奈良県教育会編『大和志料』、臨川書店、一九八七年。

錦仁「秋田県南部の伝承資料〈翻刻と考察〉―日蓮・慈覚・小町に関するもの八種―」（『秋田大学教育学部研究紀要（人文科学・社会科学）』第四十一号、一九九〇年）。

――「秋田の小野小町伝承」（『日本研究』第八輯、韓国中央大学校日本研究所、一九九三年）。

――「秋田の小野小町伝承」（『説話文学研究』第二十八号、一九九三年）。

萩原龍夫『中世祭祀組織の研究』増補版、吉川弘文館、一九七五年。

林屋辰三郎『中世文化の基調』東京大学出版会、一九六三年。

原田敏明『村祭と座』中央公論社、一九七六年。

俵木悟「華麗なる祭り」（俵木他『日本の民俗9祭りの快楽』、吉川弘文館、二〇〇九年）。

弘前大学民俗研究部『津軽』創刊号、一九六五年。

深澤多市編『小野寺盛衰記』上・下、横手郷土史編纂会、一九五九年。

福木洋一「岡の神楽」（静岡県教育委員会『静岡県の民俗芸能―静岡県民俗芸能緊急調査報告―』、一九九六年）。

福島真人「儀礼とその釈義―形式的行動と解釈の生成」（民俗能研究の会／第一民俗芸能学会編『課題としての民俗芸能研究』、ひつじ書房、一九九三年）。

――「儀礼から芸能へ―あるいは見られる身体の構築」（福島編『身体の構築学―社会的学習過程としての身体技法―』、ひつじ書房、一九九五年）。

藤田本太郎『ねぶたの歴史』、弘前図書館後援会、一九七六年。

細井計・伊藤博幸・菅野文夫・鈴木宏『岩手県の歴史』、山川出版社、一九九九年。

松見正一「伊豆半島の式三番叟考」（早稲田大学『アジア地域文化に関する共同研究』学術フロンティア推進事業研究報告書、二〇〇三年）。

宮城一杉『花輪町史』、花輪町史刊行会、一九五七年。

宮坂敏和「吉野水分神社」（谷川健一編『日本の神々　4大和』、白水社、一九八五年）。

盛岡市教育委員会編『「チャグチャグ馬コ」調査報告書』（盛岡市文化財報告書第二十二集）、盛岡市教育委員会、一九八一年。

――『さんさ踊り報告書』（盛岡市文化財報告書第二十八集）、盛岡市教育委員会、一九九一年。

盛岡さんさ踊り実行委員会編『盛岡さんさ物語』、一九九八年。

森口多里『岩手県民俗芸能誌』、錦正社、一九七一年。

森荘已池『宮澤賢治　ふれあいの人々』（森荘已池ノート）、熊谷印刷、一九八八年。

柳田國男『日本の祭』、弘文堂書房、一九四二年。

――――「小野於通」（『定本柳田国男集』第九巻、筑摩書房、一九六九年）。
山川勇治「伊豆の三番叟小論」（『静岡県民俗学会誌』第三号、一九七九年）。
山田町教育委員会『山田町史』上巻、一九八七年。

あとがき

盛岡に来て早いもので、ちょうど二十五年が過ぎようとしている。本書は、その間に書いてきた祭りと芸能に関する論文の一部を、緒論で述べたようなコンセプトでまとめたものである。

地方に居住する民俗学者は、その居住する地域をフィールドにすると見られ、都会から調査に訪れる研究者に調査の橋渡しを依頼されたりすることが多い。いや、それればかりではなく、その地域を研究していることが当たり前だと思われている節がある。しかし、一方で東京に居住する研究者は、東京をフィールドにしていなくとも変に思われない。また、特に岩手にいることから、専門外の人からは脳天気に「『遠野物語』を研究しているのか」などと言われたりする。私はそのことが嫌で、また盛岡に来る以前からフィールドにしていた地域もあるので、前著にはほとんど東北の民俗を対象とした論文を入れなかった。

しかし、盛岡に来てから東北の多くの伝承者の方にお世話になり、岩手県を中心として東北に居住する研究者の方にお導きいただき、その恩に報いなければならないと思い続けてはいた。本書は、私がもう一方の専門としている日本古代文学に関わる地域の祭りに関するものと前著の後の報告を加え、東北をフィールドとしたものを中心に収めたものとなっている。

盛岡での東北の民俗研究者とのつきあいは、盛岡に来た当時の岩手民俗の会理事長の佐藤敏彦先生に出会ったことに始まる。佐藤先生は、すぐに私を岩手民俗の会理事の方々にお引き合わせ下さり、岩手の民俗研究者とのつきあいが始まった。とりわけ、小形信夫先生には、ある民間の文化振興事業団の理事に御推挙いただき、先生にご一緒させてもらうことで、実にたくさんの民俗芸能を見る機会を得ることができた。同僚となって学内の運営を一緒にすることにもなった門屋光昭さんを含め、これらの方々に本書を報告することができなかったことが悔やまれる。

とりわけ、聞き書きを研究手段の中心におく私にとって、東日本大震災は表現しようのない大きな出来事であった。研究者としての自分と、一人の人間としての自分のあり方に、いまだに多くの迷いと戸惑いがつきまとっている。一研究者として、被災地の生活が今後どのようになってゆくのか、長いスパンで考えてゆきたいと思っている。

二十五年の間には、多くの出会いと別れがあり、そしてその方々のお陰で今私はここにいる。お一人お一人お名前を挙げることはできないが、私と関わりを持って下さった方、すべてに心より感謝申し上げたい。

今回もまた、起業前からのおつきあいであるひつじ書房社長松本功さんのお世話になった。御礼を申し上げる次第である。

次には何をするべきか。幾多の学恩とご厚情に応えるべく、精進してゆきたいと思う。

平成二十八年二月三日

大石泰夫

よ

ら

り

わ

索　引

【著者紹介】

大石泰夫（おおいし やすお）

1959年　千葉県生まれ
1989年　國學院大學大学院文学研究科博士課程後期単位取得
現　在　盛岡大学文学部教授・博士（文学）
専　攻　日本上代文学・民俗学
著　書　『芸能の〈伝承現場〉論―若者たちの民俗的学びの共同体』（ひつじ書房、2007年）・平成20年度本田安次賞受賞
共編著　『葛城山の祭りと伝承』（桜楓社、1992年）
『万葉民俗学を学ぶ人のために』（世界思想社、2003年）

未発選書　第25巻

祭りの年輪

Dendrochronology of Matsuri (Japanese Festivals)
Yasuo Oishi

発行　2016年4月8日　初版1刷
定価　2800円＋税

発行者　松本功
装丁者　萱島雄太
印刷所　三美印刷株式会社
製本所　株式会社 星共社
発行所　株式会社 ひつじ書房
〒112-0011 東京都文京区千石2-1-2 大和ビル2F
Tel.03-5319-4916　Fax.03-5319-4917
郵便振替 00120-8-142852
toiawase@hituzi.co.jp　http://www.hituzi.co.jp/

ISBN978-4-89476-814-7

芸能の〈伝承現場〉論——若者たちの民俗的学びの共同体

大石泰夫 著　定価3,400円＋税

伊豆半島の南、宇久須地域で20年以上フィールドワークをした成果。民俗芸能は固定したものではなく演じる人々、見る人々の中で伝承され変わっていく〈伝承現場〉であることを明らかにする。